高职高专计算机类课程改革系列教材

C#面向对象程序设计

主　编　王晶晶
副主编　肖秋霞
参　编　张　坤　吴　岩
主　审　章五一

机械工业出版社

本书结合了高职高专教育的特点，系统讲解了C#语言及其程序设计过程。全书共分为11章，从基本概念和实际应用出发，由浅入深、循序渐进地讲述了C#语言基础语法、结构化程序设计、面向对象程序设计、Windows应用程序开发和ADO.NET访问数据库等内容，每一部分结合典型实例，让学生在学的过程中动手操作，在学好理论知识的同时强化专业技能训练，最后又通过学生信息管理系统这一综合实例，讲述了使用C#开发信息管理系统的过程和技术。

本书既可作为高职高专院校计算机及相关专业的教材，也可作为广大工程技术人员及计算机爱好者的参考用书。

为方便教学，本书配备电子课件等教学资源。凡选用本书作为教材的教师均可登录机械工业出版社教材服务网 www.cmpedu.com 免费下载。如有问题请致信 cmpgaozhi@sina.com，或致电 010-88379375 联系营销人员。

图书在版编目（CIP）数据

C#面向对象程序设计/王晶晶主编．—北京：机械工业出版社，2010.4
（2024.8重印）
高职高专计算机类课程改革系列教材
ISBN 978-7-111-30056-4

Ⅰ.①C… Ⅱ.①王… Ⅲ.①C语言—程序设计—高等学校：技术学校—教材 Ⅳ.①TP312

中国版本图书馆 CIP 数据核字（2010）第041859号

机械工业出版社（北京市百万庄大街22号　邮政编码100037）
策划编辑：王玉鑫　责任编辑：李大国　版式设计：张世琴
封面设计：王伟光　责任校对：陈延翔　责任印制：郜　敏
北京富资园科技发展有限公司印刷
2024年8月第1版第7次印刷
184mm×260mm・15.75印张・390千字
标准书号：ISBN 978-7-111-30056-4
定价：49.80元

电话服务　　　　　　　　　　网络服务
客服电话：010-88361066　　　机　工　官　网：www.cmpbook.com
　　　　　010-88379833　　　机　工　官　博：weibo.com/cmp1952
　　　　　010-68326294　　　金　书　网：www.golden-book.com
封底无防伪标均为盗版　　　　机工教育服务网：www.cmpedu.com

前 言

随着 .NET Framework 2.0 的发布，微软公司推出的新一代软件开发工具 Visual Studio 2005 备受 IT 行业的关注，从而迎来了应用程序开发的新时代。于是，C#及相关的 .NET Framework 开发环境成为备受推崇的新技术之一，越来越多的软件开发人员开始学习该技术，高等学校也将 C#作为计算机专业重要的语言课程。

本书结构清晰，内容详实，案例丰富，讲解透彻，可作为高职高专计算机专业程序设计的教材。本书以实际工作过程中所需要的知识和技能为出发点，注重知识的过渡与衔接，精心设计实例，强化学生的动手能力，提高学生的专业技能。

本书共分为 11 章，从基本概念和实际应用出发，由浅入深、循序渐进地讲述了 C#语言基础语法、结构化程序设计、面向对象程序设计、Windows 应用程序开发和 ADO.NET 访问数据库等内容，每一部分结合典型实例，让学生在学的过程中动手操作，在学好理论知识的同时强化专业技能训练，最后又通过学生信息管理系统这一综合实例，讲述了使用 C#开发信息管理系统的过程和技术。学习完本书，学生能够掌握 C#的基本知识和技术，并能编写 Windows 桌面应用程序。本书的结构安排如下：

第 1 章　C#概述，介绍了 C#的发展和特点，Visual Studio 2005 集成开发环境及运用该工具开发简单的控制台应用程序和 Windows 应用程序。

第 2 章　数据类型、运算符与表达式，介绍了 C#中数据类型、类型转换的规则和语法及运算符与表达式。

第 3 章　结构化程序设计，介绍了结构化程序设计中 3 种基本结构：顺序结构、选择结构和循环结构。

第 4 章　面向对象编程基础，介绍了面向对象编程的基本概念，包括：类和对象的定义、构造函数与析构函数、this 关键字、属性、方法、静态和实例成员。

第 5 章　继承、多态与接口，介绍了继承、多态性、抽象类和抽象方法、接口。

第 6 章　委托、事件及异常处理，介绍了委托、事件和异常处理。

第 7 章　Windows 程序开发基础，介绍了 Windows 应用程序中所用到的控件及其属性和方法、事件处理等。

第 8 章　Windows Forms 高级应用，介绍了菜单栏、工具栏、状态栏和 MDI 应用程序。

第 9 章　文件与通用对话框，介绍了文件与目录管理、文件的读和写及通用对话框。

第 10 章　ADO.NET 访问数据库，介绍了 ADO.NET 技术、访问数据库的步骤及常用的 ADO.NET 对象的属性和方法。

第 11 章　学生信息管理系统开发，介绍了系统开发的整个过程，包括系统分析、详细设计、系统实现和部署应用程序。

本书由王晶晶主编，肖秋霞任副主编。编写分工如下：第 1～3 章由肖秋霞编写，第 4、9 章由张坤编写，第 5、6 章由吴岩编写，第 7、8、10、11 章由王晶晶编写。全书由王晶晶统稿，章五一教授在百忙之中对全书进行了认真审阅，并提出了许多宝贵的意见和建议，在此表示衷心感谢!

由于编者水平有限,编写时间仓促,书中难免有错漏之处,敬请广大读者批评指正,以便下次修订时完善。

编 者

目　　录

前言
第1章　C#概述 ···································· 1
1.1　C#的发展 ································ 1
1.2　C#的特点 ································ 1
1.3　C#能编写的应用程序 ············ 2
1.4　开发工具 ································ 2
1.5　控制台应用程序 ···················· 18
1.6　可视化程序开发初探 ············ 22
习题1 ··· 24

第2章　数据类型、运算符与表达式 ··· 26
2.1　数据类型 ································ 26
2.2　类型转换 ································ 31
2.3　运算符和表达式 ···················· 35
习题2 ··· 40

第3章　结构化程序设计 ···················· 42
3.1　顺序结构 ································ 42
3.2　选择结构 ································ 42
3.3　循环结构 ································ 45
3.4　数组 ·· 51
习题3 ··· 57

第4章　面向对象编程基础 ················ 59
4.1　类与对象 ································ 59
4.2　构造函数与析构函数 ············ 62
4.3　this关键字 ···························· 65
4.4　属性 ·· 68
4.5　方法 ·· 71
4.6　静态和实例类成员 ················ 79
习题4 ··· 80

第5章　继承、多态与接口 ················ 82
5.1　继承 ·· 82
5.2　多态性 ···································· 87
5.3　抽象类和抽象方法 ················ 91
5.4　接口 ·· 95
习题5 ··· 100

第6章　委托、事件及异常处理 ········ 102
6.1　委托 ·· 102
6.2　事件 ·· 108
6.3　异常处理 ································ 111
习题6 ··· 119

第7章　Windows程序开发基础 ······ 121
7.1　窗体 ·· 121
7.2　控件概述 ································ 124
7.3　Label控件 ······························ 126
7.4　TextBox控件 ·························· 126
7.5　Button控件 ···························· 131
7.6　GroupBox控件 ······················ 133
7.7　RadioButton控件 ·················· 134
7.8　CheckBox控件 ······················ 136
7.9　ListBox控件 ·························· 138
7.10　ComboBox控件 ·················· 142
7.11　Timer控件 ···························· 145
7.12　LinkLabel控件 ···················· 147
7.13　PictureBox控件 ·················· 148
习题7 ··· 148

第8章　Windows Forms高级应用 ··· 150
8.1　菜单 ·· 150
8.2　工具栏 ···································· 154
8.3　状态栏 ···································· 157
8.4　MDI应用程序 ························ 159
习题8 ··· 164

第9章 文件与通用对话框 ·············· 165
9.1 文件与目录管理 ················ 165
9.2 文件的读和写 ·················· 170
9.3 通用对话框 ···················· 175
习题9 ····························· 185

第10章 ADO.NET 访问数据库 ······ 186
10.1 ADO.NET 简介 ············· 186
10.2 访问数据库的步骤 ··········· 187
10.3 连接数据源 ·················· 187
10.4 操作数据库中的数据 ········ 190
10.5 带参数的 Command 对象 ··· 193
10.6 DataReader 对象 ············ 195
10.7 DataSet 对象 ················ 197
10.8 DataAdapter 对象 ··········· 201
10.9 DataReader 与 DataSet 的
区别 ························· 207
10.10 CommandBuilder 对象 ······· 208
10.11 使用存储过程 ················ 209
10.12 Windows 应用程序访问
数据库 ······················ 214
习题10 ···························· 228

第11章 学生信息管理系统开发 ······ 229
11.1 系统分析 ····················· 229
11.2 详细设计 ····················· 232
11.3 系统实现 ····················· 236
11.4 部署应用程序 ················ 242
习题11 ···························· 243

附录 ································ 244
附录A 参考答案 ················· 244
附录B C#关键字 ················ 245

参考文献 ···························· 246

第1章　C#　概　述

本章介绍 C#的特点、开发环境和创建控制台应用程序的方法，在初步了解 C#之后，学习安装 C#的集成开发环境，并进行简单的控制台程序的编写。

1.1　C#的发展

1995 年，Sun 公司推出了面向对象的程序开发语言 Java，该语言所具备的跨平台、跨语言的特点使 Java 逐渐成为企业级应用系统开发的首选工具。不久，微软公司推出了基于Java 语言的编译器 Visual J＋＋，Visual J＋＋很快从 1.1 版本升级到了 6.0 版本，Visual J＋＋6.0 集成在 Visual Studio 6.0 中。Visual J＋＋虽然具有强大的开发功能，但主要应用在 Windows 平台的系统开发中，Sun 公司认为这违反了 Java 跨平台开发的特点，对微软提出了诉讼，这使微软公司处于极其被动的局面，为了改变这种局面，微软公司决定推出 .NET 计划和开发语言 C#。

微软公司在 2000 年 6 月举行的"职业开发人员技术大会"上正式发布了 C#语言。其英文名为"C-Sharp"。微软公司对 C#的定义是："C#是一种类型安全的、现代的、简单的，由 C 和 C＋＋衍生出来的面向对象的编程语言，它是牢牢根植于 C 和 C＋＋语言之上的，并可立即被 C 和 C＋＋开发人员所熟悉。C#的目的就是综合 Visual Basic 的高生产率和 C＋＋的行动力。"

1.2　C#的特点

C#是一种简单、灵活且功能强大的程序设计语言，使程序员能够快速开发多种应用程序。由于它彻底采用了面向对象程序设计思想，因此无论是最普通的应用程序还是大型的商业软件，C#都是最合适的选择。

简而言之，C#有以下四个特点：

1. 简单

C#继承了 C 和 C＋＋的优点，并对其缺点进行了改善，使得语言更加简单。C#同时摒弃了其他编程语言（例如 C＋＋和 Java）中的一些复杂性和缺陷，使得即使没有编程基础的程序员也能有效地减少开发过程中的错误。

2. 面向对象

C#具有面向对象程序设计语言所应有的一切特性：封装、继承和多态。通过面向对象的强大功能，C#使得程序员的编程效率得到极大的提高，缩短了应用程序的开发周期。

3. 与 Web 紧密结合

C#对网络中结构化数据传送的标准——XML 提供了很好的支持，程序员能够利用简单的 C#语言结构方便地开发 XML Web Service，有效地处理网络中的各种数据。

4. 基于 .NET Framework

.NET Framework 为用 C#编写的应用程序提供了安全性保障和错误处理机制。

1.3 C#能编写的应用程序

C#能编写的应用程序主要有：

1. Windows 应用程序

Windows 应用程序有用户很熟悉的 Windows 外观和操作方式，使用 .NET Framework 的 Windows Forms 模块就可以生成这种应用程序。Windows Forms 模块是一个控件（例如按钮、工具栏、菜单等）库，其中的控件可以用于建立 Windows 用户界面（UI）。

2. Web 应用程序

Web 应用程序是由 Web 页组成的，可以通过任何 Web 浏览器查看。.NET Framework 包括一个动态生成 Web 内容的强大系统，这个系统叫做 Active Server Pages.NET（ASP.NET），可以使用 C#通过 Web Forms 创建 ASP.NET 应用程序。

3. Web 服务

Web 服务是创建各种分布式应用程序的新方式，使用 Web 服务可以通过 Internet 虚拟交换数据。无论使用什么语言创建 Web 服务，也无论 Web 服务驻留在什么系统上，都使用一样简单的语法。

1.4 开发工具

用户可以使用 Windows 自带的"记事本"来进行程序的开发。但是，其工作效率是很低的。为了解决该问题，集成开发环境（Integrated Development Environment，IDE）应运而生。本书采用的是 Visual Studio 2005 集成开发环境。

下面首先介绍如何安装 Visual Studio 2005。

1.4.1 安装 Visual Studio 2005

1. 准备工作

（1）硬件

处理器：主频在 600MHz 以上，建议采用主频在 1GHz 以上的 Pentium 处理器。

系统内存：最低要求为 192MB，推荐为大于 256MB。

硬盘：若不安装 MSDN，安装驱动器上要有 2GB 可用空间，系统驱动器上要有 1GB 可用空间。若安装 MSDN，在完全安装 MSDN 的安装驱动器上要有 3.8GB 的可用空间；在进行默认 MSDN 安装的安装驱动器上要有 2.8GB 的可用空间，在系统驱动器上要有 1GB 可用空间。

显示器：最低要求为 800×600 像素、256 色，推荐使用 1024×768 像素、增强 16 位颜色。

（2）运行环境（操作系统）

对于 Microsoft Windows 2000 系列操作系统，需要安装 SP4。

对于 Microsoft Windows XP 系列操作系统，需要安装 SP2。

对于 Microsoft Windows Server 2003，需要安装 SP1。

浏览器要求 IE5.5 或更新版本。

（3）Visual Studio 2005 安装程序。Microsoft Visual Studio 2005 Standard Edition 或 Microsoft Visual Studio 2005 Professional Edition。如未特别说明，本书中出现的截屏图均为 Microsoft Visual Studio 2005 Professional Edition。

2. 安装 Visual Studio 2005

（1）启动安装程序。从光盘或安装程序目录启动 Setup.exe，如图 1-1 所示。

图 1-1　启动安装程序

（2）安装 Visual Studio 2005。单击"安装 Visual Studio 2005"，进入 Visual Studio 2005 的安装向导，如图 1-2 所示。安装程序开始加载安装组件。

图 1-2　安装向导

在出现如图 1-2 所示的画面前，会弹出一个小窗口——安装程序在解压安装文件。如果计算机硬件配置较低，可能需要的时间会长些，请耐心等待。

（3）安装程序加载安装组件。安装程序加载安装组件完成后，"下一步"按钮由灰色变为可以单击状态。单击"下一步"按钮进入安装程序起始页，如图 1-3 所示。

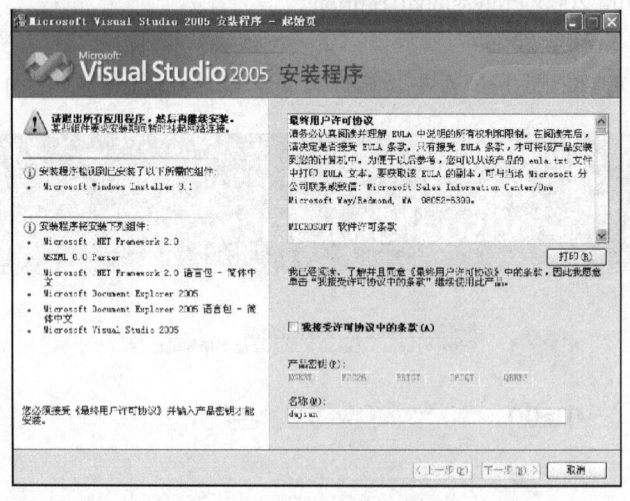

图 1-3　安装程序起始页

在起始页的右侧是"最终用户许可协议"，选中"我接受许可协议中的条款"复选框，并输入产品密钥，然后单击"下一步"按钮，进入安装选项页。

（4）安装选项。安装选项用于选择要安装的功能，可以选择"默认值"、"完全"和"自定义"三种安装方式，并可以指定 Visual Studio 2005 的安装路径，如图 1-4 所示。建议选择"默认值"选项。如果用户对 Visual Studio 2005 所包含的各种功能都比较了解，则可以根据需要选择"自定义"选项，只安装需要的功能，以节省硬盘空间。

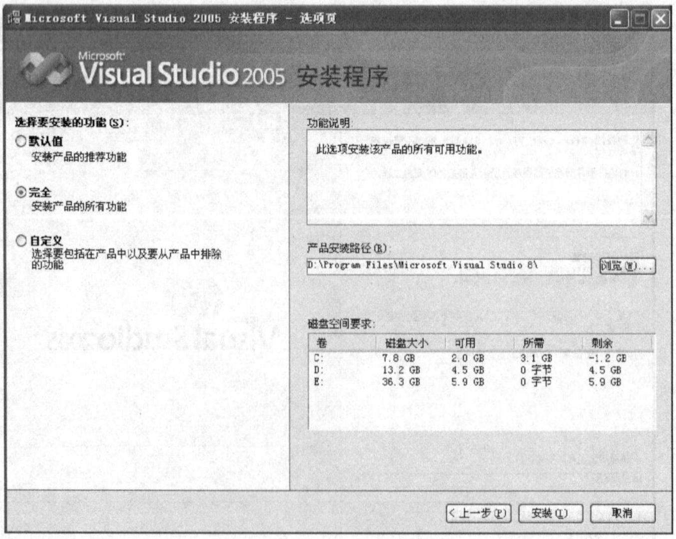

图 1-4　安装选项

可以根据各磁盘的使用情况,通过单击"浏览"按钮来选择产品的安装路径。

(5)开始在计算机上安装 Visual Studio 2005 的组件。选择好安装路径后,单击"安装"按钮,安装程序将开始安装 Visual Studio 2005 的组件,如图 1-5 所示。根据目标计算机上已经安装的 Visual Studio 2005 的组件的多少,在这里要进行安装的项目会有所不同。如果安装 Visual Studio 2005 的计算机中没有安装 .NET Framework 2.0、Microsoft XML 等运行 Visual Studio 2005 所必需的组件,则安装程序会将这些组件自动安装到目标计算机上。

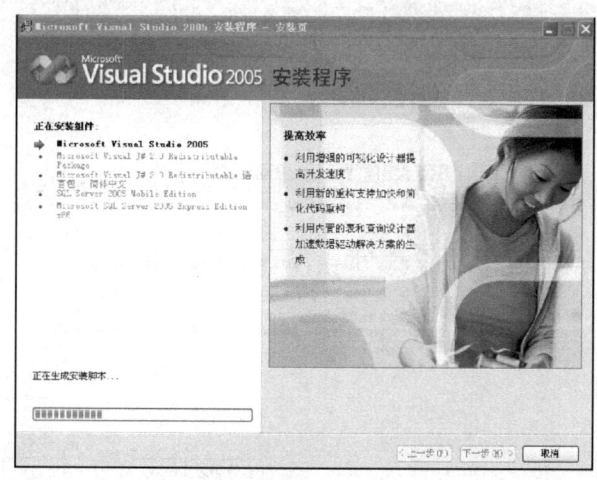

图 1-5 安装 Visual Studio 2005 的组件

根据选择安装的组件和计算机中已经安装的运行 Visual Studio 2005 所必需组件的多少,安装过程所需要的时间长短会有所不同。安装过程中,右侧窗格中的动画显示了 Visual Studio 2005 的新特性,可以边等待边浏览这些新特性。

(6)安装完毕。系统安装完毕后会提示安装成功,如图 1-6 所示。单击"完成"按钮返回到最初的安装程序界面。

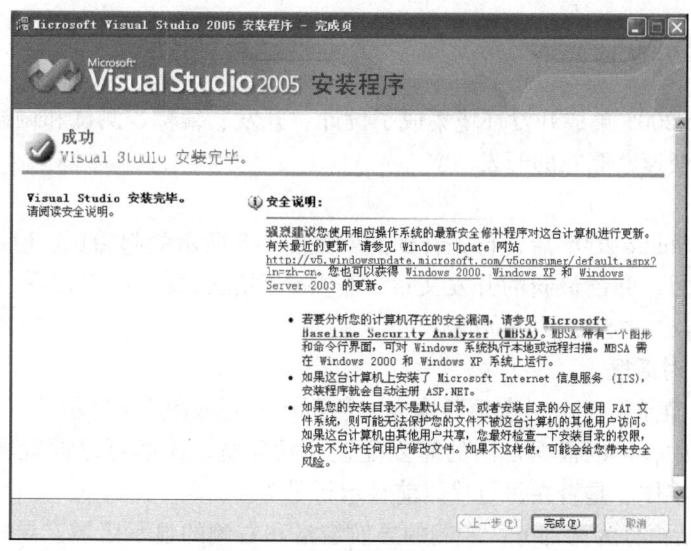

图 1-6 系统安装完毕

(7)安装 Visual Studio 帮助——MSDN。MSDN 是 Microsoft Software Developer Network 的简称。Visual Studio 2005 的 MSDN 中包含 Visual Studio 帮助信息和各个开发语言包的相关知识库。可以说 MSDN 是 Visual Studio 开发最全面、也是最权威的技术文档。

在安装完成 Visual Studio 2005 后,再次返回安装程序界面后,如图 1-7 所示。单击"安装产品文档",开始安装 MSDN。其安装过程与前面类似,这里不再赘述。

图 1-7 安装 MSDN

由于 MSDN 包含了整个 Visual Studio 2005 所有功能的帮助文档,所以比较庞大,建议只选择安装需要的部分。在以后需要时可以重新安装初次安装时未选中的部分。如果硬盘容量足够大,也可以选择完全安装,便于学习。

(8)安装结束。安装完成后,单击"退出"按钮,结束安装过程。至此,Visual Studio 2005 安装成功。

1.4.2 集成开发环境简介

Visual Studio 2005 集成开发环境集成了设计、开发、编辑、测试和调试等多种功能,方便开发人员进行快速、高效的开发。

1. 起始页

打开 Visual Studio 2005 后,首先看到的就是图 1-8 所示的起始页。使用起始页可以轻松地访问或创建项目、阅读最新的开发文章。若要访问起始页,在"视图"菜单中选择"其他窗口",然后单击"起始页"命令。

2. "选项"对话框

在"工具"菜单下单击"选项"命令,便可访问到如图 1-9 所示的"选项"对话框。

在该对话框中,可以根据自己的需要配置开发环境,比如可以设置项目的默认保存位置、设置代码的字体、是否在每行代码前显示行号等。

"选项"对话框分为两部分:左侧的导航窗格和右侧的显示区域。导航窗格中的树控件包括如下文件夹节点:"环境"、"项目和解决方案"、"源代码管理"以及"文本编辑器"

第 1 章　C#　概　述

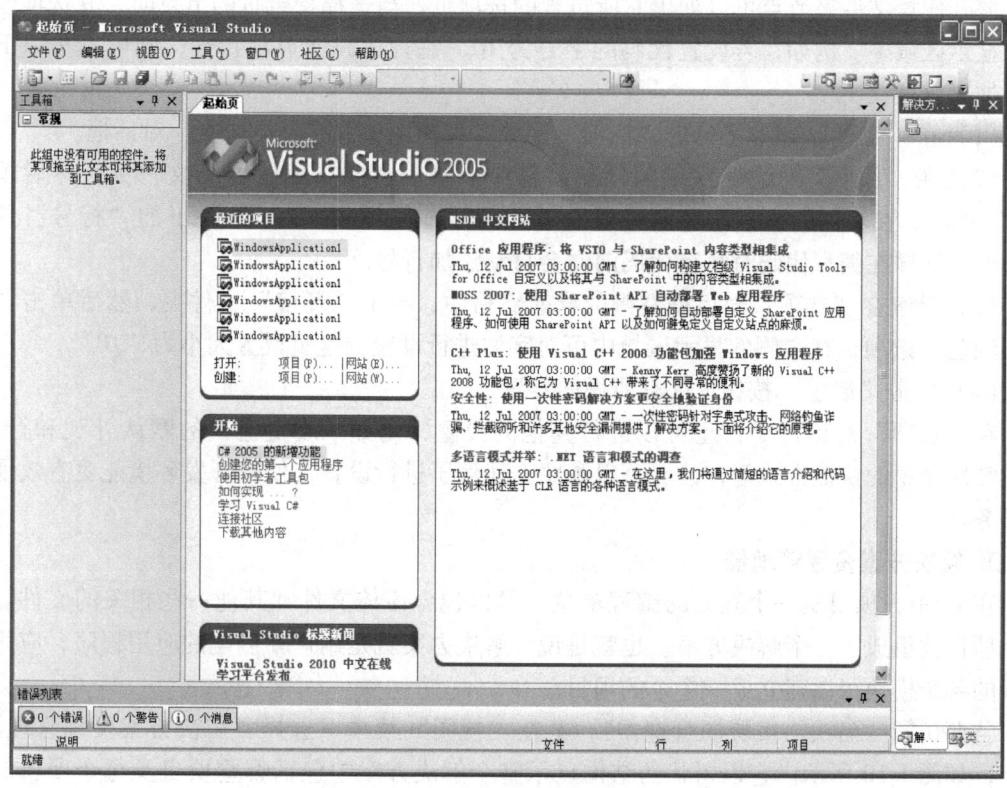

图 1-8　Visual Studio 2005 起始页

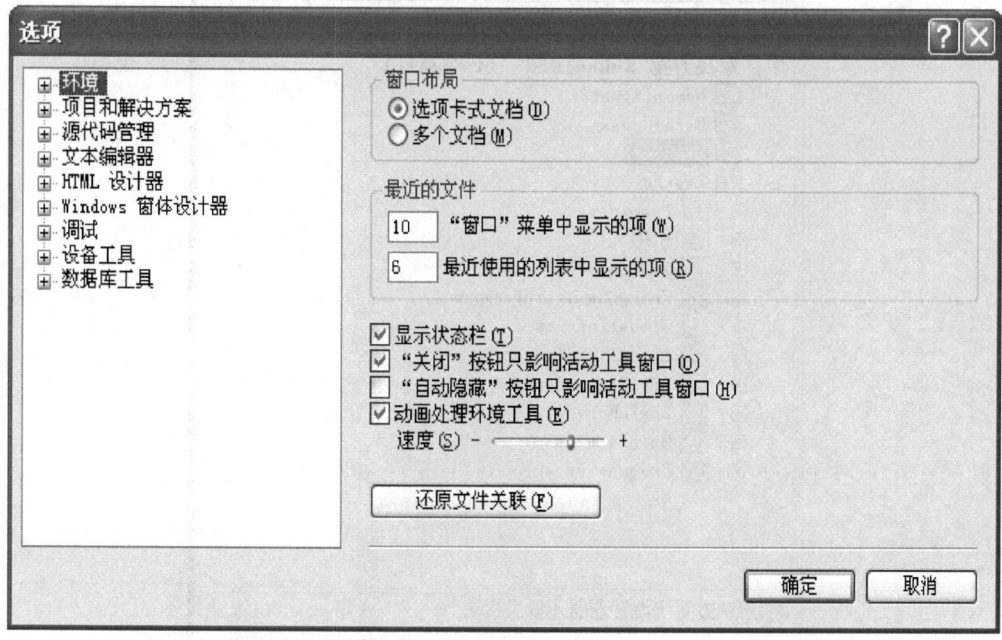

图 1-9　"选项"对话框

等。展开任意文件夹节点可以列出它所包含的选项页。当选择特定页的节点时,其选项会出现在显示区域中。例如,若设置代码的字号为10,每行代码前显示行号,则可以按以下步骤来加以设置:

(1) 在"工具"菜单下单击"选项"命令,打开图1-9所示"选项"对话框。

(2) 在"选项"对话框左侧的导航窗格中,单击"文本编辑器"文件夹,然后单击"C#"选项,在右侧的显示区域便可列出其所有的选项。选中"显示"下的"行号"这一复选框,这样在编写代码时每行代码前便会自动添加行号。

(3) 继续在"选项"对话框左侧的导航窗格中,单击"环境"文件夹,然后单击"字体和颜色"选项,在右侧的显示区域中可对字体进行设置,这里设置大小为"10"。

(4) 单击"确定"按钮,保存所做的设置。

在"选项"对话框中,还可以进行其他的设置,比如:改变窗口的默认外观和行为,创建常用命令的快捷方式等,读者可以参照上述例子进行设置,使得开发环境能更有效地为你服务。

3. 解决方案资源管理器

在C#中,项目是一个独立的编程单位,可以包含窗体文件和其他一些相关的文件。若干个项目就组成了一个解决方案。也就是说,解决方案就是用户要创建的应用程序,应用程序下的各个模块可以建立成一个个的项目。

若要访问"解决方案资源管理器",请在"视图"菜单下选择"解决方案资源管理器"命令,如图1-10所示。它以树状的结构显示整个解决方案中包括哪些项目及每个项目的组成信息,在该对话框中可以对项目进行修改和执行其他的管理任务。

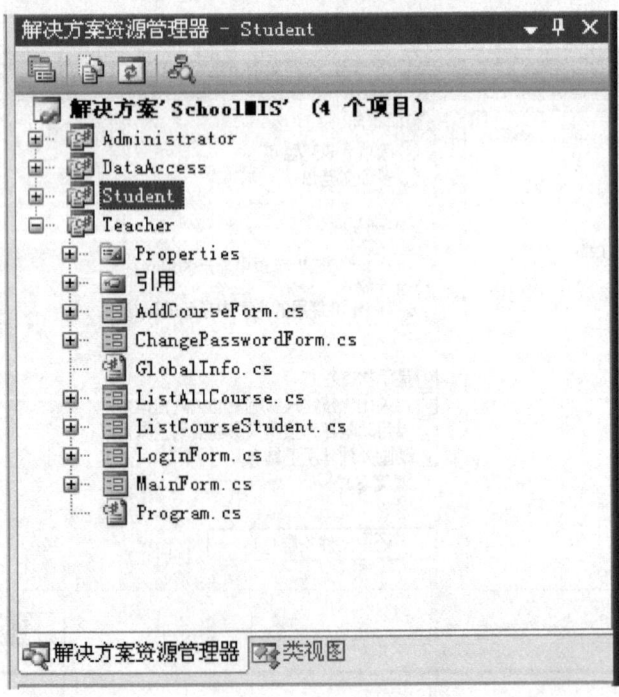

图1-10 "解决方案资源管理器"对话框

在实际开发应用程序时，常常需要单个项目的运行和调试。此时需要指定某个项目为"启动项目"。默认情况下，将在解决方案中创建的第一个项目指定为启动项目，但也可以在生成或运行解决方案时设置需要先运行的项目。设置单个项目为启动项目的方法：在项目上单击鼠标右键，选择"设为启动项目"即可，如图1-11所示。启动Visual Studio调试器时，会自动运行启动项目。

如果有多个启动项目，则树视图中的解决方案节点会以粗体字显示。设置多个项目为启动项目的方法：在解决方案上单击鼠标右键，选择"设置启动项目…"命令，如图1-12所示，然后在弹出的"解决方案属性页"窗口左侧的树视图中选择"启动项目"命令，在右侧选中"多启动项目"单选按钮，然后设置项目的操作属性为"启动"即可，如图1-13所示。

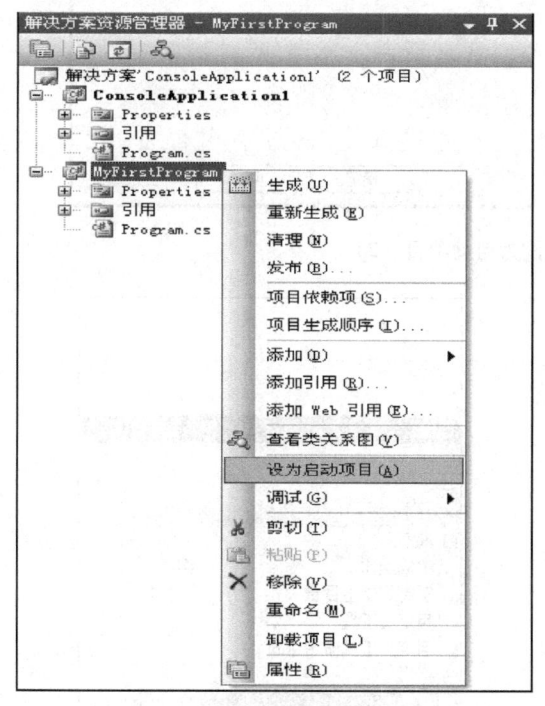

图1-11 将单个项目设为启动项目

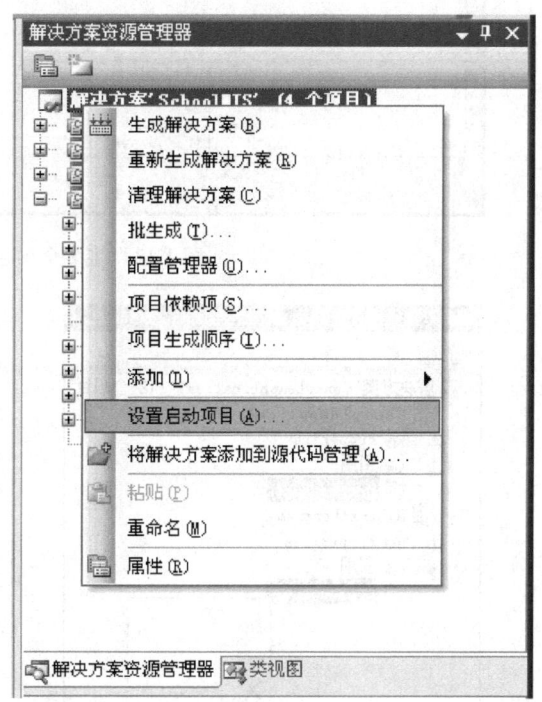

图1-12 将多个项目设为启动项目（1）

可以在单个项目中选择多个项或跨项目选择多个项。当希望执行批操作（例如同时打开多个文件进行编辑），或者希望确定或编辑两个以上解决方案项的共同可用属性时，请选择多个项。当选择多个项时，可用的命令表示对所有选定项通用的命令。这样就可以方便地一次性设置多个项目文件的共同属性了，如图1-14和图1-15所示。

在"解决方案资源管理器"的最上面有一些小图标，它们就是"解决方案资源管理器"的工具栏图标，见表1-1。它们代表了一些常用的命令。由于选定项目的不同决定了工具栏图标的不同，因而此列表只表示在使用"解决方案资源管理器"时可能遇到的一部分图标。

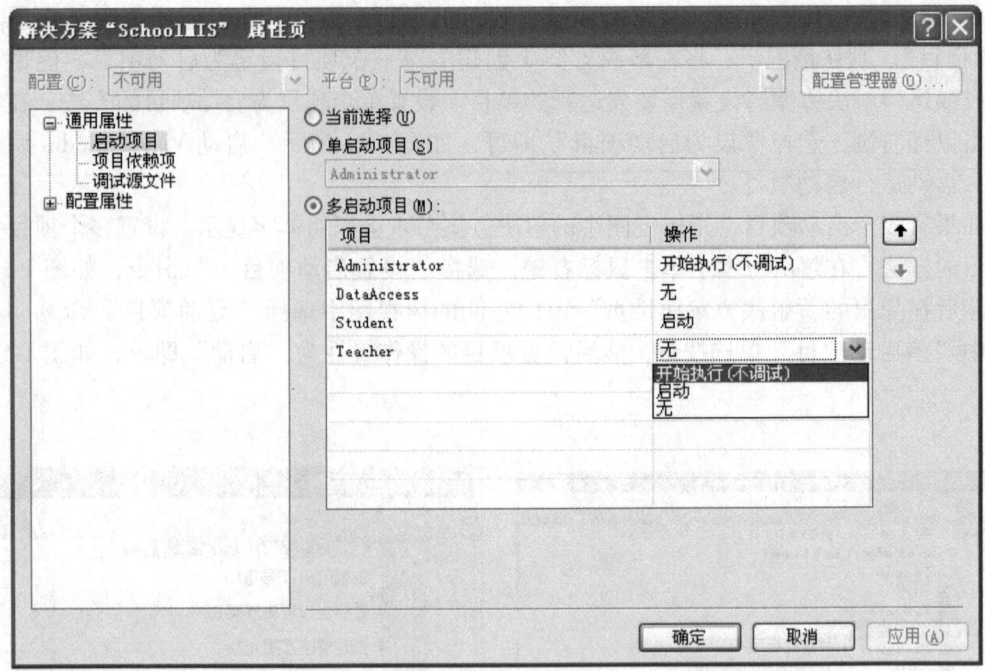

图 1-13　将多个项目设为启动项目（2）

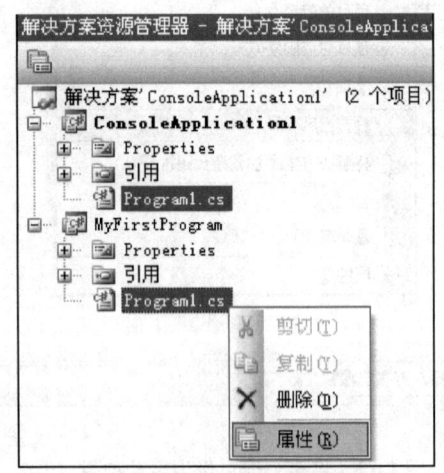

图 1-14　设置多个项目文件的共同属性（1）

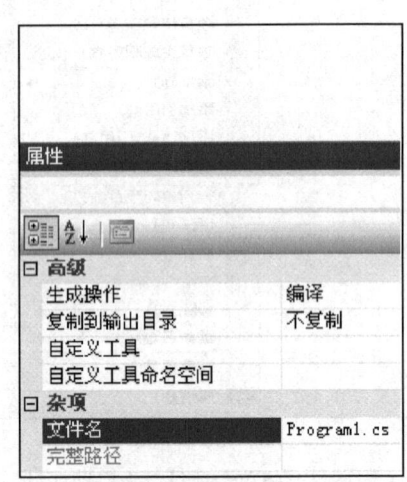

图 1-15　设置多个项目文件的共同属性（2）

表 1-1　"解决方案资源管理器"工具栏图标

图标	含义	详细解释
	属性	显示树视图中所选项的相应属性对话框
	显示所有文件	显示所有项目项，包括那些已经被删除的项和正常情况下隐藏的项
	刷新	刷新所选项目或解决方案中的项的状态

(续)

图标	含义	详细解释
	嵌套相关文件	在"解决方案资源管理器"中,为 Web 项目中互相依赖的文件建立父级和子级层次结构。例如,组成 Web 窗体的两个文件将互相嵌套
	查看类关系图	启动"类设计器",显示当前项目中类的关系图
	复制网站	打开"复制 Web 项目"对话框,以便在 Web 服务器之间复制整个 Web 项目或 Web 项目集合。还可以使用新的名称在同一个服务器上复制 Web 项目。只有选定了一个 Web 项目后,此命令才可用
	打开	在默认编辑器(该编辑器由项目模板确定)中打开该项。可以在"打开方式"对话框中更改给定类型文件的默认编辑器;在"解决方案资源管理器"中右击文件名,在快捷菜单上选择"打开方式"命令
	查看代码	打开选定文件以在代码编辑器中进行编辑
	视图设计器	在代码编辑器的设计器模式下打开选定的文件,进行编辑
	ASP.NET 配置	显示 ASP.NET 网站管理工具
	添加新解决方案文件夹	向选定项中添加解决方案文件夹。可以将解决方案文件夹添加到解决方案或现有的解决方案文件夹中

4. "属性"对话框

"属性"对话框用于显示和设置所选定的控件或者窗体等对象的属性及事件,也可以使用"属性"对话框编辑和查看文件、项目和解决方案的属性。可通过"视图"菜单打开"属性"对话框,如图 1-16 所示。

"属性"对话框从上至下总共分为 4 个部分。

(1)对象列表框。对象列表框标识当前所选定对象的名称及所属的类。单击其右边的下拉按钮,可列出所含对象的列表,从中选择要设置属性的对象。

(2)工具栏。工具栏中包括以下命令按钮:

按钮。单击该按钮可以按类别列出选定对象的所有属性及属性值。可以折叠类别以减少可见属性数。展开或折叠类别时,可以在类别名左边看到加号(+)或减号(-)。类别按字母顺序列出。

按钮。单击该按钮可以按字母顺序对选定对象的所有设计时属性和事件排序。若要编辑可用的属性,请在它右边的单元格中单击并输入更改内容。

按钮。单击该按钮可以显示对象的属性。很多对象的事件也可以使用"属性"对话

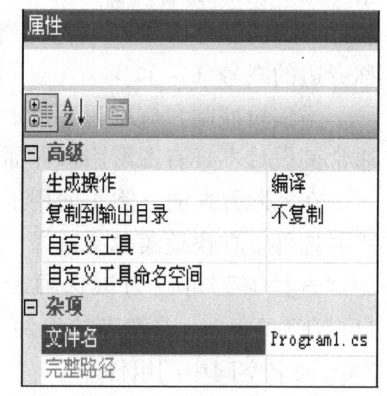

图 1-16 "属性"对话框

框来查看。

按钮。单击该按钮可以显示对象的事件。

按钮。单击该按钮可以显示选定项的"属性页"对话框或"项目设计器"。"属性页"显示"属性"对话框中可用属性的子集、同一集合或超集。使用该按钮可查看和编辑与项目的活动配置相关的属性。"属性"对话框显示编辑字段的不同类型,具体取决于特定属性的需要。这些编辑字段包括编辑框、下拉列表以及到自定义编辑器对话框的链接。属性以灰色显示且是只读的。

(3)"属性集"窗格。"属性集"窗格里显示了位于编辑器和设计器中的选定对象设计时的属性及事件的具体内容,不同的控件可能具有不同的属性和事件。

(4)"说明"窗格。"说明"窗格用于显示属性的类型和简短说明。可以使用快捷菜单上的"说明"命令关闭或打开属性的说明。

5. 工具箱

工具箱中包含了开发应用程序的各种控件及非图形化的组件,通过"视图"菜单打开"工具箱"对话框,如图 1-17 所示。单击 按钮,可将"工具箱"设置为"自动隐藏",此时该按钮变成 ;单击它,可以将"工具箱"固定在所在的位置,将其设置为打开状态。

工具箱由不同的选项卡组成,各类控件、组件分门别类地放在"所有 Windows 窗体"、"公共控件"、"容器"、"菜单和工具栏"、"数据"、"组件"、"打印"等选项卡中。其中"所有 Windows 窗体"选项卡是最常用的选项卡,这个选项卡主要用来放置开发 Windows 应用程序所使用的大部分控件,如文本框、按钮、标签等,这些将在后续章节中做详细介绍。

"工具箱"是一个浮动的树控件,类似于 Windows 资源管理器。可以同时展开"工具箱"的多个"选项卡",整个目录树在"工具箱"窗口内部滚动。若要展开"工具箱"的任一选项卡,请单击其名称旁边的加号(+);若要折叠一个已展开的选项卡,请单击其名称旁边的减号(-)。

图 1-17 工具箱

当编辑控制台应用程序时,不会显示"工具箱"中的项,因为通常其设计不具有图形用户界面。

在实际开发时,除了使用工具箱中的控件之外,常常需要引入第三方控件。在快捷菜单中选择"添加选项卡",添加一个自定义的选项卡,通过快捷菜单中的"选择项"可以为该选项卡添加新项。可以作为"工具箱"图标使用的项包括:来自 .NET Framework 类库的组件、COM 组件、用于 Windows 窗体与 Web 窗体 HTML 元素和 XML 命名空间中的组件。

6. 类视图

类视图以树状结构列出了程序中各个类及其中包含的事件、方法和函数等信息。可以在"视图"菜单中打开"类视图",如图 1-18 所示。类视图有两个窗格:上部的"对象"窗格和下部的"成员"窗格。在上部的"对象"窗格中选择某个对象后,在下部的"成员"窗格中便可列出该对象所具有的所有成员。

（1）通过"类视图"添加新项。右键单击"类视图"中某个项目节点，在弹出的快捷菜单中包含"添加"子菜单。用户可以根据需要向项目中添加类、模块、接口、方法、变量或事件。下面来看看如何通过"类视图"在项目中添加一个新类。

① 启动 Visual Studio 2005，新建一个名为 CSharpProgram 的 Windows 应用程序。

② 通过菜单"视图"→"其他窗口"→"类视图"命令或使用快捷键"Ctrl + W + C"，打开类视图窗口，如图 1-19 所示。

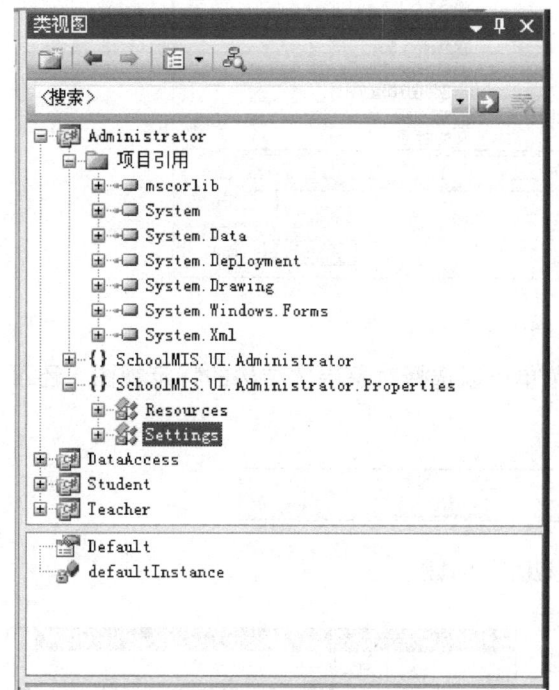 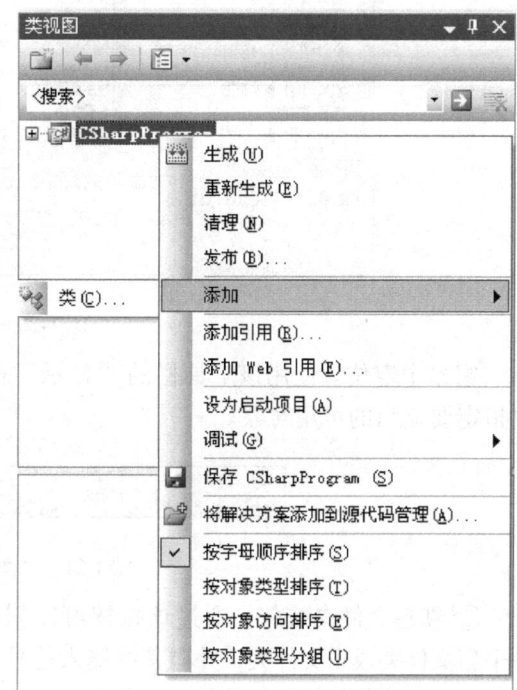

图 1-18　类视图　　　　　　　　图 1-19　通过"类视图"添加一个新类

③ 选择类视图的项目 CSharpProgram，单击鼠标右键，从弹出的快捷菜单中选择"添加"→"类"命令。

④ 在弹出的"添加新项"窗口中选择"类"，在"名称"文本框中输入"MyClass.cs"，单击"添加"按钮，如图 1-20 所示。

⑤ 系统自动在项目中添加 MyClass.cs 文件，并在编辑器中将其打开，可以看到类 MyClass 已经自动生成。

（2）在"类视图"中管理项目。在"类视图"中管理项目与在"解决方案资源管理器"中对项目进行管理的方式类似。例如，可以对项目进行"生成"、"重新生成"和"发布"等操作，也可以将项目设为启动项目，并在"类视图"中启动调试。

在维护一个比较复杂的项目时，通过"类视图"查找某个类或某个功能模块的位置比使用"解决方案资源管理器"更为方便。

（3）"类视图"工具栏。与"解决方案资源管理器"相似，"类视图"也具有自己的工具栏，如图 1-21 所示。通过"类视图"工具栏可以添加虚拟文件夹，并在"对象"和"成

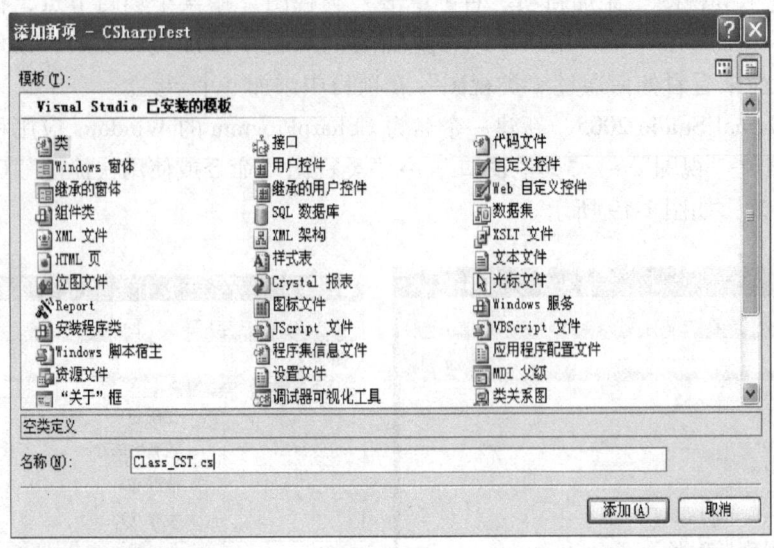

图1-20　添加新项

员"窗格中定位。使用该工具栏的"显示"菜单可以选择对象层次结构的特定视图,还可以指定要显示的可用对象。

图1-21　"类视图"工具栏

① 新建文件夹按钮。通过该按钮可以创建一个新文件夹或子文件夹,并向其中拖入符号以便访问。对于频繁使用的符号,这是很有用的。

② 后退、前进按钮。单击后退或前进按钮,可以对以前浏览过的项的历史记录列表进行浏览。

③ 显示菜单按钮。通过"类视图"工具栏中的"显示"菜单按钮,可以为活动项目选择对象层次结构树的特定视图,还可以指定要显示的可用对象和成员,如图1-22所示。表1-2列出了可用选项,其中某些命令还可以从"对象"和"成员"窗格的快捷菜单中获得。

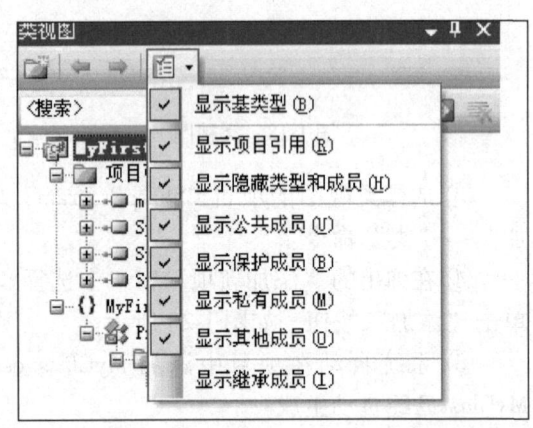

图1-22　"类视图"工具栏中显示菜单

表1-2　"类视图"的"显示"菜单项说明

显 示 菜 单	说　　明
显示基类型	切换"对象"窗格中的基类型显示
显示继承成员	切换"对象"窗格中的派生类型显示。仅在Visual C++/C#中可用
显示项目引用	切换虚拟文件夹的显示,该文件夹列出了在项目引用中所引用的对象

显示菜单	说　明
显示隐藏类型和成员	切换"对象"窗格中的隐藏类型显示和"成员"窗格中的隐藏成员显示
显示公共成员	为正在使用类的用户显示公共成员
显示保护成员	为正在展开类的用户显示公共成员或受保护的成员
显示私有成员	为正在实现和使用类的用户显示所有辅助功能级别的成员
显示其他成员	显示不属于公共、受保护、私有或继承类别的成员

7. 智能感知功能

智能感知（IntelliSense）功能，即由集成开发环境提供的一种即时的自动提示功能。在编码的同时，Visual Studio 2005 会根据当前语句的情况，弹出一个下拉列表框，给出可用的信息选择。例如，在代码中输入一控件名"btnOK"，当键入"."时，便会自动列出该控件的下拉式属性表，用户可以在列表中选择需要的属性。为了便于用户使用，智能感知功能显示语句和函数的语法，有助于查找类的成员及其用途。

8. 使用帮助

作为一个程序开发者，善于使用帮助进行学习是很有用的。帮助本身就包含了精炼的指导和范例代码。下面先学习如何设置适合自己的帮助系统，以提高学习 C#的效率。

（1）单击 Visual Studio 2005 顶部的菜单"帮助"→"如何实现"命令，打开帮助系统 Document Explorer。

（2）单击"帮助"→"如何实现"命令或使用快捷键"Ctrl + F1"，会列出相关主题，如图 1-23 所示。

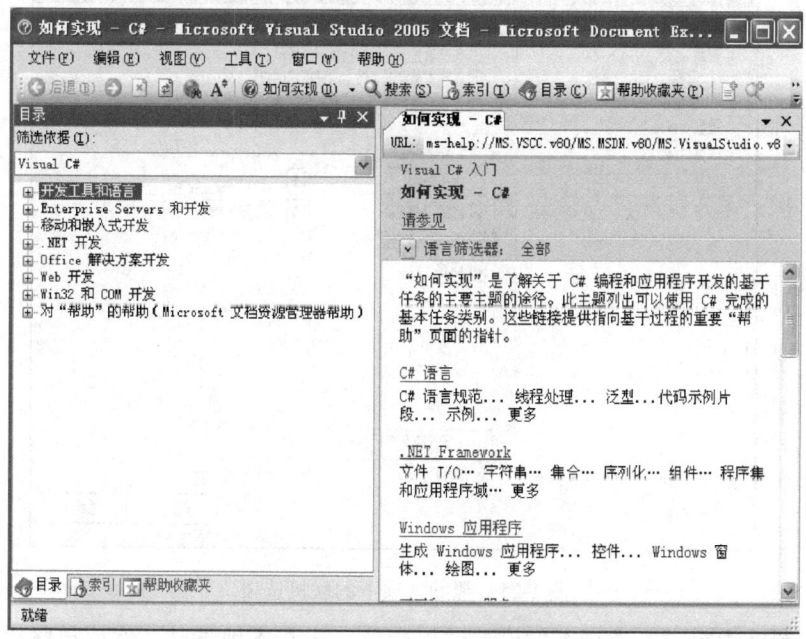

图 1-23　"帮助"菜单下的"如何实现"主题

（3）设置帮助系统选项。单击"工具"→"选项"命令，出现自定义选项，根据自己的需要来配置这些选项，指定帮助系统如何工作。其中最关键的是指定帮助系统从何种资源中搜索相关信息，如图1-24所示。

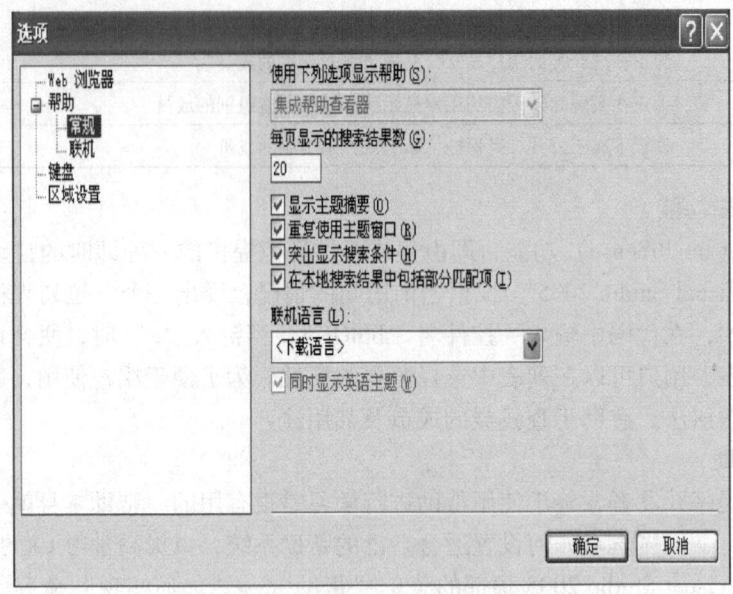

图1-24　设置帮助系统选项

（4）单击"选项"对话框中的"帮助"选项下的"联机"选项，如图1-25所示。

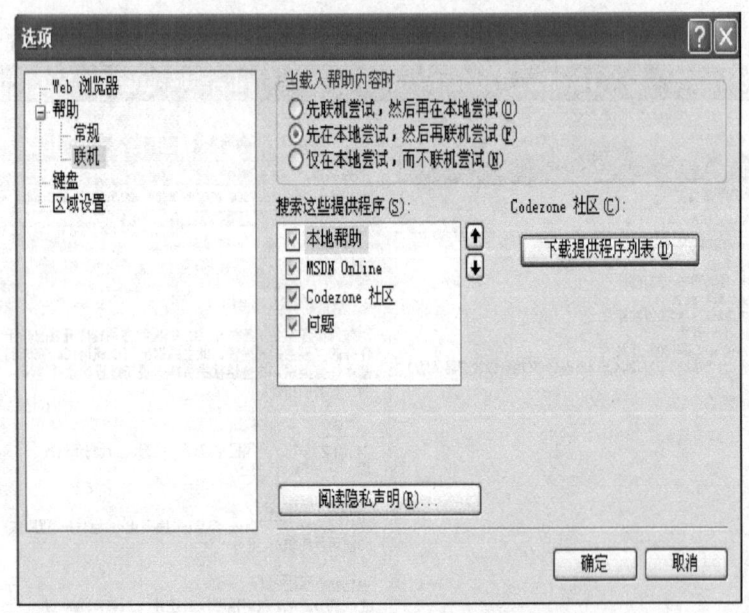

图1-25　帮助选项下的联机选项

"当载入帮助内容时"选项组的设置建议选择"先在本地尝试，然后再联机尝试"单选按钮，这样帮助系统会先从本机硬盘加载帮助内容，然后再从联机资源加载。Visual Studio 2005帮助信息有两个基本来源：

① 在安装 Visual Studio 2005 时安装的本地帮助文件（MSDN）。

② 联机帮助。联机帮助是基于 Internet 的，如 MSDN Online、MSDN 新闻组及 .NET Code Wise Community 开发人员 Web 站点集等。如果用户的开发环境具备时刻访问 Internet 的条件，建议选中"MSDN Online"和"Codezone 社区"复选框，这样每当使用搜索命令时，Visual Studio 2005 都会加载 C#开发人员的最新文章。可以通过单击 ⬆、⬇ 按钮调整搜索顺序。

（5）保存设置。单击"确定"按钮保存设置。根据需要设置好帮助系统之后，下面来学习如何使用帮助系统。例如想使用 Button 控件，但对该控件的用法不是很熟悉，这时可以使用帮助系统来帮助我们解决。

① 在 Document Explorer 的顶部单击"搜索"标签。在出现的"搜索"窗口中提供了在本地和联机帮助资源中进行基于文本的搜索工具。

② 单击"语言"前面的下拉按钮，只选中"C#"复选框，如图 1-26 所示。

图 1-26　"搜索"标签

③ 在"搜索"的文本框中输入关键字"Button"，单击"搜索"按钮或按"Enter"键。搜索结果显示在搜索结果区域，单击"本地帮助"、"MSDN Online"、"Codezone 社区"、"问题"，具体的搜索结果会在中间区域显示，如图 1-26 所示。

④ 保存搜索。单击 Document Explorer 工具栏上的"保存搜索"图标（带加号的放大镜图标），如图 1-27 所示，该搜索结果将保存到收藏夹中，这样下次使用时就不必再次进行搜索了。

除了将搜索结果保存到收藏夹中，用户还可以把帮助文档保存在收藏夹中，方便以后查阅。单击"添加到帮助收藏夹"按钮 ，Document Explorer 会把帮助文档列表中的当前文档添加到收

图 1-27 保存搜索

藏夹。这和 IE 的收藏夹是一样的。注意当前页如果不是帮助文档的话，添加按钮是不可用的。

⑤ 重命名收藏夹保存内容的名称。在"帮助收藏夹"窗口右键单击已经保存的条目，选择"重命名"，即可重命名保存的内容。Document Explorer 对于该功能是可选的，但是在实际应用中却很实用。

⑥ 删除"帮助收藏夹"的内容。当"帮助收藏夹"的内容过多时，可以删除那些过时的或不常用的内容。方法是选中要删除的项目，然后在"编辑"菜单选择"删除"命令或右键单击要删除的收藏项，从快捷菜单中选择"删除"命令，出现删除确认对话框，单击"确定"按钮就删除此收藏项了。

⑦ 单击 Document Explorer 工具栏上的"关闭"按钮，关闭 Document Explorer。

1.5 控制台应用程序

熟悉了集成开发环境的功能和特性之后，接下来体验一下 Microsoft Visual Studio 2005，通过简单的设置和代码，创建出第一个 C#程序。请按照下面的步骤操作。

（1）选择"文件"→"新建"→"项目"命令，打开"新建项目"对话框，如图 1-28 所示。

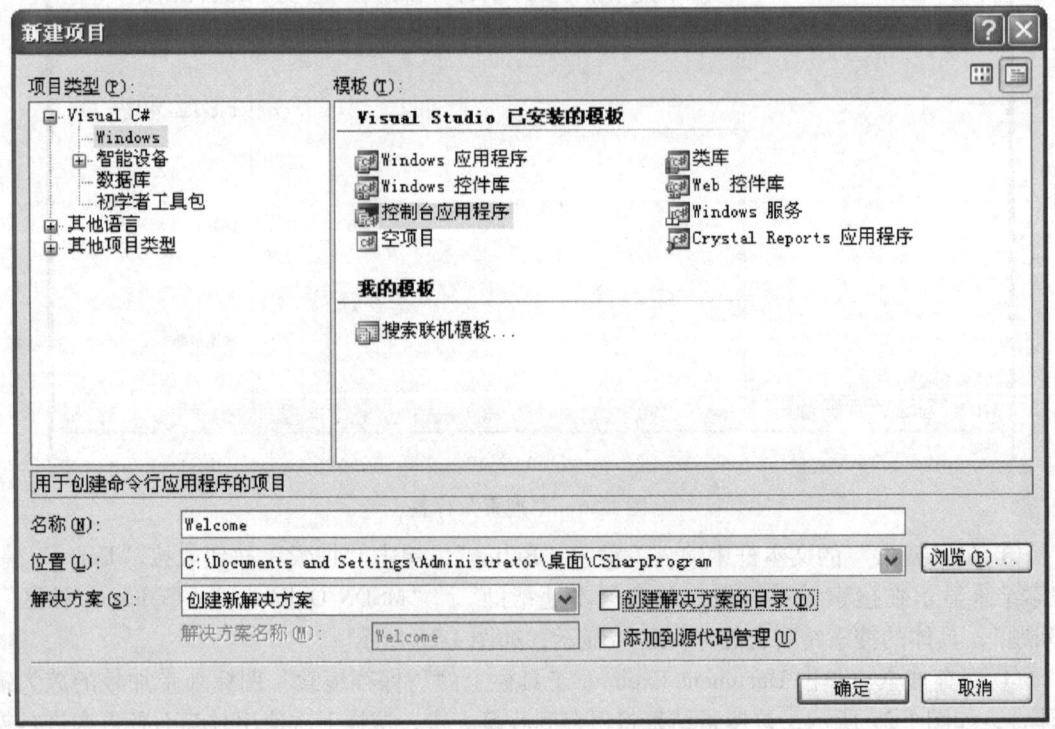

图 1-28 "新建项目"对话框

（2）在"新建项目"对话框中的左侧窗格中选择"Visual C#"，并展开下面的 Windows 节点。在右侧的窗格中选择"控制台应用程序"，在"名称"文本框中输入"Welcome"，在"位置"文本框中将会给出项目文件的保存位置，可以通过单击"位置"文本框右边的"浏览"按钮，打开"项目位置"对话框来选择一个目录。在本例中，项目文件保存在"C:\Documents and Settings\Administrator\桌面 CSharp Program"目录中。

（3）单击"确定"按钮，关闭"新建项目"对话框，进入编程界面，如图 1-29 所示。

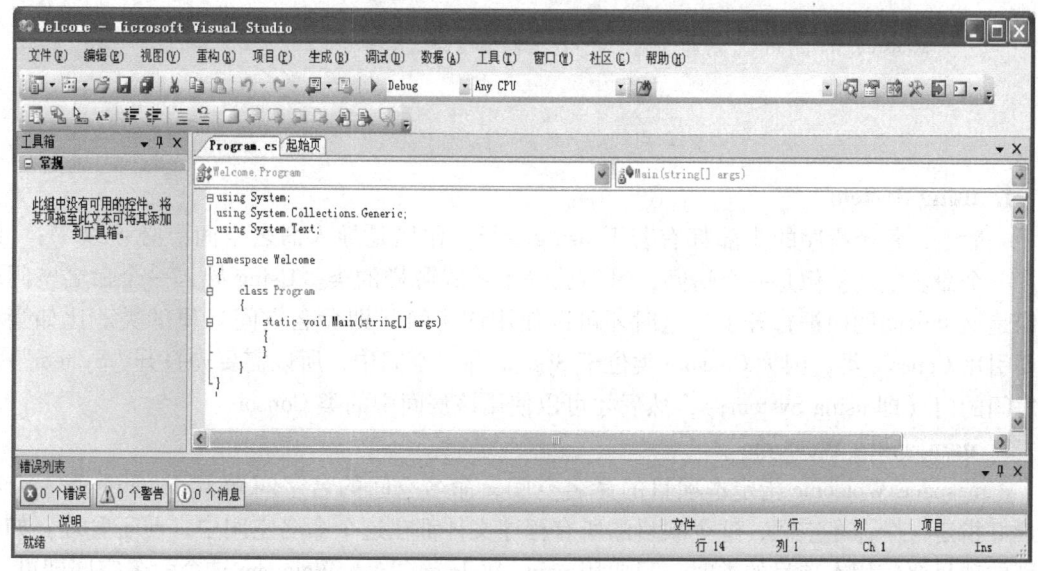

图 1-29　编程界面

（4）在 Main( )方法中写入语句：

Console.WriteLine("欢迎使用 C#");

（5）至此，程序创建完毕，按"Ctrl + F5"组合键，编译并运行程序。
程序运行结果如图 1-30 所示。

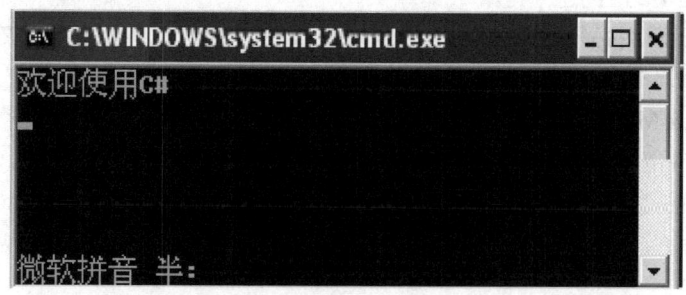

图 1-30　运行结果

以上述简单的 C#程序为例来说明 C#应用程序的基本结构，程序代码如下：

```
using System;
using System. Collections. Generic;
using System. Text;
namespace Welcome
{
    class Program
    {
        static void Main(string[ ]args)
        {
            Console. WriteLine("欢迎使用 C#");/*输出欢迎信息*/
        }
    }
}
```

1. using System

一般地，每个程序的头部都有若干 using…行，作用是导入命名空间，必须以";"结束。一个命名空间就像是一个房间，里面放满了各式各样的类。Using 导入一个命名空间就好像是这个房间的门被打开了，这时才可以使用该房间（即命名空间）里的类。比如当程序要引用 Console 类，因为 Console 类位于 System 命名空间中，所以需要先打开"System"那个房间的门（即 using System;），然后才可以使用该房间中的类 Console。

2. namespace Welcome

namespace Welcome 指定本项目的命名空间，命名空间的名字叫做 Welcome。每一个项目最好指定一个命名空间，这个项目的所有程序文件都在这个命名空间中，便于管理。如果有别的项目要使用本项目的类时，只要用 using Welcome 导入 Welcome 这个命名空间即可。

namespace Welcome 后必须跟一对花括号{}，这个命名空间中的所有类都写在这一对花括号{}中。

建立一个项目之后，C#会自动为这个项目给出一个命名空间，本例是 Welcome。也可以修改它的名字，默认就是所创建的项目名字。

3. class Program

class Program 是这个程序的一个类，该类是由 C#自动创建的。关键字 class 用来声明一个类，Program 是类的名字。

class Program 后面必须跟有一对花括号{}，类中所有的代码都必须写在这一对花括号{}中。

4. static void Main(string[ ]args)

static void Main( )方法是程序的入口点，用来控制程序的开始和结束。一个 C#程序必须且只能有一个 Main 方法。

Main 方法的第一个字母 M 必须大写，static 表明该方法为静态方法，Main 方法必须为静态方法。

Main 方法可以有返回值，也可以没有返回值。返回值类型可以为 void 或 int 类型。

Main 方法可以带参数，也可以不带参数。

5. Console. WriteLine( )

这是本程序的唯一一行语句，作用是向屏幕输出信息。C#中，可以在一行中包含多条语句，也可以将一条语句拆分成多行。语句之间用分号分隔。尽管把一条长语句拆分为几行可能会提高可读性，但推荐每行写一条语句。

6. /＊输出欢迎信息＊/

这是一条注释语句。在程序编写过程中为了提高代码的可读性，需要对某些语句加以解释，这时就要用到注释语句。注释语句不会参与程序的执行，只起到一个注释的作用。合理的注释不但不会浪费编写程序的时间，反而能让程序更加清晰。

C#中注释语句有两种格式：

（1）//：//开始一个注释，其后可以编写任何内容，只要这些内容不跨行即可。

（2）/＊…＊/：斜杠加星号(/＊)来表示注释的开始，用星号加斜杠(＊/)来代表注释的结束。这些注释符号可以在单独的一行上，也可以在不同的行上，注释符号之间的所有内容都是注释。若注释内容很长并跨越多行，则可以采用该方法。例如：

```
//注释内容不跨行时的注释方式
/＊多行注释
本示例的代码显示了在 C#中如何设置
多行注释的格式
＊/
/＊另一种使用该注释风格的方式＊/
```

7. 输入和输出语句

以上程序所完成的输出功能都是通过 Console 来完成的，Console 就是通常所说的控制台。Console 是在 System 命名空间中已经预先定义好的一个类。在上面的代码中，Console 类使用了一个最基本的方法：WriteLine()，用于在输出设备上输出。Console 类提供了以下 4 种方法用于输入或输出操作。

（1）ReadLine()：从控制台读取一行数据，返回 string 类型。该方法一次读取一行字符的输入，直到用户按下回车键才返回。注意 ReadLine()方法不接受回车键。如果需要将读取的数据以普通类型进行使用，则需要进行类型转换。例如，需要将读取的数据以整型进行运算，则可以表示成：int num = int.Parse(Console.ReadLine())；

（2）Read()：读取控制台上的一个字符，返回该字符的 ASCII 值。该方法一次只能从输入流读取一个字符，直到用户按回车键才返回。注意，如果输入多个字符，然后按回车键（输入流中包含输入的字符和回车键'\r'(13)和换行符'\n'(10))，Read()方法返回用户输入的第一个字符，可以通过多次调用 Read()方法来获取所有输入的字符，包括回车键和换行符。

（3）Write()：用于在输出设备上输出信息，但输出到屏幕后不会产生一个新行。可以输出一个字符串，也可以输出变量或表达式的值。例如：

```
Console.Write("hello");
Console.Write("{0}+{1}={2}",num1,num2,result);
```

其中{0}、{1}和{2}称为数据占位符，表示此处将有一个数据输出，输出的数据与数据列表（num1，num2，result）中的变量或表达式从左向右依次进行匹配。值得注意的是，数据占位符的序号从 0 开始。如果输出浮点型的数据，可以表示成 {0:f2}，代表保留 2 位小数。

（4）WriteLine()：用于在输出设备上输出信息，在 Write()方法的基础上增加了一个换行符。

8. C#推荐的代码格式

代码格式是编程的规范，它有助于良好而清晰地组织代码。推荐使用约定的格式，以改进代码的结构，并能够提高代码的可读性。

结合上面的程序示例来说明如何使用缩进、区分大小写、空白区和注释等代码格式原则。

（1）缩进。缩进可以用来指示语句所处的代码块。同一语句块中的语句应该具有相同的缩进程度，这是一个十分重要的约定，它能够提高代码的可读性。所以，尽管缩进不是必需的，也不是编译器强制的，但它确实是一条值得遵循的原则。

（2）区分大小写。C#语言区分大小写，也就是说，编译器区分大写字符和小写字符。例如，在应用程序中，code、Code 和 CODE 是不同的变量名，不能相互替代。

（3）空白区。一般情况下，编译器将忽略空白区。因此，可以使用它来改善代码的格式，以提高可读性。空白区可以由空格键、Tab 键或换行符（按"Enter"键所插入的符号）组成。唯一的例外就是编译器不忽略引号中间的空白区。

（4）命名风格。对不同的对象可采用不同的命名风格。

① 类命名风格：以英文或简称进行命名，每个单词的第一个字母大写。例如：DatabaseOperation。

② 属性命名：以英文或简称进行命名，每个单词的第一个字母大写。

③ 函数命名：以英文或简称进行命名，每个单词的第一个字母大写，第一个单词尽量使用动词。

④ 变量命名风格：用英文单词或简称描述，第一个单词的全部小写，第二单词的第一个字母大写，依次类推。当只有一个单词时则全部小写。

1.6 可视化程序开发初探

1.5 节创建的控制台应用程序让读者初步体验了 Visual Studio 2005 开发工具的部分功能，这节学习使用 Visual Studio 2005 集成开发环境提供的可视化程序开发功能。在图 1-31 中所示窗体中，单击按钮"Click Me"，则打开如图 1-32 所示的消息对话框。这是如何实现的呢？下面就通过实际操作来初步地了解一下 Windows 应用程序。

图 1-31 欢迎窗口

图 1-32 消息对话框

创建这个小程序需要执行以下 4 个基本步骤：
(1) 创建用户界面。
(2) 设置属性。
(3) 编写代码。
(4) 编译、运行。

下面按步骤来创建这个简单的 Windows 应用程序。

1. 创建用户界面

(1) 启动 Visual Studio 2005。

(2) 在 Visual Studio 2005 的"文件"菜单下，单击"新建"→"项目"命令，出现"新建项目"对话框，如图 1-33 所示。

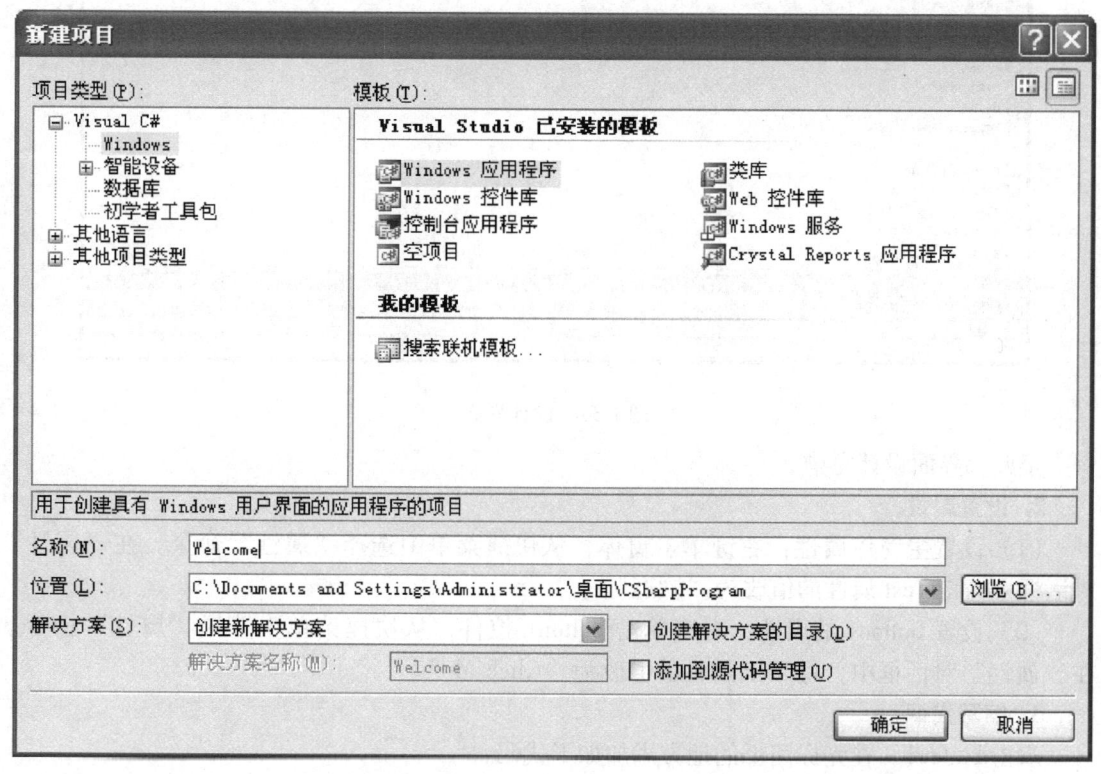

图 1-33 "新建项目"对话框

(3) 在"项目类型"选项组中，选择"Visual C#"；在"模板"选项组中，单击"Windows 应用程序"图标；Visual Studio 2005 为 Visual C# Windows 应用程序编程设置好了开发环境。

(4) 在"名称"文本框中，键入"Welcome"。

(5) 单击"确定"按钮，就在 Visual Studio 2005 中创建了"Welcome"新项目，如图 1-34 所示。

(6) 单击标准工具栏的"工具箱"按钮 ，显示"工具箱"对话框。

(7) 从"工具箱"中将 Button 控件拖放到窗体上，创建一个控件 button1。

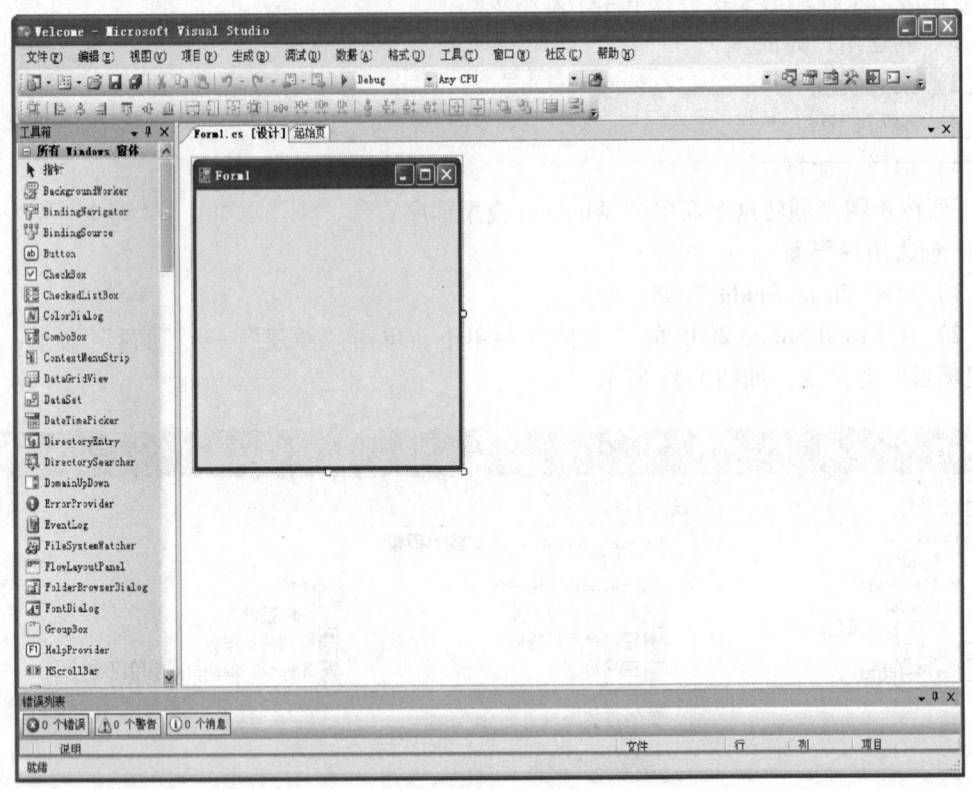

图 1-34　设计界面

至此，界面设计完毕。

2. 设置属性

（1）设置主窗体属性：右键单击窗体，从快捷菜单中选择"属性"命令。在"属性"对话框中，将 Text 属性的值改为"欢迎"。

（2）设置 button1 的属性：右键单击 button1 控件，从快捷菜单中选择"属性"命令。在"属性"对话框中，将 Text 属性的值改为"Click Me"。

3. 编写代码

双击 button1，在光标闪烁的地方添加如下代码：

MessageBox.Show("welcome to study C#!!!");

4. 编译、运行程序

习　题　1

一、选择题

1. C#是一种面向_____的语言。

　A. 机器　　　　　B. 过程　　　　　C. 对象　　　　　D. 事物

2. using namespace 的作用是_____。

　A. 导入命名空间　B. 包含一个文件　C. 导入数据库　　D. 包含一段程序

3. 单击"解决方案资源管理器"窗口中的_____时会展开节点，而单击_____时会折叠节点。

  A. -，+   B. +，-   C. 向上箭头，向下箭头   D. 向左箭头，向右箭头

  4. 在 Visual Studio 2005 的起始页中，将会显示_____的链接列表，该列表包含最近使用的项目名称。

  A. 最近的项目   B. 启动   C. 新闻   D. 在线资源

二、操作题

  1. 安装 Visual Studio 2005 集成开发环境。

  2. 设置 Visual Studio 2005 集成开发环境，要求设置代码的字号为 12，每行代码前显示该行的行号。

  3. 编写一个简单的 C# 控制台应用程序，要求把用户从控制台键入的字符转换成整数进行输出。

第 2 章 数据类型、运算符与表达式

数据类型、运算符与表达式是编程的基础。应用程序所需要处理的数据是多种多样的，每一种程序设计语言都为程序员提供了一整套数据类型，以便告知计算机如何对数据进行处理。不同的程序设计语言提供的数据类型不尽相同。C#支持种类丰富的数据类型和运算符，这使得 C#的可编程范围非常广泛。在本章中，可以了解到 C#的数据类型、运算符和表达式等编程的基础知识。

2.1 数据类型

C#语言支持以下数据类型：

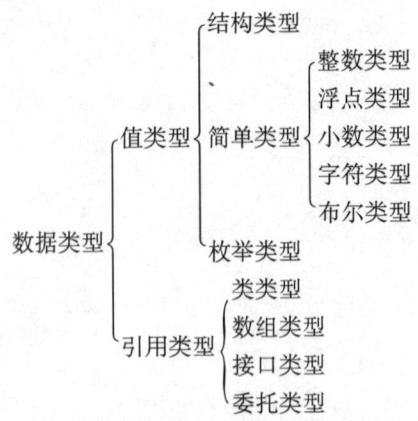

值类型用来存储实际值，而引用类型则用来存储对实际数据的引用。

2.1.1 值类型

值类型包含简单类型、枚举类型和结构类型。类型是同类型数据的抽象，不同的类型在 C#中用不同的类型标识符来表示，见表 2-1。

表 2-1 值类型

类　　型	描　　述
简单类型（Simple type）	有符号整数：sbyte, short, int, long
	无符号整数：byte, ushort, uint, ulong
	字符类型：char
	浮点类型：float, double
	小数类型：decimal
	布尔类型：bool
枚举类型（Enum type）	enum E {…}
结构类型（Struct type）	struct S {…}

1. 简单类型

从计算机的表示角度来看，简单类型又可分为整数类型、浮点类型、小数类型、布尔类型和字符类型。所有的简单类型（C# 语言的组成部分）均为 .NET Framework 系统类型的别名。例如，int 是 System.Int32 的别名。

（1）整数类型。C#中提供了 8 种整数类型，它们的取值范围及类型标识符见表 2-2。

表 2-2 整数类型表

描述	位数	类型标识符	取值范围
有符号整数	8	sbyte	-128 ~ 127
	16	short	-32768 ~ 32767
	32	int	-2147483648 ~ 2147483647
	64	long	-9223372036854775808 ~ 9223372036854775807
无符号整数	8	byte	0 ~ 255
	16	ushort	0 ~ 65535
	32	uint	0 ~ 4294967295
	64	ulong	0 ~ 18446744073709551615

（2）浮点类型。C#提供了两种数据类型来表示小数：单精度浮点型（float）和双精度浮点型（double）。两者的划分依据是取值范围和精度的不同，见表 2-3。

表 2-3 浮点类型表

描述	位数	类型标识符	取值范围
单精度浮点型	32	float	$\pm 1.5 \times 10^{-45} \sim \pm 3.4 \times 10^{38}$，7 位精度
双精度浮点型	64	double	$\pm 5.0 \times 10^{-324} \sim \pm 1.7 \times 10^{308}$，15~16 位精度

（3）小数类型。为了满足财务和金融计算领域方面高精度的要求，C#提供了小数类型（decimal），这种高精度的数据类型避免了浮点类型计算造成的误差。

小数类型数据的后面必须加 m 或 M 后缀来表示它是小数类型的，如 3.14m。否则会被解释成标准的浮点类型的数据。

表 2-4 列出了小数类型的取值范围及精度。

表 2-4 小数类型表

描述	位数	类型标识符	取值范围
小数类型	128	decimal	$\pm 1.0 \times 10^{-28} \sim \pm 7.9 \times 10^{28}$ 28 到 29 位有效

（4）字符类型。C#提供的字符类型按照国际上公认的标准，采用 Unicode 字符集。它可以表示世界上大部分语言种类。所有 Unicode 字符的集合构成字符类型。

字符类型的描述见表 2-5。

表 2-5 字符类型表

描述	位数	类型标识符	取值范围
字符类型	16	char	U+0000 到 U+ffff 16 位 Unicode 字符

可以按以下方法给一个字符类型的变量赋值：
char　name = 'a';

char 类型的变量值必须用单引号括起来。单引号内的字符数量必须且只能是一个，并且不能是单引号或者反斜杠。

为了表示单引号和反斜杠等特殊的字符，C#提供了转义字符，见表2-6。

表 2-6　转义字符

转　义　符	含　义
\'	单引号
\"	双引号
\\	反斜杠
\0	空字符（Null）
\a	发出一个警告
\b	倒退一个字符
\f	换页
\n	换行，将当前的位置移到下一行开头
\r	回车，将当前的位置移到本行的开头
\t	水平方向的 Tab
\v	垂直方向的 Tab

（5）布尔类型。布尔类型表示现实中的"真"或"假"这两个概念，主要用来进行逻辑判断。在 C#中，分别采用 true 和 false 这两个值来表示"真"和"假"，见表2-7。

表 2-7　布尔类型

描　　述	位　数	类型标识符	取　值　范　围
布尔类型	8	bool	True 或 False

2. 枚举类型

假设要在程序中表示一年中的季节，可以使用整数 0、1、2 和 3 来分别表示春季、夏季、秋季和冬季，这虽然可行，但并不直观。为此，C#中提供了一个更好的方案，使用枚举类型可以将一年中的四季分别用 Spring、Summer、Autumn 和 Winter 这些直观的符号来表示，便于阅读和理解。枚举类型是用户自定义的数据类型，是一种允许用符号代表数据的值类型。当程序中某个变量具有一组确定的值，通过"枚举"可以将其值一一列举出来。

比如，声明一个代表季节的枚举类型 Season，可以这样声明：
enum Season｛Spring,Summer,Autumn,Winter｝;

enum 关键字用于声明枚举，Season 是枚举名，花括号"｛"和"｝"括起来的部分是枚举成员表，枚举成员之间用逗号分隔，任何两个枚举成员不能具有相同的名称。这里声明了一个 Season 枚举类型，它包含 Spring，Summer，Autumn 和 Winter 共 4 个枚举成员。

声明好了一个枚举类型之后，我们就可以像使用简单类型一样来声明枚举类型的变量了，格式为：

枚举类型名　　变量名；

以前面定义的 Season 枚举类型为例，要声明该类型的变量，可以这样：

enum Season ｛Spring,Summer,Autumn,Winter｝；
Season season1,season2,season3,season4；
season1 = Season.Spring；
season2 = Season.Summer；
season3 = Season.Autumn；
season4 = Season.Winter；

这样，season1，season2，season3，season4 这 4 个变量的取值分别为 Spring，Summer，Autumn 和 Winter。

每种枚举类型都有基础类型，枚举元素的默认基础类型为 int。在 Season 枚举中，Spring 为 0，Summer 为 1，Autumn 为 2，依此类推。默认情况下，C#规定第 1 个枚举成员的值取 0，其他成员按顺序依次增 1。在编程时，可以根据需要为枚举成员赋值。下面来讨论几种为枚举成员赋值的情况。

（1）为第 1 个枚举成员赋值。

enum Season ｛Spring = 1,Summer,Autumn,Winter｝；

在此枚举中，强制元素序列从 1 而不是 0 开始。

（2）为某一个枚举成员赋值。

enum Season ｛Spring,Summer,Autumn = 6,Winter｝；

从第一个枚举成员 Spring 到被赋值的枚举成员 Autumn 前的那个枚举成员 Summer 是按默认方式取值的，即 Spring 为 0，Summer 为 1，被赋值的枚举成员 Autumn 取赋给它的值 6，它后面的枚举成员则在此基础上依次增 1，即 Winter 为 7。

（3）为多个枚举成员赋值。

enum Season ｛Spring,Summer = 4,Autumn = 6,Winter｝；

被赋值的枚举成员取所赋给它的值，其后的枚举成员的值依次加 1，在第一个被赋值的枚举成员 Summer 之前的枚举成员，按默认方式取值，故 Spring 取值为 0，Summer 取值为 4，Autumn 取值为 6，Winter 取值为 7。

【例 2-1】 枚举类型的应用。

```
using System;
public class EnumTest
{
    enum WeekDay ｛Sat = 1,Sun,Mon,Tue,Wed,Thu,Fri｝；
    static void Main( )
    {
        int x = (int)WeekDay.Sun;int y = (int)WeekDay.Fri;
        Console.WriteLine("Sun = {0}",x);
        Console.WriteLine("Fri = {0}",y);
    }
}
```

输出结果为:

```
Sun = 2
Fri = 7
```

在这个例子中,通过"枚举名.枚举成员"的方式来访问枚举成员,如代码中的 WeekDay.Sun。

枚举成员的值在不经过显示转换前,是不会变换成整数值的。例如,下面的语句通过使用强制转换从 enum 转换为 int,将枚举数 Sun 赋给 int 类型的变量:

int x = (int)WeekDay.Sun;

3. 结构类型

利用前面介绍过的数据类型进行运算似乎已经足够了。但是,经常碰到一些更为复杂的情况。比如,同学录的记录中包含姓名、性别、家庭住址等信息。如果将姓名、性别、家庭住址分别定义为互相独立的简单类型,则难以反映它们之间的内在联系,这些项都与某一学生相联系。那么,有没有好的解决方法呢?

C#中提供了一种称为结构类型的数据类型用来有组织地把这些不同类型的数据信息存放到一起。结构类型是用户自定义的数据类型。使用结构类型可以方便地存储多条不同类型的数据,极大地方便了编程人员对大量信息的管理。C#中的结构类型类似于 C 语言中的结构体。

结构类型采用 struct 来声明,格式如下:

```
struct 结构名
{
    //结构成员定义
}
```

说明:

(1) struct 是一个关键字,表明声明的是一个结构体。

(2) 结构名的命名需符合 C#标识符的命名规范:以字母或者下划线开头,其后可以跟任意个字母、数字或者下划线。

(3) 花括号中的内容称为结构体,定义结构中所包含的所有成员。每个成员的声明都采用如下形式:

访问修饰符 数据类型 成员名;

比如,可以像下面这样声明同学录的记录结构:

```
struct student
{
    public string name;
    public string sex;
    public string address;
}
```

其中,public 是访问修饰符,用来修饰数据成员的可访问性。关于访问修饰符的介绍我们会在类一章中做详细介绍。

声明了一个结构体类型,就可以定义该类型的变量了。格式如下:

结构类型名　变量名；

如：student student1；

通过结构变量加上访问符"."号，再加上成员的名称，就可以访问结构的成员。格式为：

结构变量名．成员名；

如：student1. name = "王刚"；

可以把结构类型作为另一个结构的成员，形成结构的嵌套。例如，"同学录"这个结构中又包括了"地址"这个结构，"地址"结构类型包括城市、街道和门牌号码3个成员。请看以下示例：

```
struct Student{
    public string name;
    public string sex;
    public string address{
        public string city;
        public string street;
        public uint no;
    }
}
Student student1;
```

2.1.2　引用类型

引用类型是和值类型并列的类型。值类型比较简单，对于那些结构比较复杂、抽象能力比较强的数据，就需要使用引用类型来定义。C#中引用类型有4种：类类型、数组类型、接口类型和委托类型。关于它们的详细介绍，会在后续章节中进行。

2.2　类型转换

在现实生活中，经常需要在不同的数据类型之间进行转换。例如，举行一次演讲比赛，获奖的比例是6%，如果参加演讲比赛的总人数是170个人，那么获奖的人数就是170×6% =10.2个人。在这种情况下，就不得不舍去0.2，把10.2这个的浮点数变成一个整数10来对待。这就是现实生活中的数据类型转换的例子。在C#语言中，数据类型的转换可以分为两类：隐式类型转换和显式类型转换。

2.2.1　隐式类型转换

隐式类型转换是系统默认的、不需要加以声明就可以进行的转换。在隐式类型转换过程中，编译器无需对转换进行详细检查就能够安全地执行转换。例如，从int类型转换到long类型就是一种隐式类型转换。

表2-8列出了在C#中可以进行的各种隐式类型转换。

表 2-8 隐式类型转换表

类型	可以安全的转换为
sbyte	short、int、long、float、double 或 decimal
byte	short、ushort、int、uint、long、ulong、float、double 或 decimal
short	int、long、float、double 或 decimal
ushort	int、uint、long、ulong、float、double 或 decimal
int	long、float、double 或 decimal
uint	long、ulong、float、double 或 decimal
long	float、double 或 decimal
ulong	float、double 或 decimal
char	ushort、int、uint、long、ulong、float、double 或 decimal
float	double

【例 2-2】 隐式类型转换（将字符类型隐式转换为整型）

```
using System;
using System.Collections.Generic;
using System.Text;
namespace ConvertData
{
    class Program
    {
        static void Main(string[] args)
        {
            char c = 'a';
            Console.WriteLine("c = {0}",c);
            int Q = c;
            Console.WriteLine("Q = {0}",Q);
        }
    }
}
```

程序运行结果如图 2-1 所示。

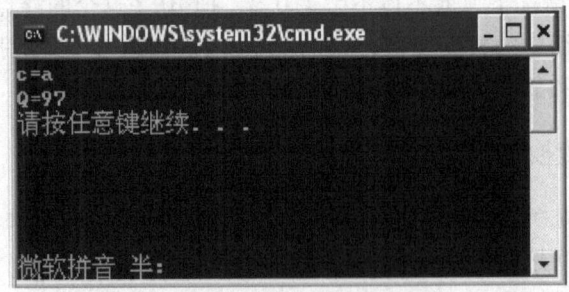

图 2-1 程序运行结果

【例2-3】 隐式类型转换（将整型隐式转换为字符类型）

```
using System;
using System.Collections.Generic;
using System.Text;
namespace ConvertData
{
    class Program {
        static void Main(string[] args) {
            int a = 97;
            Console.WriteLine("a = {0}", a);
            char c = a;
            Console.WriteLine("c = {0}", c);
        }
    }
}
```

程序运行结果如图2-2所示。

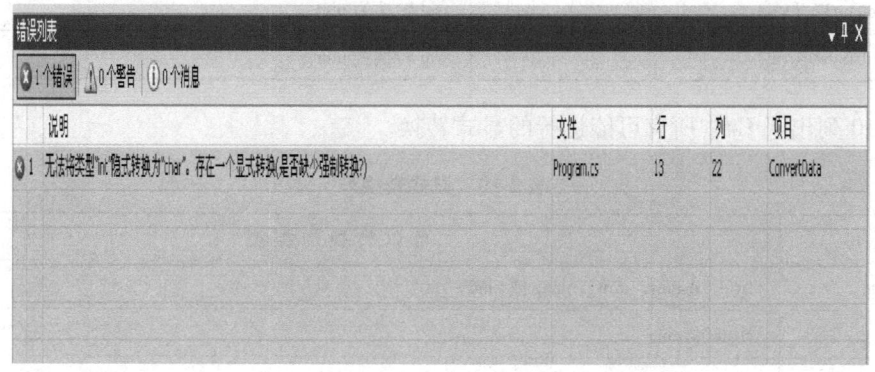

图2-2 错误列表

这个程序在编译时出现了错误，从错误列表中可知 int 类型是不能隐式转换成 char 类型的，但是在上个程序中，char 类型是可以隐式转换为 int 类型的，这个问题请注意。

2.2.2 显式类型转换

显式类型转换又叫做强制类型转换。与隐式类型转换相反，显式转换需要用户明确的指定转换类型。格式如下：

(类型标识符)表达式

将表达式的值的类型转换为类型标识符的类型。

如 (int) 3.14 表示的是把 double 类型的 3.14 转换成 int 类型。

除了使用这种方式进行显式转换外，还可以使用 Convert 命令进行显式转换。表2-9列出了使用这种方式可以进行的显式转换。

表 2-9 Convert 命令进行的显式转换

命　　令	结　　果
Convert.ToBoolean（val）	val 转换为 bool
Convert.ToByte（val）	val 转换为 byte
Convert.ToChar（val）	val 转换为 char
Convert.ToDecimal（val）	val 转换为 decimal
Convert.ToDouble（val）	val 转换为 double
Convert.ToInt16（val）	val 转换为 short
Convert.ToInt32（val）	val 转换为 int
Convert.ToInt64（val）	val 转换为 long
Convert.ToSByte（val）	val 转换为 sbyte
Convert.ToSingle（val）	val 转换为 float
Convert.ToString（val）	val 转换为 string
Convert.ToUInt16（val）	val 转换为 ushort
Convert.ToUInt32（val）	val 转换为 uint
Convert.ToUInt64（val）	val 转换为 ulong

表 2-10 列出了 C#中所有可能进行的显式转换。

表 2-10 显式转换表

类　　型	可以转换的类型
sbyte	byte、ushort、uint、ulong 或 char
byte	sbyte 或 char
short	sbyte、byte、ushort、uint、ulong 或 char
ushort	sbyte、byte、short 或 char
int	sbyte、byte、short、ushort、uint、ulong 或 char
uint	sbyte、byte、short、ushort、int 或 char
long	sbyte、byte、short、ushort、int、uint、ulong 或 char
ulong	sbyte、byte、short、ushort、int、uint、long 或 char
char	sbyte、byte 或 short
float	sbyte、byte、short、ushort、int、uint、long、ulong、char 或 decimal
double	sbyte、byte、short、ushort、int、uint、long、ulong、char、float 或 decimal
decimal	sbyte、byte、short、ushort、int、uint、long、ulong、char、float 或 double

对 2.2.1 节中编译出现错误的代码，进行如下修改，见例 2-4。

【例 2-4】 将整型转换成字符类型。

```
using System;
using System.Collections.Generic;
using System.Text;
namespace ConvertData
{
    class Program {
        static void Main(string[ ]args){
            int a = 97;
            Console.WriteLine("a = {0}",a);
            char c = Convert.ToChar(a);
            Console.WriteLine("c = {0}",c);
        }
    }
}
```

编译、运行程序，结果如图 2-1 所示。

2.3 运算符和表达式

运算符是表示各种不同运算的符号。当执行加法、减法、乘法和除法运算时分别需要使用 +、-、* 和/符号，这些符号（+、-、* 和/）称为运算符。表达式是用运算符将运算对象连接起来的运算式，是程序语言中最基本的对数据进行加工和处理的过程。注意，单个常数或变量也是表达式。

2.3.1 运算符的类型

C#提供了非常丰富的运算符，大致可以分为以下几类：算术运算符、赋值运算符、关系运算符、逻辑运算符、位运算符、条件运算符和其他运算符等。

1. 算术运算符

算术运算符用于对操作数进行算术运算。C#的算术运算符见表 2-11。

表 2-11 算术运算符

运 算 符	含 义
+	加
-	减
*	乘
/	除
%	取余
++	自增 1
--	自减 1

2. 关系运算符

关系运算符用于比较两个值的大小，返回一个布尔值。C#的关系运算符见表2-12。

表2-12　关系运算符

运算符	含义
==	等于
!=	不等于
<	小于
>	大于
<=	小于等于
>=	大于等于

3. 逻辑运算符

逻辑运算符用于表示两个布尔值之间的逻辑关系，逻辑运算结果是布尔型。C#的逻辑运算符见表2-13。

表2-13　逻辑运算符

运算符	描述
!	逻辑非
&&	逻辑与
||	逻辑或

4. 位运算符

位运算符对运算对象进行位的运算，是指进行二进制位的运算。C#的位运算符见表2-14。

表2-14　位运算符

运算符	描述
~	按位取反
&	按位与
|	按位或
<<	左移
>>	右移
^	按位异或

5. 赋值运算符

赋值运算符用于将一个数据赋予一个变量。赋值运算符的左操作数必须是一个变量，而不能是常量，也不能是表达式。C#的赋值运算符为"="。

在赋值运算符的基础上加上其他运算符，就构成了复合赋值运算符。C#的复合赋值运算符见表2-15。

表 2-15 复合赋值运算符

运 算 符	描 述
+=	x += 1 等价于 x = x + 1
-=	x -= 1 等价于 x = x - 1
*=	x *= 1 等价于 x = x * 1
/=	x/= 1 等价于 x = x/1
%=	x%= 1 等价于 x = x%1
&=	x&= 1 等价于 x = x&1
|=	x|= 1 等价于 x = x|1
^=	x^= 1 等价于 x = x^1
>>=	x >>= 1 等价于 x = x >> 1
<<=	x <<= 1 等价于 x = x << 1

6. 其他运算符

（1）字符串连接符（+）。用于连接两个字符串。

（2）is 运算符。用于检查表达式是否是指定的数据类型，如果是，结果为 true；否则结果为 false。若 int k = 2，则表达式 k is int 的值为 true。

（3）sizeof 运算符。sizeof 运算符获取值类型数据在内存中占用的字节数。它的用法如下：sizeof（类型标识符）。例如表达式 sizeof(int) 的值为 4。

（4）new 运算符。new 运算符用于创建类的实例，在后面类章节中详细介绍。

（5）typeof 运算符。typeof 运算符用于获取一个对象的类型。

（6）checked 和 unchecked 运算符。用于控制整数算术运算中的溢出情况。例如：

    short val1 = 2000, val2 = 2000;
    short val3 = checked((short)(val1 + val2));

这段代码会出现系统错误，因为 val1 与 val2 的和不在 short 类型数据范围内，checked 运算符检测出溢出，从而引发出系统错误。

如果使用 unchecked 运算符，就可以保证即使溢出，也会忽略错误，接受结果。

在求表达式的值时，要按照运算符的优先级别进行运算，表 2-16 给出了 C#中运算符的优先级，优先级的顺序自上而下由高到低。

表 2-16 运算符的优先级

运算符类型	运 算 符
初级运算符	x. y, f(x), a[x], x++, x--, new, typeof, checked, unchecked, sizeof
一元运算符	!, ~, ++, --, (T)x
乘法、除法、取模运算符	*, /, %
增量运算符	+, -
移位运算符	<<, >>
关系运算符	<, >, <=, >=, is, as
等于运算符	==, !=

(续)

运算符类型	运算符
逻辑"与"运算符	&
逻辑"异或"运算符	^
逻辑"或"运算符	|
条件"与"运算符	&&
条件"或"运算符	||
条件运算符	?:
赋值运算符	= , * = , / = ,% = , += , -= , <<= , >>= ,& = ,^ =

2.3.2 表达式

表达式是由运算符、变量和常量等组成的符号序列。一般来说,可以将表达式分为算术表达式、赋值表达式、关系表达式、逻辑表达式以及条件表达式五种类型。若表达式中包含多个运算符,则该表达式的类型是通过在表达式中执行的最后一次运算的运算符的类型进行划分的。通过对下面代码的运行结果的分析,来总结 C#中表达式的运算规则。

【例 2-5】 表达式的运用

```
1  using System;
2  using System. Collections. Generic;
3  using System. Text;
4  namespace ConsoleApplication1
5  {
6      class Program {
7          static void Main(string[ ]args)
8          {
9              Console. WriteLine("5 + 7.5 = {0}",5 + 7.5);
10             Console. WriteLine("7/4 = {0}, sizeof(int) * 10/6.0 = {1}",7/4,sizeof(int) * 10/6.0);
11             int x = 5;
12             Console. WriteLine(" ++ x = {0},x = {1}", ++ x,x);
13             int y = 5;
14             Console. WriteLine("y ++ = {0},y = {1}",y ++ ,y);
15             if(y! = 0)
16                 Console. WriteLine("5 >3? 5:2 = {0}",5 >3? 5:2);
17             Console. WriteLine("! (6 >2)||(5 >8)&&(7 >9) = {0}",! (6 >2)||(5 >8)&&(7 >9));
18         }
19     }
20  }
```

程序的运行结果如图 2-3 所示。

说明:

(1) 在算术表达式中,当操作数的类型不同时,C#编译器将先使用类型转换规则,从

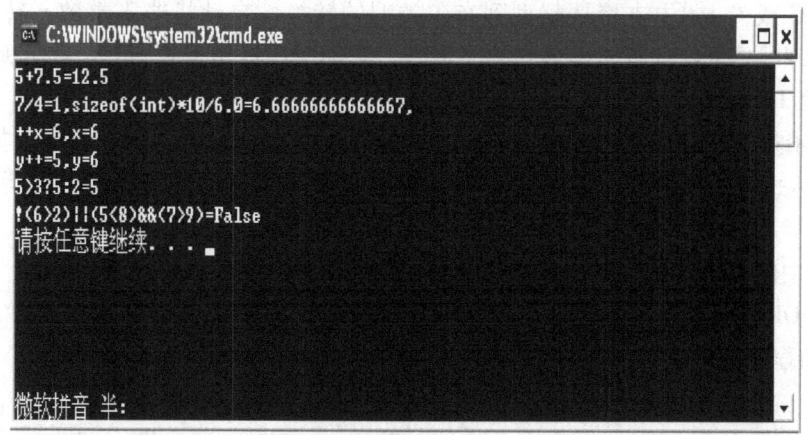

图 2-3 运行结果

而确保操作以可预测的方式执行。比如第 9 行代码，先把第一个操作数 5 转换成 float 类型 5.0，然后再求和，得到的结果为 float 类型 12.5。

（2）C#中运算符的结合性为：二元运算符（除赋值运算符外）都是左结合，即运算按照从左到右的顺序执行；赋值运算符和条件运算符是右结合，即运算按照从右到左的顺序执行。例如，x = y = z 按照 x =（y = z）进行求值。

（3）对包含多种运算符的表达式进行求值时，如果有括号，则先计算括号里面的表达式，然后按运算符的优先级别和结合性确定计算的先后顺序。先执行优先级别高的运算符，然后执行优先级别低的运算符。比如第 10 行代码，求表达式 sizeof(int) * 10/6.0 时，sizeof 算符的优先级别最高，所以先计算 sizeof(int)，然后执行乘、除运算。同一优先级别的运算符，运算次序由结合方向决定。例如第 10 行代码中乘、除运算符具有相同的优先级，其结合方向为从左至右，所以先乘后除。

（4）C#中，根据运算符所使用的操作数个数的不同，将运算符分为：

一元运算符：只有 1 个操作数。一元运算符有：!，~，++，--，(T)x。

二元运算符：有 2 个操作数，使用时在操作数之间插入运算符。

三元运算符：有 3 个操作数。三元运算符只有一个，即（?:）。

（5）自增（++）和自减（--）运算符是一元运算符，其作用是使操作数的值自动增 1 或减 1。注意其操作数只能是变量，不能是常量和表达式。这两个运算符既可以用前缀形式，也可以用后缀形式。这两种形式之间的区别非常细微，却又非常重要。当使用前缀形式时，先将操作数的值增 1 或减 1，然后再使用表达式的结果。如第 12 行代码中的表达式 ++x，先执行 x = x + 1，然后再使用 x 的值（x = 6）作为表达式的值。如果使用后缀形式，先会使用表达式的结果，然后再将操作数的值进行增 1 或是减 1。如第 14 行代码中的表达式 y++，先使用 y 的值（y = 5）作为表达式的值，然后再执行 y = y + 1（此时 y = 6）。

（6）C#不支持从整型到布尔类型的转换。例如，在 C 或 C++中出现如下语句是完全合法的：

int y = 5;
if(y) {…}

这是因为在 C 或 C++中支持从整型到布尔类型的转换,自动将非零整数 y 转换成布尔值 True,但是 C#中要求将编程意图表达得更清楚,必须使用运用运算符!=来判断整数 y 是否等于 0,如第 15 行代码。

(7)逻辑运算符的优先级别由高到低分别是:逻辑非、逻辑与、逻辑或。如第 17 行代码中逻辑表达式等价于!true‖false&&false,按照逻辑运算符的优先级别进行运算,结果为 false。

(8)C#中的标识符,是以字母或者下划线开头,其后可以跟任意个字母、数字或者下划线,如 btnOK_Click,_student 是合法的标识符。选择标识符时,应注意做到"见名知意",以增加程序的可读性。

习 题 2

一、选择题

1. 以下标识符中正确的是_____。
   A. $num   B. _name   C. x!y   D. 123c
2. C#中数据类型有_____和_____两种类型。
   A. 值类型   B. 引用类型   C. 指针   D. 函数
3. 结构类型和枚举类型属于_____。
   A. 值类型   B. 引用类型   C. 类类型   D. 数组类型
4. 以下说法正确的是_____。
   A. 逻辑运算符的优先级别由低到高分别是:逻辑非、逻辑或、逻辑与
   B. C#支持将整型隐式转换为字符类型
   C. 条件运算符即(?:)是 C#中唯一一个三元运算符
   D. 二元运算符的结合性是左结合

二、操作题

1. 定义一个 Employee 结构类型,该类型用来描述员工的员工号、姓名、性别、家庭住址、联系电话等信息,其中家庭住址由省份、城市、区和街道四部分信息组成。
2. 类型转换

```
using System;
using System.Collections.Generic;
using System.Text;
namespace ConvertData
{
    enum Season
    {
        Spring,Summer,Autumn,Winter
    }
    class Program
    {
```

```
static void Main(string[] args)
{
    Season currentSeason = 0;
    Console.WriteLine(currentSeason);
}
}
```

（1）上机调试上述程序，观察程序运行结果。

（2）将 Main()方法中的语句 Season currentSeason = 0;改为 Season currentSeason = 2;，运行程序，观察结果。

（3）对（2）中出现的错误进行修改，确保程序输出结果为 Winter。

提示：对于枚举类型，隐式转换只允许把十进制整数 0 转换成枚举类型，而其他的整数则不存在这种隐式转换，可考虑使用显式类型转换。

第 3 章 结构化程序设计

结构化程序设计方法是由荷兰学者迪克斯特拉提出的。结构化程序设计的基本思路是自顶向下、逐步细化，即将一个复杂的问题划分为若干个独立的模块，然后根据每个模块的复杂情况进一步分解成若干个子模块，重复此过程，一直分解到各个子模块的任务简单明确为止。这种模块化、分而治之的方法大大提高了程序的开发效率，保证了程序的质量。结构化程序有 3 种基本结构：顺序结构、选择结构和循环结构。

3.1 顺序结构

顺序结构是最简单的一种结构，程序按照语句的编写顺序依次执行。

【例 3-1】 求圆的面积。

```
using System;
using System.Collections.Generic;
using System.Text;
namespace Circle
{
    class Program{
        static void Main(string[ ]args){
            const double pi = 3.14;
            double r,s;
            Console.WriteLine("请输入圆的半径:");
            r = Convert.ToDouble(Console.ReadLine());
            s = pi*r*r;
            Console.WriteLine("圆的面积为:{0}",s);
        }
    }
}
```

上面这段程序就是一个顺序结构的程序，计算机按照语句出现在程序中的顺序一条接一条的执行：先输入半径的值，然后根据公式计算出圆的面积，最后将面积的值输出。

3.2 选择结构

用顺序结构能够编写出简单的程序，进行简单的运算。但是有时需要计算机进行逻辑判断，根据不同的情况进行不同的操作。比如，考试的及格分数定为 60，老师对学生的考试成绩进行判定：60 分以上的评为"及格"、60 分以下的评为"不及格"。这就需要计算机按学生的成绩进行判断，给出不同的处理结果，这就是选择结构。

3.2.1 if 语句

1. 单分支语句

```
if(表达式)
 {语句;}
```

其执行过程是：先判断表达式的值为真还是为假，如果表达式的值为真，则执行 if 后面花括号中的语句或语句块；反之，则不执行 if 后面花括号中的语句，继续向下执行其他语句。

2. 双分支语句

```
if(表达式)
 {语句块1;}
else
 {语句块2;}
```

其执行过程是：先判断 if 后的表达式的值为真还是为假，如果表达式的值为真，则执行 if 后面花括号中的语句或语句块；反之，则执行 else 后面花括号中的语句或语句块。

3. 多分支语句

```
if(表达式)
{
    单条语句/语句块;
}
else if(表达式)
{
    单条语句/语句块;
}
…
else if(表达式)
{
    单条语句/语句块;
}
else
{
    单条语句/语句块;
}
```

其执行过程是：先判断 if 后的表达式的值为真还是为假，如果表达式的值为真，则执行 if 后面花括号中的语句或语句块；反之，则依次判断多个 else if 后面的表达式的值为真还是为假，如果某个 else if 后面的表达式的值为真，则执行其 else if 后面花括号中的语句或语句块，以此类推，如果所有的 else if 后的表达式的值均为假，执行 else 后面花括号中的语句或语句块。

【例 3-2】 输入学生的成绩，打印输出学生成绩的等级。

```
using System;
using System.Collections.Generic;
using System.Text;
namespace StudentGrade
{
    class Program {
        static void Main(string[ ]args){
            double studentScore;
            Console.WriteLine("请输入学生的成绩:");
            studentScore = Convert.ToDouble(Console.ReadLine());
            if(studentScore>=90)
                Console.WriteLine("Grade is A");
            else if(studentScore>=80)
                Console.WriteLine("Grade is B");
            else if(studentScore>=70)
                Console.WriteLine("Grade is C");
            else if(StudentScore>=60)
                Console.WriteLine("Grade is D");
            else
                Console.WriteLine("unpassed");
        }
}
```

3.2.2 switch 语句

在现实生活中，经常用到多分支的选择。比如人口的统计，按年龄进行分类，共分为老年、中年、青年、少年、儿童、幼儿、婴儿共 7 类。当判断的条件相当多时，使用上述例子的 if…else if 语句会让程序冗长而且可读性降低。这种情况下，使用 switch 语句可以编写出更简洁的代码。

```
switch(表达式)
{
    case 常量表达式 1:
        语句或语句块;
        break;
    case 常量表达式 2:
        语句或语句块;
        break;
    ...
    case 常量表达式 n:
        语句或语句块;
        break;
    default:
        语句或语句块;
        break;
}
```

其执行过程是：首先计算 switch 后面表达式的值，表达式的值与 case 后面的哪个值相同，就执行相应分支的语句，break 语句用于退出 switch 结构，执行位于 switch 结构后面的语句；如果表达式的值不等于任何一个 case 后面的值，就执行 default 分支的语句。default 分支可以根据情况选择是否使用。

【例 3-3】 用 switch 结构实现例 3-2 的程序。

```
using System;
using System.Collections.Generic;
using System.Text;
namespace StudentGrade
{
    class Program {
        static void Main(string[] args) {
            double studentScore;
            Console.WriteLine("请输入学生的成绩:");
            studentScore = Convert.ToDouble(Console.ReadLine());
            switch(studentScore/10)
            {
                case 10:
                case 9:
                    Console.WriteLine("Grade is A");
                    break;//跳出 switch 结构
                case 8:
                    Console.WriteLine("Grade is B");
                    break;
                case 7:
                    Console.WriteLine("Grade is C");
                    break;
                case 6:
                    Console.WriteLine("Grade is D");
                    break;
                default://default 语句标号,不符合以上分支就执行该分支
                    Console.WriteLine("unpassed");
                    break;
            }
        }
    }
}
```

3.3 循环结构

循环就是重复执行一些语句。现实生活中许多问题都需要用到循环结构。比如，求 1 到

5 之间的整数的和,如果采用顺序结构,则代码如下:

```
using System;
using System.Collections.Generic;
using System.Text;
namespace Sum
{
    class Program {
        static void Main(string[] args) {
            int sum = 0, i = 1;
            sum = sum + i;
            i = i + 1;
            sum = sum + i;
            i = i + 1;
            sum = sum + i;
            i = i + 1;
            sum = sum + i;
            i = i + 1;
            sum = sum + i;
            Console.WriteLine("1+2+3+4+5={0}", sum);
        }
    }
}
```

程序中有许多重复性的代码:i = i + 1;sum = sum + i;如果求 1 到 1000 之间的整数的和,程序中重复代码就更多了,这给编程人员带来了极大的不方便。循环结构可以很好地解决该类问题,把重复执行的语句作为循环体,进行循环操作。循环结构和顺序结构、选择结构一样,是结构化程序设计的基本结构之一。

C#提供了 4 种循环结构,后续内容将逐一介绍。

3.3.1 while 循环

```
while(表达式){
    语句或语句块;
}
```

执行过程:先判断表达式的真假,如果表达式的值为真,则执行花括号中的语句或语句块,语句执行结束后,继续判断表达式的值,如果为真,则继续执行花括号中的语句,再判断表达式的值,以此类推;如果某一次表达式的值为假,则跳出 while 语句,执行后面的语句。

【例 3-4】 使用 while 语句,计算 $1+2+3+\cdots+100$ 的和。

```
using System;
using System.Collections.Generic;
using System.Text;
namespace Sum
{
    class Program {
        static void Main(string[] args) {
            int sum = 0, i = 1;
            while( i <= 100 )
            {
                sum = sum + i;
                i ++ ;
            }
            Console.WriteLine("1 + 2 + 3 + … + 100 = {0}", sum);
        }
    }
}
```

说明:

(1) 若循环体中只有一条语句,则 while 语句中的大括号"{}"可以省略。

(2) 循环体中应有使循环趋向于结束的语句。例如,本例中循环结束条件是 i > 100,因此循环体中应该有一条语句让 i 的值增加最终导致 i > 100,从而结束循环,否则,循环会无法终止,并一直执行下去。

3.3.2 do…while 循环

```
do
{
    语句或语句块;
}while(表达式);
```

执行过程:先执行 do 后面花括号里的语句,再判断表达式的真假,如果表达式的值为真,则继续执行花括号中的语句后,再次判断表达式的真假,以此类推,直到表达式的值为假,跳出 do…while 循环为止。

【例 3-5】 使用 do…while 语句,计算 1 + 2 + 3 + … + 100 的和。

```
using System;
using System.Collections.Generic;
using System.Text;
namespace Sum
{
    class Program {
        static void Main(string[] args) {
```

```
            int sum = 0,i = 1;
            do
            {
                sum = sum + i;
                i ++ ;
            }while( i <= 100 );
            Console.WriteLine("1 + 2 + 3 + … + 100 = {0}",sum);
        }
    }
}
```

说明：
（1）同一问题可以用 while 语句处理，也可以用 do…while 语句来处理。
（2）do…while 中的循环体至少执行一次，而 while 中的循环体有可能一次都不执行。
（3）do…while 循环的 while 后以分号结束。

3.3.3　for 循环

for 循环可以执行指定的次数，并维护它自己的计数器。

```
for(表达式 1;表达式 2;表达式 3){
    语句或语句块；
}
```

执行过程：先计算表达式 1，再判断表达式 2 是否为真，如果为真，则执行循环体内的语句，然后再计算表达式 3，并判断表达式 2，如果为真，则继续执行循环体内语句，计算表达式 3，以此类推，直到表达式 2 的值为假，跳出 for 循环为止。

【例 3-6】　使用 for 语句，计算 1 + 2 + 3 + … + 100 的和。

```
using System;
using System.Collections.Generic;
using System.Text;
namespace Sum
{
    class Program {
        static void Main(string[ ]args) {
            int sum = 0;
            for( int i = 1;i <= 100;i ++ )
                sum = sum + i;
            Console.WriteLine("1 + 2 + 3 + … + 100 = {0}",sum);
        }
    }
}
```

说明：

(1) for 语句中表达式 1 可以省略，但应在 for 语句之前给循环变量赋初值，但表达式 1 后的分号要保留。如上例中的代码可以改为：

```
…
for( ;i <= 100;i ++ )
…
```

(2) for 语句中表达式 2 可以省略，但其后的分号要保留。这时候，认为循环条件为真，循环一直执行下去，需要在循环体中添加跳出循环的语句。如上例中的代码可以改为：

```
…
for( i = 1; ;i ++ )
{
    sum = sum + i;
    if( i == 100 ) break;
}
…
```

(3) for 语句中表达式 3 可以省略，但需要在循环体中添加改变循环变量的值的语句。如上例代码可以改为：

```
…
for( i = 1;i <= 100; )
{
    sum = sum + i;
    i ++ ;
}
…
```

(4) for 语句中表达式 1 和表达式 3 都可以省略，只有表达式 2。此时 for 语句相当于 while 语句。

(5) for 语句中 3 个表达式可以同时省略。

3.3.4 foreach 循环

foreach 语句是 C#中新增的循环语句，适用于访问集合中的每一个元素，对集合中的每个元素执行循环体内的语句。

```
foreach( 数据类型 循环变量 in 数组或集合 )
{
    循环体语句或语句块；
}
```

执行过程：每执行一次循环体语句，循环变量就依次取集合中的一个元素代入，集合的元素类型与循环变量的类型必须一致，若不一致，需要进行显式类型转换。其中循环变量是一个只读型的局部变量,如果试图改变它的值将引发编译错误。此循环语句常用在数组和集合中对元素进行遍历。关于 foreeach 语句的详细介绍见数组一章。

3.3.5　break 语句和 continue 语句

在 3.2.2 节中,使用 break 语句使程序的流程跳出 switch 结构,继续执行 switch 后面的语句;除此之外,break 语句还可以用来控制流程从循环体内跳出循环体,即结束循环,执行循环下面的语句。break 语句的格式如下:

```
break;
```

【例 3-7】　计算一个整数的阶乘。

```
using System;
using System.Collections.Generic;
using System.Text;
namespace jiecheng
{
    class Program
    {
        static void Main(string[] args)
        {
            int i = 10;
            long mul = 1;
            while(true)
            {
                mul *= i;
                i--;
                if(i == 0)
                    break;
            }
            Console.WriteLine("mul = {0}", mul);
        }
    }
}
```

continue 语句用于结束本次循环,即跳过循环体中下面尚未执行的语句,接着执行下一次循环条件的判定,从而决定是否执行下一次循环。continue 语句的格式如下:

```
continue;
```

continue 语句与 break 语句的区别是:break 语句是结束整个循环过程,而 continue 语句是结束本次循环。注意:continue 语句与 break 语句后面直接跟分号,没有参数。

【例 3-8】　求 100~300 之间能被 5 整除的数。

```
using System;
using System.Collections.Generic;
using System.Text;
namespace Divide
{
    class Program
    {
        static void Main(string[] args)
        {
            for(int i = 100; i <= 300; i++)
            {
                if(i%5! = 0)
                    continue;
                Console.WriteLine("{0}\t", i);
            }
        }
    }
}
```

3.4 数组

数组（Array）是一种数据结构，是由一系列类型相同的元素组成的。每个元素可以通过数组名和数组下标来访问。

在程序设计的过程中，经常用两种数据结构来对数据进行分组：结构（struct）与数组（Array），两者的不同点在于：

（1）结构用来将不同类型的数据组织在一起。

（2）数组用来将相同的数据类型组织在一起。

例如，记录一个班20个学生的成绩，所有学生的成绩都是float类型的，可以使用数组将这20个成绩进行存放。

在C#中，数组（Array）是定义在System.Array类之中，这意味着在声明一个数组时，实际上将会建立一个Array实例。因此可以使用System.Array类中的方法来操作数组。

3.4.1 一维数组

1. 一维数组的声明

格式：

数据类型[ ]数组名；

如：

char[ ]charArray;//声明一个字符型的数组,名称为charArray

int[ ]intArr;//声明一个int型的数组,名称为intArr

string[ ]stringArr;//声明一个string型的数组,名称为stringArr

说明：
（1）数据类型用来表示数组元素的类型。
（2）数组名的命名规则和变量名相同，遵循标识符命名规则。
（3）数组名称不可置于［］前面，如"int MtArry［］;"是错误的。
（4）声明数组变量时，不能指定数组的大小。如"int MyArray［10］;"是错误的。

声明数组后，必须对其进行初始化才能使用。初始化数组有两种方法：动态初始化和静态初始化。

2. 动态初始化

动态初始化需要借助 new 运算符，为数组分配内存空间，并用默认值为数组元素赋初值，对于数值类型来说，其默认值是0。

格式：

数组名 = new 数据类型［数组长度］;

如：

intArr = new int［5］;//intArr 数组包含 5 个元素，初始值均为 0

可以将数组的声明与动态初始化合二为一，格式为：

数据类型［］数组名 = new 数据类型［数组长度］;

如：

int［］ intArr = new int［5］; 这个语句定义了一个整型数组 intArr，该数组包含 5 个元素，初始值均为 0。也可以为其赋予其他的初始值，代码如下：

int［］ intArr = new int［5］{1,2,3,4,5};

此时，数组元素的初始化值就是花括号中列出的值。

注意：花括号中列出的元素的个数必须与数组元素的个数一致。如：语句"int［］intArr = new int［3］{1,2,3,4};"是错误的。

3. 静态初始化

数组中元素不多并且可以穷举时，使用静态初始化方法更为方便。静态初始化数组时，必须与数组声明结合在一起，格式如下：

数据类型［］数组名 = {元素1［,元素2［,…］］};

静态初始化方法不需要指明数组的长度，系统会根据元素列表中元素的个数自动分配存储空间。

如：

int［］intArr = {1,2,3,4,5};
string［］strArr = {"Beijing","china","shanghai"};

4. 一维数组元素的引用

声明数组并对其进行初始化后，就可以引用数组中的元素。数组元素的表示形式为：

数组名［下标］

下标取值从 0 开始，且最大值为数组长度减 1。下标可以是一个整型常量或整型表达式。如 intArr［2］,strArr［2∗3］,charArr［2∗i］都是合法的。

【例3-9】 声明一个含有 5 个元素的数组，每个元素用其下标的平方初始化，最后输出数组中的全部元素。

```csharp
using System;
using System.Collections.Generic;
using System.Text;

namespace Array
{
    class Program
    {
        static void Main(string[] args)
        {
            int[] numbers;
            numbers = new int[5];
            for(int i = 0; i < numbers.Length; i++)
            {
                numbers[i] = i * i;
            }
            for(int i = 0; i < numbers.Length; i++)
                Console.WriteLine("numbers[{0}] = {1}", i, numbers[i]);
        }
    }
}
```

【例3-10】 求数组{1,2,25,14,26,87,98}中奇数元素和偶数元素的和。

```csharp
using System;
using System.Collections.Generic;
using System.Text;
namespace ArraySum
{
    class Program
    {
        static void Main(string[] args)
        {
            int oddsum = 0;
            int evensum = 0;
            int[] arr = {1,2,25,14,26,87,98};
            foreach(int k in arr)
            {
                if(k % 2 == 0)
                    evensum += k;
                else
```

```
            oddsum + = k;
        }
        Console.WriteLine("evensum = {0}",evensum);
        Console.WriteLine("oddsum = {0}",oddsum);
    }
  }
}
```

3.4.2 二维数组

1. 二维数组的声明

数据类型[,]数组名；

如：char[,]charArr;// 声明一个字符型的二维数组
　　int[,]intArr;// 声明一个整型的二维数组

2. 二维数组的初始化

与一维数组类似，二维数组的初始化分为动态初始化和静态初始化，初始化的格式非常相似。

动态初始化格式：

数组名 = new   数据类型[数组长度1,数组长度2];

数组长度 1 和数组长度 2 可以是整型的常量或变量，也可以是表达式，分别表示第一维的长度和第二维的长度。

如：
intArr = new int[1,3];
intArr = new int[2,2*3];

动态初始化二维数组时，也可以直接为其赋予初始化值：

int[,]array = new int[,]{ {1,2},{3,4},{5,6},{7,8} };

此时，array[0][0] = 1,array[0][1] = 2,
　　array[1][0] = 3,array[1][1] = 4,
　　array[2][0] = 5,array[2][1] = 6,
　　array[3][0] = 7,array[3][1] = 8。

除使用动态初始化方法外，二维数组也可使用静态初始化方法。静态初始化方法必须与数组的声明结合在一起。格式如下：

数据类型[ ]数组名 = {初始化列表};

如：
int[,]array = { {1,2},{3,4},{5,6},{7,8} };//定义一个4行2列的数组

如果选择定义一个数组变量但不将其初始化，必须使用 new 运算符将一个数组分配给

此变量。例如：

int[,]array5;
array5 = new int[,]{ {1,2},{3,4},{5,6},{7,8} };   //正确
array5 = {{1,2},{3,4},{5,6},{7,8}};   // 错误

3. 二维数组元素的引用

格式：

数组名[下标1][下标2];

下标值从0开始，下标1代表元素所在的行，且最大值是矩阵的行数减1；下标2代表元素所在的列，且最大值是矩阵的列数减1。

【例3-11】 有一个3*4的矩阵，求其中的最大元素，并输出其行号和列号。

```
using System;
using System.Collections.Generic;
using System.Text;
namespace ConsoleApplication1
{
    class Program
    {
        static void Main(string[ ]args)
        {
            int row = 0;
            int column = 0;
            int max;
            int[ , ]array = { {1,2,3,4},{3,7,8,9},{18,2,16,10} };
            max = array[0,0];
            for(int i = 0;i < 3;i ++ )
                for(int j = 0;j < 4;j ++ )
                    if(array[i,j] > max)
                    {
                        max = array[i,j];
                        row = i;
                        column = j;
                    }
            Console.WriteLine("the maximum value is {0},row is {1},column is {2}",max,row,column);
        }
    }
}
```

【例3-12】 学生的个人信息包括：姓名、性别、年龄、英语成绩、数学成绩、语文成绩与化学成绩。假设共有5个学生，求这5个学生的平均成绩。

```csharp
using System;
using System.Collections.Generic;
using System.Text;
namespace studentStruct
{
    public struct student
    {
        public string name;
        public char sex;
        public int age;
        public double engScore;
        public double mathScore;
        public double chineseScore;
        public double chemistryScore;
    }
    class Program
    {
        static void Main(string[] args)
        {
            double averageScore;
            student[] stu = new student[5];
            //初始化学生1的信息
            stu[0].name = "王刚";
            stu[0].sex = 'F';
            stu[0].age = 18;
            stu[0].engScore = 87.5;
            stu[0].mathScore = 90;
            stu[0].chineseScore = 74.5;
            stu[0].chemistryScore = 89;
            //初始化学生2的信息
            stu[1].name = "秦刚";
            stu[1].sex = 'M';
            stu[1].age = 18;
            stu[1].engScore = 85.2;
            stu[1].mathScore = 57;
            stu[1].chineseScore = 74.5;
            stu[1].chemistryScore = 56;
            //初始化学生3的信息
            stu[2].name = "王芳";
            stu[2].sex = 'F';
            stu[2].age = 20;
            stu[2].engScore = 88;
```

```
            stu[2].mathScore = 60;
            stu[2].chineseScore = 74.5;
            stu[2].chemistryScore = 87;
            //初始化学生4的信息
            stu[3].name = "王勇";
            stu[3].sex = 'M';
            stu[3].age = 20;
            stu[3].engScore = 93;
            stu[3].mathScore = 65.2;
            stu[3].chineseScore = 77;
            stu[3].chemistryScore = 87;
            //初始化学生5的信息
            stu[4].name = "王勇";
            stu[4].sex = 'M';
            stu[4].age = 20;
            stu[4].engScore = 94.5;
            stu[4].mathScore = 65.2;
            stu[4].chineseScore = 84.5;
            stu[4].chemistryScore = 78;
            for(int i = 0;i < 5;i++)
            {
                double sum;
                sum = stu[i].chemistryScore + stu[i].chineseScore + stu[i].engScore + stu[i].mathScore;
                averageScore = sum / 4;
                Console.WriteLine("student {0}:{1}",stu[i].name,averageScore);
            }
        }
    }
```

习 题 3

一、选择题

1. 以下说法中正确的是 _____ 。
A. for 语句中的 3 个表达式可以同时全部省略
B. continue 语句用来结束整个循环，break 语句则用来结束本次循环
C. 无论条件是否成立，while 语句都要执行一次循环体
D. foreach 语句是 C#中新增的循环语句

2. 二维数组最后一个元素是 a[3,4]，则数组 a 中包含的元素数目是 _____ 。
A. 12   B. 20   C. 15   D. 16

3. 以下说法中正确的是 _____ 。
A. 静态初始化需要借助 new 运算符为数组分配内存空间
B. 动态初始化一维数组时,语句"int[ ] intArr = new int[3]{1,2,3,4};"是错误的
C. 动态初始化数组的格式为:数组名 = new 数据类型[数组长度1,数组长度2];其中数组长度1和数组长度2只能是常量,不能是表达式
D. 声明一个一维数组 arr,语句"int arr[ ];"是正确的

二、操作题

1. 编写一个控制台应用程序,输入一个整数,将该整数从末位开始进行逆向输出显示。例如输入一个整数为12345,则在屏幕上显示输出为54321。

2. 编写一个控制台应用程序,建立一个一维数组用来接受用户键入的5个整数,用冒泡法对数组元素进行排序,输出排序后数组中的每个元素。

3. 假设存在一个5×4的二维数组,编写一个控制台应用程序,将其转换成一个4×5的二维数组进行输出。

第 4 章 面向对象编程基础

前 3 章学习的应用程序属于结构化程序设计方法。虽然结构化程序设计具有模块分解、自顶向下、分而治之的优点，但也具备可重用性差等缺点，无法满足实际编写程序的要求。面向对象程序设计是一种程序设计的新方法，解决了结构化程序设计的缺点。它以现实世界中的事物为中心来思考问题，直接降低了软件开发的难度。另外，它将事物的属性及行为封装在对象中，进而抽象为"类"，类通过接口与外界发生联系，提高了模块的独立性与安全性。类的继承和多态性则提高了代码的可重用性，极大地方便了软件开发和维护工作。

4.1 类与对象

对象（Object）是面向对象程序设计的核心。世界上的一切人、事、物都是对象。因此可以说面向对象的程序设计实质上是用计算机的语言描绘世界。

对象具有静态的属性和动态的行为。静态的属性用来描述对象的特征，如汽车可以用型号、价格、颜色等属性来描述；动态的行为则表示对象可执行的动作，如汽车的行为可以有加速、转弯、后退等。在计算机中，属性用数据描述，而行为则用方法表示。

类（Class）是一组具有相同属性和行为的对象的抽象，而对象则是类的实例。在 C# 中，类实际上是用户自定义的一种数据类型，它定义了该数据类型的数据和行为。

4.1.1 类的定义

格式：

```
[类的访问修饰符]class 类名[:基类类名]
{
    类的成员；
}
```

说明：

（1）类名要遵循标识符命名规则。一般而言，组成类名的单词的首字母要大写。

（2）默认情况下，类声明为内部的。内部类意味着只有当前项目中的代码才能访问该类。我们可以使用 internal 这一访问修饰符关键字来显式指定。

（3）类的访问修饰符除了 internal 外，还可以为 public。public 类称为公共类，不仅当前项目中的代码可以访问该类，其他项目中的代码也可以访问该类。

（4）除了 internal 和 public 这两个访问修饰符关键字外，类的访问修饰符还可以为 abstract（抽象类，不能实例化，只能继承）和 sealed（密封类，不能继承）。关于这两种类型的类在后续章节中介绍。

（5）类成员的定义格式如下：

> [访问修饰符]数据成员;
> [访问修饰符]成员方法;

数据成员用来描述每个对象所拥有的属性,成员方法则用来描述每个对象的行为。类成员的访问修饰符可以用以下关键字之一来定义:

public:该类成员可以由任何代码访问。

private:该类成员只能由类中的代码访问,如果不加以指明,则默认取值为 private。

internal:该类成员只能由定义它的项目内部的代码访问。

protected:该类成员只能由该类或派生类中的代码访问。

类成员的访问修饰符的详细介绍参见 4.5.1 节。

【例 4-1】 创建一个汽车类。

```
public class Car{
    //数据成员,即对象的静态特征或状态
    public string color;
    public string size;
    public string brand;
    //方法成员,即对象的动态特征或行为
    public void beep()
    {}
}
```

4.1.2 对象的创建

类是一个静态概念,要想使用类,需要对类进行实例化,即创建对象。

格式:

> 类名 对象名 = new 构造函数;//new 关键字用来创建对象

说明:

(1)new 关键字用来创建对象,为对象在内存中分配空间,创建对象的实体。

(2)构造函数名与类名相同,关于构造函数的介绍将在后续章节进行,现在只需用类名后加上圆括号来代替。

如:Car car1 = new Car();

4.1.3 对象成员的访问

创建对象后,就可以访问对象成员和运行对象中的方法。

格式:

> 对象名.成员名

比如:

car1.color = "yellow";

car1.size = "1.4";

car1.brand = "NISSAN";

car1.beep();

【例 4-2】 创建一个 Employee 类，创建该类的一个对象 e1，访问 e1 的成员。

```
using System;
using System.Collections.Generic;
using System.Text;
namespace LearnCsharp
{
    class Employee
    {
        string mstrEmpID;           //员工代号
        string mstrEmpName;         //员工姓名
        public void SetEmpID(string EmpID){//设置员工代号
            mstrEmpID = EmpID;
        }
        public string GetEmpID(){       //取得员工代号
            return mstrEmpID;
        }
        public void SetEmpName(string EmpName){//设置员工名称
            mstrEmpName = EmpName;
        }
        public string GetEmpName(){         //取得员工名称
            return mstrEmpName;
        }
        static void Main()
        {
            Employee e1 = new Employee();
            e1.SetEmpID("001");
            e1.SetEmpName("王江");
            Console.WriteLine("员工:代号{0},姓名{1}",
                    e1.GetEmpID(),e1.GetEmpName());
        }
    }
}
```

程序的运行结果如图 4-1 所示。

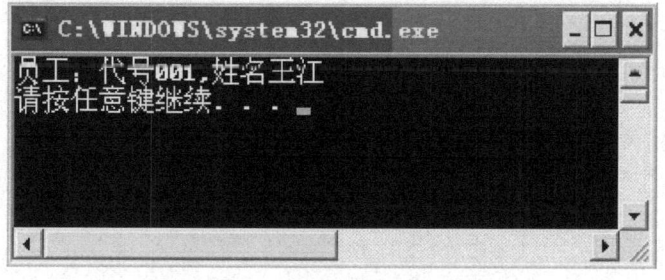

图 4-1　程序运行结果

Main()函数虽然作为该类的方法成员,但它仍然是C#程序的入口点。

4.2 构造函数与析构函数

构造函数和析构函数是两个特殊的函数。构造函数用来初始化对象,因此当类实例化时首先执行的函数就是构造函数。构造函数根据有无参数的特点,可以分为默认构造函数和带参数的构造函数。析构函数是销毁对象时执行的函数。这两个函数的执行不需要人工干预,系统会自动地根据情况来调用相应的函数。

4.2.1 默认构造函数

不带参数的构造函数称为默认构造函数。默认构造函数可以是由编译系统提供的,也可以是程序员手工添加的。不论是哪种情况,默认构造函数都具有以下共同的特点:

(1) 函数名与类名相同。
(2) 不能有返回值,void 类型也不可以。
(3) 没有任何参数。

实例化类时,如果在类中没有显式定义构造函数,则会调用编译系统自动提供的默认构造函数。该构造函数会初始化类成员,数值类型的成员初始化为 0,bool 类型的成员初始化为 false,引用类型的成员初始化为 null。通常而言,默认构造函数由编译系统提供,但可以根据需要自定义默认构造函数,初始化类成员。

【例 4-3】 默认构造函数的使用。

```
using System;
using System. Collections. Generic;
using System. Text;
namespace ConsoleApplication1
{
    class Time
    {
        public int Hour;
        public int Minute;
        public int Second;
        public void DisplayTime( )
        {
            Console. WriteLine(" now time is {0}:{1}:{2}",Hour,Minute,Second);
        }
        public Time( )        //默认构造函数
        {
            Hour = 12;
            Minute = 30;
```

```
            Second = 25;
        }
    }
    class Test
    {
        public static void Main( )
        {
            Time t = new Time( );
            t. DisplayTime( );
        }
    }
}
```

程序运行结果如图 4-2 所示。

图 4-2　程序运行结果

在上述程序中，自定义了一个默认构造函数 Time( )，该构造函数将 Time 类的 Hour 成员初始化为 12，将 Minute 成员初始化为 30，将 Second 成员初始化为 25。这样，在初始化对象 t 时，调用自定义的默认构造函数，t. Hour = 12, t. Minute = 30, t. Second = 25。

4.2.2　带参数的构造函数

带参数的构造函数具有以下特点：
（1）函数名与类名相同。
（2）不能有返回值，void 类型也不可以。
（3）具有一个或多个参数。

同一个类中可以有一个或多个带参数的构造函数，在初始化对象时可以根据需要选择不同参数的构造函数来实例化类。

【例 4-4】　带参数构造函数的使用。

```
using System;
using System. Collections. Generic;
using System. Text;
namespace ConsoleApplication1
{
```

```csharp
public class Employee
{
    string ID;              //员工代号
    string empName;         //员工姓名
    double empSalary;       //员工工资
    public Employee()       //默认构造函数
    {
        ID = "9999";
        empName = "李红";
        empSalary = 5000;
    }
    public Employee(string EmpID, double Salary)    //带两个参数的构造函数
    {
        ID = EmpID;
        empSalary = Salary;
    }
    public Employee(string EmpID, string EmpName, double Salary)    //带三个参数的构造函数
    {
        ID = EmpID;
        empName = EmpName;
        empSalary = Salary;
    }
    public string GetEmpID()
    {
        return ID;
    }
    public double GetSalary()
    {
        return empSalary;
    }
}
class Program
{
    static void Main()
    {
        Employee e1 = new Employee("001", 5000);//调用带两个参数的构造函数
        Employee e2 = new Employee("001", "王华", 5000);//调用带三个参数的构造函数
        Employee e3 = new Employee();//调用默认构造函数
        Console.WriteLine("员工:代号{0},工资{1}", e1.GetEmpID(), e1.GetSalary());
        Console.WriteLine("员工:代号{0},工资{1}", e2.GetEmpID(), e2.GetSalary());
        Console.WriteLine("员工:代号{0},工资{1}", e3.GetEmpID(), e3.GetSalary());
    }
}
```

程序运行结果如图 4-3 所示。

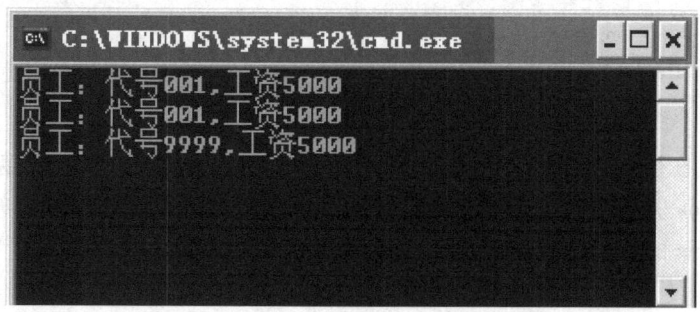

图 4-3　程序运行结果

以上程序包含两个带参数的构造函数和一个自定义的默认构造函数。生成对象时,编译器会根据传入的参数个数、类型,自动调用合适的构造函数。

注意:构造函数的访问修饰符一般为 public。

4.2.3　析构函数

与构造函数相对应,析构函数用于清理对象。

析构函数具有以下特点:

(1) 析构函数名是由波浪号和类名组成,即 ~类名。
(2) 不能有任何返回值,void 类型也不可以。
(3) 不能有任何的访问修饰符。
(4) 最多只能有一个析构函数。

例如,在 4.2.2 节中为 Employee 类添加一个析构函数,代码如下:

```
~Employee( )
{
    Console.WriteLine("调用析构函数");
}
```

运行程序,观察运行结果。

C#中析构函数是在适当的时候被资源回收器调用的,不能保证一定会被调用,也不能保证其调用顺序,析构函数也不能被外部程序显式调用。虽然在析构函数中一般可以释放对象实例占用的重要资源,如数据库连接等,但由于析构函数的调用是随机的,没有任何保证,所以这些释放重要资源的工作最好是存放在一个独立的成员函数中,由程序显式调用。

4.3　this 关键字

this 关键字用来代表对象自身。this 关键字可以用来解决名称相同的问题。为 4.2.2 节中的类 Employee 添加一个带参数的构造函数,如下所示:

```
public Employee(string empName,string ID)
{
    this.empName = empName;
    this.ID = ID;
}
```

该构造函数在初始化类的成员变量 empName 和 ID 时,参数的名与数据成员的名正好相同,通过使用 this 关键字来区分哪个是参数,哪个是数据成员。此时 this 关键字指向当前的对象,所以带 this 的是类的数据成员,而不带 this 的是参数。

【例 4-5】 使用 this 关键字调用类的其他构造函数。

```
using System;
using System.Collections.Generic;
using System.Text;
namespace ConsoleApplication1
{
    class Employee
    {
        string ID;            //员工代号
        double empSalary;     //员工工资
        public Employee():this("001",4500.5)    //默认构造函数
        { }
        public Employee(string ID,double empSalary)    //带两个参数的构造函数
        {
            this.ID = ID;
            this.empSalary = empSalary;
        }
        public string GetEmpID()
        {
            return ID;
        }
        public double GetSalary()
        {
            return empSalary;
        }
    }
    class Test
    {
        static void Main()
        {
            Employee e1 = new Employee();
            Console.WriteLine("员工:代号{0},工资{1}",e1.GetEmpID(),e1.GetSalary());
        }
    }
}
```

程序运行结果如图 4-4 所示。

图 4-4　程序运行结果

在上述程序中,用户自定义的默认构造函数中没有编写额外的代码,直接用 this 关键字来调用带参数的构造函数。如果有多个带参数的构造函数时,编译器如何判断要调用哪一个构造函数呢？此时编译器就根据传入参数的个数和类型来确定。由于 this 后传入两个参数,一个为字符串,另一个为 double 类型,编译器会依此找到符合此条件的构造函数。

【例 4-6】　使用 this 关键字来返回当前对象的引用。

```
using System;
using System.Collections.Generic;
using System.Text;
namespace ConsoleApplication1
{
    class Employee
    {
        string ID;          //员工代号
        string empName;     //员工姓名
        public Employee SetEmpName(string name)
        {
            this.empName = name;
            return this;
        }
        public Employee SetEmpID(string id)
        {
            this.ID = id;
            return this;
        }
    }
    //此时,你可以使用下面的语法设置员工的代号与名称
    class Test
    {
```

```
        static void Main( )
        {
            Employee e1 = new Employee( );
            e1.SetEmpID( "001" ).SetEmpName( "张木" );
        }
    }
}
```

4.4 属性

为了访问类的私有数据成员，通常需要提供一些公共的访问数据成员的方法，其他类要访问该类的私有数据成员，必须通过调用该类的公共访问数据成员的方法来访问。如在 4.2.2 节 Employee 类中，GetEmpID( ) 和 GetSalary( ) 这两个公共方法来访问该类的私有数据成员 empID 和 empSalary，这种方式虽然保证了数据成员的安全性，但是有些罗嗦。C#提供了一个语法更简洁、更具弹性的机制来取代这种方式，即属性。

语法：

```
［访问修饰符］  数据类型  属性名
{
    get
    {
        //获取属性值
    }
    set
    {
        //设置属性值
    }
}
```

说明：

（1）属性拥有两个类似于函数的块，get 块用于获取属性的值，set 块用于设置属性的值。这两个块也称为访问器，分别用 get 和 set 关键字来定义。可以忽略其中的一个块来创建只读或只写属性，忽略 get 块创建只写属性，忽略 set 块创建只读属性。

（2）访问器可包含访问修饰符，一般应该将属性定义成 public 的。

（3）属性至少要包含一个块才是有效的。

（4）属性名称一般要求单词首字母大写。

4.4.1 Get 块

Get 块必须有一个与属性类型相同的返回值，简单的属性一般与一个私有数据成员相关联，以控制对这个数据成员的访问，此时 get 块可以直接返回该数据成员的值。

```
private int x;
public int X
{
    get{ return x;}
}
```

属性 X 只定义 get 块，所以该属性为只读属性。

4.4.2 Set 块

Set 块把一个值赋给数据成员，该值（即用户提供的值）使用关键字 value 引用。

```
private int x;
public int X
{
    set{ x = value;}
}
```

属性 X 只定义 set 块，所以该属性为只写属性。在属性 X 的 set 块中，把数据成员的初始值通过关键字 value 传递给私有的数据成员 x。

下面看一个完整的程序。

【例 4-7】 属性的简单应用。

```
using System;
using System.Collections.Generic;
using System.Text;
namespace ConsoleApplication1
{
    class TimePeriod
    {
        private double seconds;
        public double Hours
        {
            get { return seconds/3600;}
            set { seconds = value * 3600;}
        }
    }
    class Program
    {
        static void Main()
        {
            TimePeriod t = new TimePeriod();
            t.Hours = 24;
            System.Console.WriteLine("Time in hours:" + t.Hours);
        }
    }
}
```

程序运行结果如图 4-5 所示。

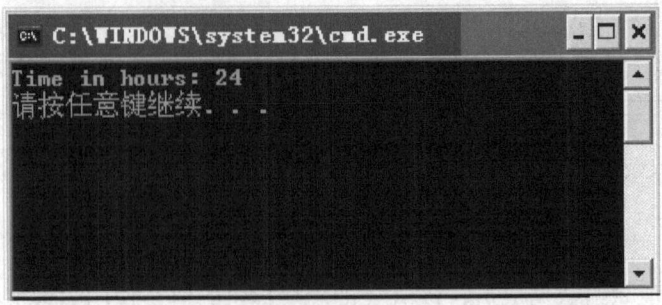

图 4-5　程序运行结果

这段程序定义了一个 TimePeriod 类,该类具有一个属性 Hours,使用 get 访问器获取数据成员 seconds 转换成的小时数,而使用 set 访问器通过 value 关键字将小时转换成秒赋值给数据成员 seconds。在 Main 函数中,语句 t.Hours = 24 对属性 Hours 进行赋值操作,此时将调用 Hours 属性的 set 访问器,关键字 value 代表的值就是用户提供的值 24,所以私有数据成员 seconds 的值为 24 * 3600;语句 System.Console.WriteLine("Time in Hours:" + t.Hours);访问属性 Hours,此时将调用 Hours 属性的 get 访问器,返回结果是私有数据成员 seconds 的值所对应的小时数。

使用属性还可以防止外部非法数据的入侵。比如月份的取值应该在 1~12 之间,为了防止不合法数据的入侵,可以定义 Month 属性来实现,见下述代码段。

```
public class Date
{
    private int month;
    public int Month
    {
        get
        {
            return month;
        }
        set
        {
            if((value > 0)&&(value < 13))
            {
                month = value;
            }
        }
    }
}
```

4.5 方法

在面向对象的程序设计中,方法用于执行对象的各种操作,即对象的行为特征,方法是类的一个重要成员。

格式:

```
[访问修饰符]方法名(参数列表)
{
    //方法体
}
```

4.5.1 访问修饰符

你的家人进入你的卧室,但是不能查看你的日记本,你的邻居可以进入你的客厅,但是不能进入你的卧室,陌生人没有经过你的同意甚至不能进入你的客厅。访问修饰符的概念与此非常相似,用来确定对类或成员的访问权限。类成员的访问修饰符在4.1.1节中简单介绍过,下面举几个例子来看其详细含义。

1. public

public 成员称为公共成员,公共成员访问级别最高,对公共成员的访问没有任何限制。

【例4-8】 public 成员的使用。

```
class Point{
    public int x;
    public int y;
}
class MainClass{
    static void Main( )
    {
        Point p = new Point( );
        p.x = 10;
        p.y = 15;
        Console.WriteLine("x = {0},y = {1}",p.x,p.y);
    }
}
```

在类 MainClass 中可以访问类 Point 中的公共成员 x 和 y。因为 x 和 y 是公共成员,所以访问它们不受任何限制。

2. private

private 成员称为私有成员,私有成员的访问级别最低,只能在自身所属的类中才能被访问。

【例4-9】 private 成员的使用。

```
class Employee
{
    private string name = "FirstName,LastName";
    private double salary = 100.0;
    public string GetName()
    {
        return name;
    }
    public double Salary
    {
        get { return salary; }
    }
}
class MainClass
{
    static void Main()
    {
        Employee e = new Employee();
        string n = e.name;//错误的语句,name 是私有成员
        double s = e.salary;//错误的语句,salary 是私有成员
        string n = e.GetName();//正确语句,GetName 是公共成员
        double s = e.Salary;//正确语句,Salary 是公共成员
    }
}
```

3. protected

protected 成员称为受保护成员，受保护成员只能被自身所在的类或自身所在类的派生类中的代码访问。

【例 4-10】 protected 成员的使用。

```
class Point
{
    protected int x;
    protected int y;
}
class DerivedPoint:Point //DerivedPoint 类是 Point 的派生类
{
    static void Main()
    {
        DerivedPoint dp = new DerivedPoint();
        dp.x = 10;//正确,DerivedPoint 是类 Point 的派生类,可以直接访问基类的受保护成员
        dp.y = 15;//正确,DerivedPoint 是类 Point 的派生类,可以直接访问基类的受保护成员
        Console.WriteLine("x = {0}, y = {1}", dp.x, dp.y);
    }
}
```

关于基类和派生类的概念将在"继承"一节中做详细介绍。

4. internal

internal 成员称为内部成员，内部成员只有在同一程序集的文件中才是可访问的。

【例 4-11】　internal 成员的使用。

```
//Assembly1.cs
//compile with:/target:library
internal class BaseClass
{
    public static int intM = 0;
}
//Assembly2.cs
//compile with:/reference:Assembly1.dll
class TestAccess
{
    static void Main()
    {
        BaseClass myBase = new BaseClass();   //Error CS0122
    }
}
```

该示例包含两个文件：Assembly1.cs 和 Assembly2.cs。第一个文件包含内部基类 BaseClass。在第二个文件中，实例化 BaseClass 的尝试将产生错误。

4.5.2　参数的分类

C#中方法的参数有四种类型：值参数、引用参数、输出参数和数组型参数。

1. 值参数

值参数不含任何的修饰符。形参是实参的一份复制品，方法中对形参的值的修改不会影响到实参的值。

【例 4-12】　值参数的运用。

```
using System.Text;
using System;
using System.Collections.Generic;
namespace ConsoleApplication1{
    class Test
    {
        public static void MyMethod(int a)
        {
            a++;
        }
        public static void Main()
        {
```

```
            int p = 5;
            Console.WriteLine("这是 p = {0}",p);
            MyMethod(p);
            Console.WriteLine("这是调用方法后的 p = {0}",p);
        }
    }
}
```

程序运行结果如图 4-6 所示。

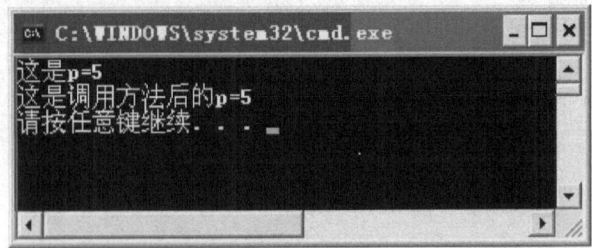

图 4-6　程序运行结果

通过程序的运行结果可以看出，变量 p 的值调用方法前和调用方法后没有发生变化。因为方法 MyMethod 的形参 a 是值参数，a 是 p 的一个副本，所以对 a 的值的修改不会影响到 p 的值。

2. 引用参数

引用参数用关键字 ref 声明。传递的参数实质上是实参的一个指针，即地址。所以方法中对形参的操作就是对实参的操作。使用引用参数时，必须在方法定义和方法调用时都明确地指明 ref 关键字，且要求实参变量在传递给方法前必须初始化。

【例 4-13】　引用参数的运用。

```
using System.Text;
using System;
using System.Collections.Generic;
namespace example
{
    class Test
    {
        public static void RefParam(ref int a)
        {
            a++;
        }
        public static void Main()
        {
            int x = 0;
            Console.WriteLine("这是 RefParam 之前的 x = {0}",x);
            RefParam(ref x);
            Console.WriteLine("这是调用 RefParam 方法后的 x = {0}",x);
        }
    }
}
```

程序运行结果如图 4-7 所示。

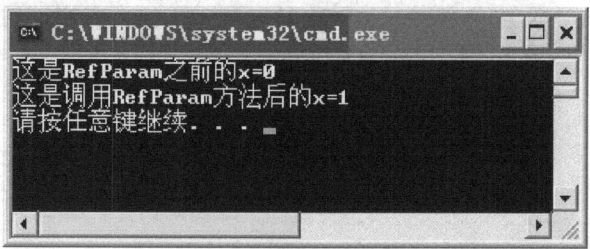

图 4-7 程序运行结果

变量 x 在调用方法 RefParam( ) 之前，初始化值为 0。从程序的运行结果可以看出，变量 x 的值在调用方法 RefParam( ) 后发生改变了。这是因为 a 是引用参数，在调用方法 RefParam( ) 时，实参 x 将其自身在内存中的地址传递给了形参 a，所以形参 a 与实参 x 在内存中共用同一内存单元，对形参 a 的操作实际上就是对实参 x 的操作，所以方法 RefParam( ) 对 a 值的修改会直接影响到 x 的值。

3. 输出参数

输出参数用关键字 out 声明。与引用参数类似，输出参数也是直接对实参进行操作的，在方法声明和方法调用时都必须明确指明 out 关键字。输出参数不要求变量在传递给方法之前进行初始化，但是在方法返回前必须对输出参数进行赋值。

【例 4-14】 输出参数的运用。

```
using System.Text;
using System;
using System.Collections.Generic;
namespace ConsoleApplication1{
  class Test
    {
        public static void OutParam(out int a)
        {
            a = 100;
        }
        public static void Main( )
        {
            int x;
            OutParam(out x);
            Console.WriteLine("这是调用 OutParam 方法后的 x = {0}",x);
        }
    }
}
```

程序运行结果如图 4-8 所示。

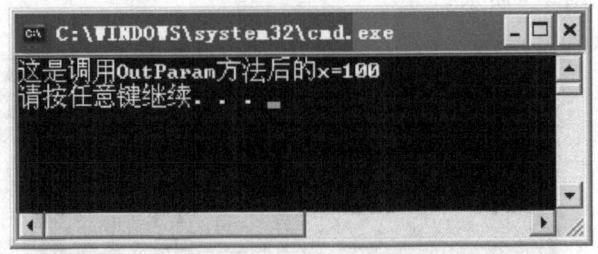

图 4-8　程序运行结果

4. 数组型参数

数组型参数用关键字 params 声明，该关键字用来声明具有可变长度的参数列表，方法声明中最多只能包含一个 params 参数，并且该参数必须是参数列表中最后一个参数。

【例 4-15】　数组型参数的运用。

```
using System.Text;
using System;
using System.Collections.Generic;
namespace ConsoleApplication1{
    class Test{
    public static double VarLenParam(params int[ ]v)
    {
        double sum =0;
        foreach(int i in v)
            sum +=i;
        double average = sum / v.Length;
        return average;
    }
    public static void Main( ){
        double x = VarLenParam(1,3,5,7,9);
        Console.WriteLine("这是1+3+5+7+9 的平均值={0}",x);
        x = VarLenParam(2,4,6,8);
        Console.WriteLine("这是2+4+6+8的平均值={0}",x);
    }
  }
}
```

程序运行结果如图 4-9 所示。

在上述例子中，将变动长度的参数声明为一维数组，调用方法时，根据实参的个数确定一维数组的长度。

4.5.3　方法重载

在 C#中，为了给功能相似的方法提供同一名称，实现编译时的多态性，引入了方法重

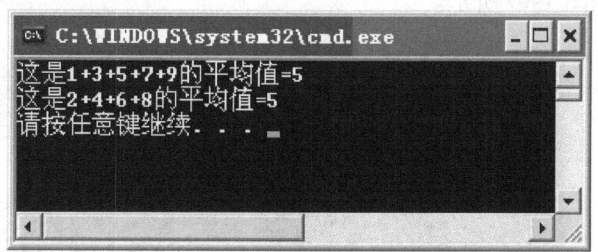

图 4-9　程序运行结果

载这一概念。方法重载（overloaded methods）是面向对象程序设计的一个重要概念，它具有以下特点：

（1）方法名相同。

（2）参数列表不完全相同，即参数的个数或参数的类型不同。

当一个重载方法被调用时，C#会根据参数的个数及其类型自动匹配调用具体的方法。

1. 参数个数不同的方法重载

【例 4-16】　参数个数不同的方法重载。

```
using System;
using System.Collections.Generic;
using System.Text;
namespace example
{
    class OverLoadMethod
    {
        void Max(int num1,int num2)
        {
            int max;
            Console.WriteLine("{0}和{1}中较大的数字是:{2}",num1,num2,max=(num1>num2?num1:num2));
        }
        void Max(int num1,int num2,int num3)
        {
            int max = num1>num2?num1:num2;
            max = max>num3?max:num3;
            Console.WriteLine("{0}、{1}和{2}中最大的数字是:{3}",num1,num2,num3,max);
        }
        static void Main(string[]args)
        {
            OverLoadMethod p1 = new OverLoadMethod();
            p1.Max(23,52);//调用具有两个参数的 Max 方法
            p1.Max(13,25,64);//调用具有三个参数的 Max 方法
        }
    }
}
```

程序运行结果如图 4-10 所示。

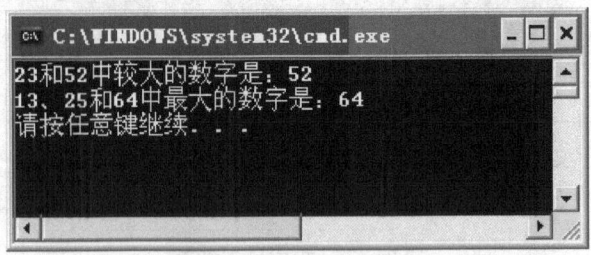

图 4-10 程序运行结果

以上程序中定义了两个 Max 方法，第一个 Max 方法接受两个 int 型参数，第二个 Max 方法接受三个 int 型参数，所以在 Main 函数中，p1.Max(23,52) 会自动根据参数的个数（两个）和参数的类型（int）进行匹配调用第一个 Max 方法，而 p1.Max(13,25,64) 则根据参数个数（三个）和参数类型（int）进行匹配调用第二个 Max 方法。

2. 参数类型不同的方法重载

【例 4-17】 参数类型不同的方法重载。

```csharp
using System;
using System.Collections.Generic;
using System.Text;
namespace example
{
    class OverLoadMethod
    {
        int Maxinum(int[] numbers)
        {
            int temp = numbers[0];
            foreach(int i in numbers)
            {
                if(temp < i)
                    temp = i;
            }
            return temp;
        }
        double Maxinum(double[] numbers)
        {
            double temp = numbers[0];
            foreach(double i in numbers)
            {
                if(temp < i)
                    temp = i;
```

```
            }
            return temp;
        }
        static void Main(string[]args){
            OverLoadMethod p = new OverLoadMethod();
            int[]num = {100,0,23,45,-50,300};
            double[]mdbNum = {0.5,8.3,12.8,45.9,21.7};
            Console.WriteLine("最大的整数是:{0}",p.Maxinum(num));
            Console.WriteLine("最大的小数是:{0}",p.Maxinum(mdbNum));
        }
    }
}
```

程序运行结果如图 4-11 所示。

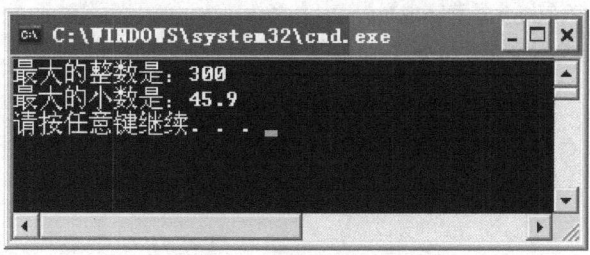

图 4-11　程序运行结果

Main()方法中对象 p 调用 Maxinum 方法会自动根据参数的类型是 int 还是 double 决定调用哪个重载方法。参数 num 是一个 int 型数组，所以调用第一个 Maxinum 方法；参数 mdbNum 是一个 double 型数组，所以调用第二个 Maxinum 方法。

4.6　静态和实例类成员

属性、方法和数据成员可以分为两大类：静态成员和实例成员。静态成员（包括静态方法、静态属性和静态字段）在类的实例之间是共享的，所以调用静态成员时，不需要实例化类，直接用类名调用。而实例成员属于类的对象所有，直接由对象调用。

如果一个成员要声明为静态成员，只需要在该成员的访问修饰符的后面加上 static 关键字即可。

【例 4-18】　静态和实例成员。

```
class MyClass
    {
        public int a;
        public static int b;
        void fun1()
        {
            a = 10;
            b = 20;
```

```
        }
        static void fun2( )
        {
            a = 10;
            b = 20;
        }
}
class Program
{
    static void Main(string[ ]args)
    {
        MyClass A = new MyClass( );
        A.a = 10;//正确,a 是实例成员
        A.b = 10;//错误,b 是静态成员
        MyClass.a = 20;//错误,a 是实例成员
        MyClass.b = 20;//正确,b 是静态成员
    }
}
```

习 题 4

一、选择题

1. 关于构造函数与析构函数的说法中正确的是 _____。

A. 析构函数不需要用户显式调用,由系统自动调用

B. 构造函数的返回类型是 void

C. 构造函数不可以有参数

D. 析构函数可以使用 public 访问修饰符进行定义

2. 用 _____ 关键字定义的成员属于整个类而不属于类的某个对象所特有。

A. base   B. static   C. public   D. private

3. C#中方法参数类型不可能是 _____。

A. 值参数   B. 引用参数   C. 输出参数   D. 输入参数

4. 以下说法中正确的是 _____。

A. 引用参数使用 Ref 关键字修饰,只需在方法定义时指明 Ref 关键字,方法调用时便不需要指明 Ref 关键字

B. 只定义 get 块而忽略 set 块的属性称为只写属性

C. this 关键字代表的是对象自身

D. 构造函数的函数名可以与类名不同

二、操作题

1. 创建一个 Rectangle 类,它的数据成员包括长(length)和宽(width);方法成员包括求面积的 Area()方法和带有两个参数的构造函数用来初始化矩形的长和宽;创建该类的一

个实例 rec，矩形 rec 的长和宽的初始值分别为 1.5 和 2.5，求出该矩形的面积并进行输出。

2. 在上题基础上为 Rectangle 类增加两个属性 Length 和 Width 分别用来检验 length 和 width 数据成员的值是否为非负值。创建该类的一个实例 rec，矩形 rec 的长和宽的初始值分别为 −1.5 和 10，要求给出错误提示信息"输入矩形的长的值非法"。

3. 编写一个类实现两个整数交换，实现交换的方法的参数为引用参数。

4. 定义一个 Student 类，该类具有数据成员 myName，number，myAge 及属性 Name，Age，Number，要计算存在于系统中学生的人数，增加一个 Number 属性以计算存在于系统中学生的人数，每创建一个对象，学生人数加 1，每析构一个对象，学生人数减 1。另外该类还具有一个打印方法，要求按"学生姓名：年龄"格式输出。（提示：Number 这个属性不应该属于哪个特定的对象，它是属于 Student 类的。）

第5章 继承、多态与接口

为了提高软件开发的效率，人们总是希望利用已有的成果，而又不受已有模块的限制，具有足够的灵活性。C#这一面向对象的程序设计语言所具有的继承和多态的特征能够很好地满足这一需求，极大地提高软件模块的可重用性和可扩充性，缩短了程序开发时间，提高软件开发效率。遗憾的是，C#只支持单继承，即一个派生类只能有一个基类，但现实生活中普遍存在多继承的关系，即一个派生类可以有一个以上的基类，为了满足多继承的需要，C#使用"接口"来解决该问题。

5.1 继承

继承是软件重用的一种形式，通过吸收已有类的数据和行为，并用新的功能进行扩充，来创建新的类。也就是说，类可以从另一个类继承得到，被继承的类称为基类（或父类），通过继承产生的新类称为派生类（或子类）。派生类继承了基类中所有的数据和功能，并能随心所欲地使用这些数据和功能。

5.1.1 定义派生类

```
[访问修饰符] class 派生类名:基类名
{
    ...//派生类代码
}
```

【例 5-1】 类 Sales 派生于 Employee 类。

```csharp
using System;
using System.Collections.Generic;
using System.Text;
namespace ConsoleApplication1
{
    public class Employee
    {
        string ID;
        string empName;
        double baseSalary;
        public Employee()
        {
            ID = "999";
            empName = " Miles";
```

```
            baseSalary = 3000;
        }
        public Employee(string ID,double baseSalary)
        {
            this.ID = ID;
            this.baseSalary = baseSalary;;
        }
        public string EmpId
        {
           set
           {
               ID = value;
           }
           get
           {
               return ID;
           }
        }
    public double Salary
    {
           get
           {
               return baseSalary + 200;
           }
    }
}
public class Sales:Employee
{ }
public class Test
{
    static void Main()
    {
        Sales s1 = new Sales();
        s1.EmpId = "001";
        Console.WriteLine("{0},{1}",s1.EmpId,s1.Salary);
    }
}
```

程序运行结果如图 5-1 所示。

Sales 类派生于 Employee 类，虽然 Sales 类中没有编写任何代码，但是通过继承，可以直接使用 Employee 类中的程序代码。

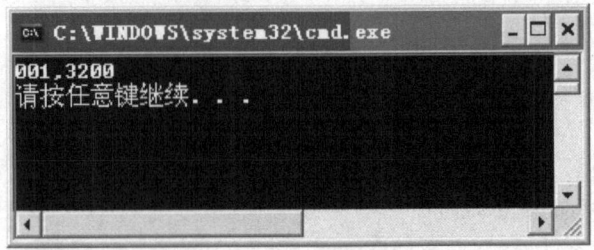

图 5-1　程序运行结果

说明：

（1）基类成员通过继承成为派生类的成员后，保持原来的访问性质不变。

（2）基类的 private 成员只能在基类的内部被访问，派生类虽然继承了基类的 private 成员，但是无法直接访问基类的 private 成员。比如上个程序中，Sales 类继承了基类 Employee 类的所有成员，而 ID，empName，baseSalary 是 Employee 类的 private 成员，在 Sales 中是无法直接访问的，但可以通过基类 Employee 提供的 public 成员 EmpId，Salary 来间接操作基类的私有成员。

（3）C#中不支持多重继承，一个类的基类必须是唯一的。

5.1.2　派生类的构造函数和析构函数

派生类的构造函数和析构函数分别用来完成对象的初始化工作和收尾工作。在派生类中，基类的成员虽然被继承，但是这些成员的初始化仍然由基类的构造函数来完成，所以，实例化一个派生类的对象时，先调用基类的构造函数，然后调用派生类的构造函数。而析构函数的调用顺序正好相反。

【例 5-2】　构造函数和析构函数的调用顺序。

```
using System;
using System.Collections.Generic;
using System.Text;
namespace ConsoleApplication1
{
    public class ParentClass
    {
        public ParentClass()
        {
            Console.WriteLine("Parent constructor");
        }
        public void print()
        {
            Console.WriteLine("I am a Parent class");
        }
    }
```

```
        ~ ParentClass( )
        {
            Console. WriteLine( "Parent Destructor" );
        }
    }
    public class ChildClass:ParentClass
    {
        public ChildClass( )
        {
            Console. WriteLine( "ChildClass Constructor" );
        }
        ~ ChildClass( )
        {
            Console. WriteLine( "ChildClass Destructor" );
        }
    }
    class Program
    {
        static void Main( string[ ]args)
        {
            ChildClass child = new ChildClass( );
            child. print( );
        }
    }
}
```

程序运行结果如图 5-2 所示。

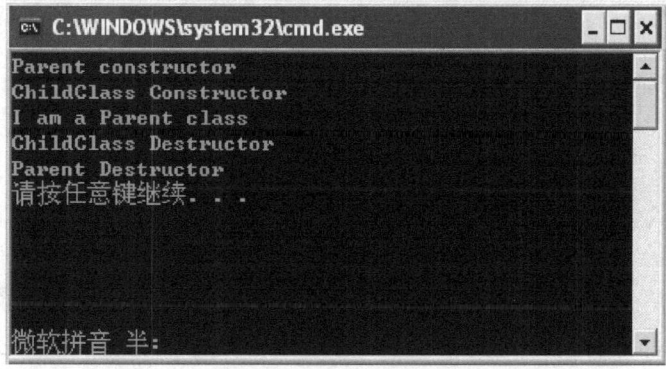

图 5-2　程序运行结果

有时，为在派生类中显式调用基类的构造函数，需要使用 base 关键字。请看下面的程序。

【例 5-3】　派生类中显式调用基类的构造函数。

```csharp
using System;
using System.Collections.Generic;
using System.Text;

namespace example
{
    public class Person
    {
        private string name;
        private int age;
        public Person(string name,int age)
        {
            this.name = name;
            this.age = age;
            Console.WriteLine(name);
            Console.WriteLine(age);
        }
    }
    public class Student:Person
    {
        private int id;
        public Student(string name,int age,int id):base(name,age)
        {
            this.id = id;
            Console.WriteLine(id);
        }
    }
    class TestStudent
    {
        static void Main()
        {
            Student objStudent = new Student("张飞",33,001);
        }
    }
}
```

在派生类 Student 的构造函数的后面，通过使用 base 关键字调用基类 Person 的构造函数：base(name,age)。此时，意味着在 Person 类中，一定存在能接受两个参数分别为 string 和 int 的构造函数，如果函数的参数列表与该要求不一致，则会出现编译错误。这样，类 Student 继承自 Person 的私有成员 name 和 age 便通过基类的构造函数初始化，而 id 成员则由派生类的构造函数初始化。程序运行结果如图 5-3 所示。

图 5-3　程序运行结果

5.2　多态性

多态性指的是同一操作作用于不同的类的实例时，不同的类将进行不同的解释，最后产生不同的执行结果。假设存在形状（Shape）、圆（Circle）和矩形（Rectangle）三个类，子类 Shape、Circle 和 Rectangle 分别派生于 Shape。求面积（Area）这一操作，由于圆（Circle）和矩形（Rectangle）有不同的求面积的方法，这时就需要对 Shape 类的 Area( )方法进行重写，这样 Area( )这一操作对于圆和矩形便具有了不同的实现方式。

C#支持两种类型的多态性：编译时的多态性和运行时的多态性。

编译时的多态性是通过方法重载来实现的。编译系统会根据参数的个数、类型等信息决定具体调用哪个方法。

运行时的多态性是在系统运行时，根据实际情况来决定实现何种操作。

5.2.1　多态性的实现方式

多态性是类为某一方法提供不同的实现方式的能力。多态性允许类对某个方法进行调用，而不必关心方法的具体实现过程。C#中实现多态性主要有以下三种方法：

（1）继承多态性；
（2）接口多态性；
（3）抽象类多态性。

本节仅讨论继承多态性，关于接口多态性和抽象类多态性将分别在"接口"和"抽象类"节中详细介绍。

5.2.2　继承多态性

继承多态性是指通过在派生类中覆盖基类中的方法，以提供不同的实现过程，从而实现"多态性"。

1. virtual 关键字

默认情况下，类中的方法是非虚方法。使用关键字 virtual 声明的方法为虚方法，表明该方法允许派生类覆盖，实现多态。也就是说，在派生类中要覆盖基类中的方法，必须在基类中将该方法声明为虚方法，即在方法的返回类型前加 virtual 关键字。注意：virtual 关键字不可以用于字段，只有属性、方法、事件和索引器才可以是虚拟的。

2. override 关键字

该关键字表明派生类对基类的虚方法进行重新编写,即覆盖基类的虚方法。派生类覆盖基类的虚方法时,必须在方法的返回类型前加上关键字 override。

注意:覆盖和重载是两个不同的概念。

重载用于同一类中的方法成员,其特征如下:

(1) 在同一类中;
(2) 方法名相同;
(3) 参数不同(包括参数个数不同,或者参数类型不同,或者两者都不同);
(4) 方法的返回值相同。

覆盖是指派生类的方法覆盖基类的方法,其特征如下:

(1) 范围不同(分别是派生类和基类);
(2) 方法名相同;
(3) 参数相同;
(4) 方法的访问修饰符相同;
(5) 基类方法必须是虚方法。

【例 5-4】 继承实现多态性。

```
using System;
using System.Collections.Generic;
using System.Text;

namespace ConsoleApplication1
{
    public class DrawingObject
    {
        public virtual void Draw()
        {
            Console.WriteLine("I'm just a generic drawing object.");
        }
    }
    public class Line:DrawingObject
    {
        public override void Draw()
        {
            Console.WriteLine("I'm a Line.");
        }
    }
    public class Circle:DrawingObject
    {
        public override void Draw()
        {
```

```
            Console.WriteLine("I'm a Circle.");
        }
    }
    public class Square:DrawingObject
    {
        public override void Draw()
        {
            Console.WriteLine("I'm a Square.");
        }
    }
    public class DrawDemo
    {
        public static int Main(string[ ]args)
        {
            DrawingObject[ ]dObj = new DrawingObject[4];
            dObj[0] = new Line();
            dObj[1] = new Circle();
            dObj[2] = new Square();
            dObj[3] = new DrawingObject();
            foreach(DrawingObject drawObj in dObj)
            {
                drawObj.Draw();
            }
            return 0;
        }
    }
}
```

程序运行结果如图 5-4 所示。

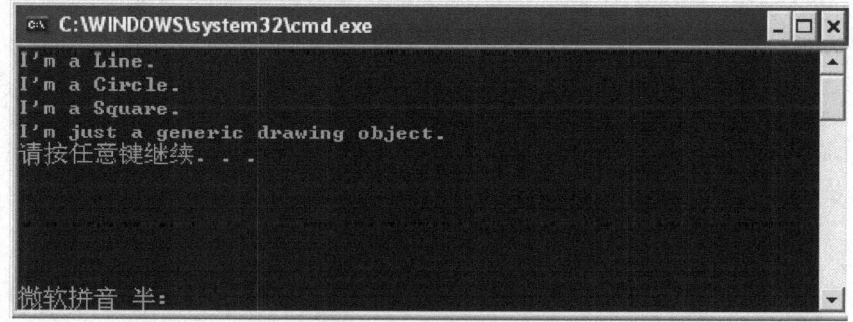

图 5-4　程序运行结果

基类 DrawingObject 中含有一个虚方法 Draw(),其派生类可对该方法进行覆盖。类 Line、Circle 和 Square 都派生于类 DrawingObject,它们分别覆盖了基类中的虚方法,使用

override 关键字表明对基类的虚方法进行重新编写，在每个类中具体实现是不同的，从而实现了"多态性"。

3. new 关键字

new 关键字不仅可以作为运算符，用来创建一个对象或调用构造函数，而且可以作为修饰符，用来隐藏基类中的方法、数据成员或属性。

隐藏是指派生类的方法屏蔽了基类的方法，即在派生类中定义一个签名（即方法的返回值类型、方法名和方法的参数）与基类的方法完全一样的方法，用关键字 new 修饰。如果不用 new 修饰，不会产生错误，但会出现一个错误警告。

【例 5-5】 使用 new 关键字隐藏基类的方法。

```
public class BaseA
{
    public int x = 1;
    public void Invoke( )
    {
        Console. WriteLine( x. ToString( ) );//ToString( )方法将变量 x 转换成字符串类型
    }
    public int TrueValue
    {
        get { return x; }
        set { x = value; }
    }
}
public class DerivedB:BaseA
{
    public new int x = 2;//使用 new 关键字隐藏基类 BaseA 中的数据成员 x
    public new void Invoke( )//使用 new 关键字隐藏基类 BaseA 中的方法 Invoke( )
    {
        Console. WriteLine( x. ToString( ) );
    }
    public new int TrueValue//使用 new 关键字隐藏基类 BaseA 中的属性 TrueValue
    {
        get { return x; }
        set { x = value; }
    }
}
class Test
{
    static void Main( string[ ] args)
    {
        DerivedB b = new DerivedB( );
        b. Invoke( );//调用 DerivedB 的 Invoke 方法,输出:2
```

```
            Console.WriteLine(b.x.ToString());//输出 DerivedB 的成员 x 值:2
            BaseA a = b;
            a.Invoke();//调用 BaseA 的 Invoke 方法,输出:1
            a.TrueValue = 3;//调用 BaseA 的属性 TrueValue,修改 BaseA 的成员 x 的值
            Console.WriteLine(a.x.ToString());//输出 BaseA 的成员 x 的值:3
            Console.WriteLine(b.TrueValue.ToString());//输出 DerivedB 的成员 x 的值:2
        }
    }
}
```

程序运行结果如图 5-5 所示。

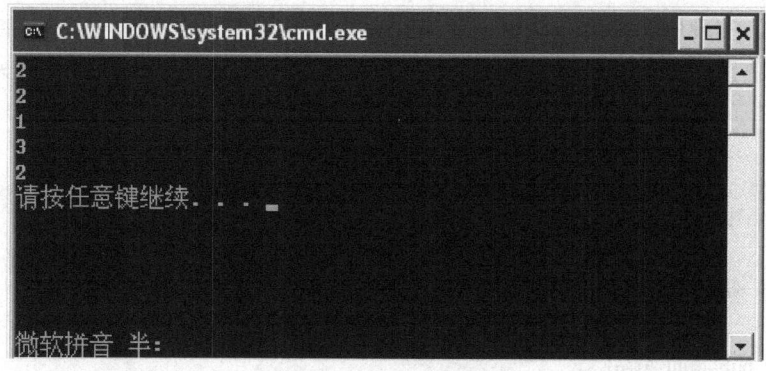

图 5-5　程序运行结果

类 DerivedB 派生于类 BaseA，在类 DerivedB 中使用 new 关键字隐藏了基类 BaseA 中的成员，所以类 DerivedB 的实例 b 调用的方法 Invoke()和数据成员 x 都是类 DerivedB 中的成员；当使用语句"BaseA a = b;"将派生类的实例 b 强制性地转换成基类的实例时，实例 a 调用的就是基类 BaseA 中的成员了。

5.3　抽象类和抽象方法

在 C#中使用关键字 abstract 来定义抽象类和抽象方法。含有一个或多个抽象方法的类称为抽象类。将关键字 abstract 置于关键字 class 的前面即可定义抽象类。抽象类的定义语法如下：

```
public abstract class A
{
    //这里写入类成员
}
```

抽象方法只能声明于抽象类中，且不能包含任何实现代码。声明抽象方法是将关键字 abstract 置于方法返回类型关键字之前，定义语法如下：

```csharp
public abstract class A
{
    public abstract void DoWork(int i);
}
```

由于抽象方法没有具体的实现代码，所以在抽象方法声明的后面是分号，而不是一对大括号，这一点需要注意。

说明：
（1）抽象类是特殊的类，不能被实例化；
（2）抽象类必须包含抽象方法，这是普通类不具备的；
（3）抽象类中可以包含非抽象方法；
（4）抽象方法只能声明于抽象类中，且不包含具体代码实现，派生类可以用 override 关键字覆盖它们，实现所有抽象方法；派生类也可以不实现或部分实现基类的抽象方法，没有实现的抽象方法留给派生类的后代实现，这时派生类仍旧是一个抽象类，用关键字 abstract 定义。

【例5-6】 派生类实现基类中所有的抽象方法。

```csharp
namespace ConsoleApplication1
{
    abstract class ShapesClass
    {
        abstract public int Area();
    }
    class Rectangle:ShapesClass
    {
        public int x,y;
        public override int Area()
        {
            return x * y;
        }
    }
    class Program
    {
        static void Main(string[] args)
        {
            Rectangle rec1 = new Rectangle();
            rec1.x = 2;
            rec1.y = 4;
            Console.WriteLine("矩形的面积是:{0}",rec1.Area().ToString());
        }
    }
}
```

程序运行结果如图 5-6 所示。

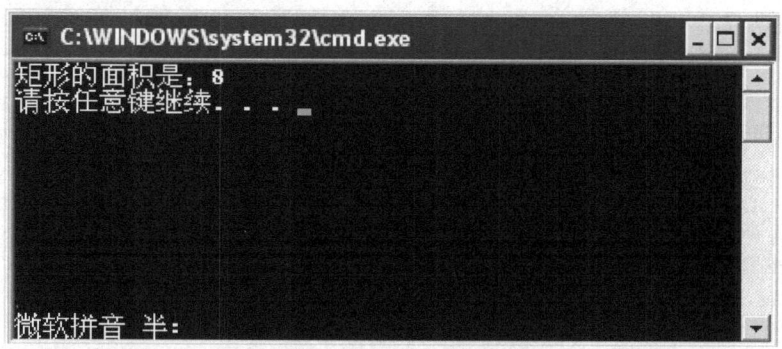

图 5-6　程序运行结果

【例 5-7】　类 B 派生于抽象类 A，但不实现其抽象方法，类 C 派生于类 B。

```
abstract class A
{
    public abstract void F( );
}
abstract class B:A
{
    public void G( ){ }
}
class C:B
{
    public override void F( )
    {
        //F 的具体实现代码
    }
}
```

类 B 虽然派生于抽象类 A，除提供一个方法 G( )外，并没有实现类 A 中的抽象方法 F( )，所以类 B 仍然是一个抽象类，用关键字 abstract 加以修饰。类 C 派生于类 B，实现了类 B 从类 A 继承的方法 F，所以类 C 不是抽象类。

【例 5-8】　通过抽象类实现多态性。

```
namespace ConsoleApplication1
{
    abstract class ShapesClass
    {
        abstract public int Area( );
    }
    class Circle:ShapesClass
```

```csharp
{
    public int r;
    public override int Area()
    {
        return(int)(3.14*r*r);
    }
}
class Rectangle:ShapesClass
{
    public int x,y;
    public override int Area()
    {
        return x*y;
    }
}
class Program
{
    static void Main(string[] args)
    {
        Circle c1 = new Circle();
        c1.r = 2;
        Console.WriteLine("圆的面积是:{0}",c1.Area().ToString());
        Rectangle rec1 = new Rectangle();
        rec1.x = 2;
        rec1.y = 4;
        Console.WriteLine("矩形的面积是:{0}",rec1.Area().ToString());
    }
}
```

程序运行结果如图 5-7 所示。

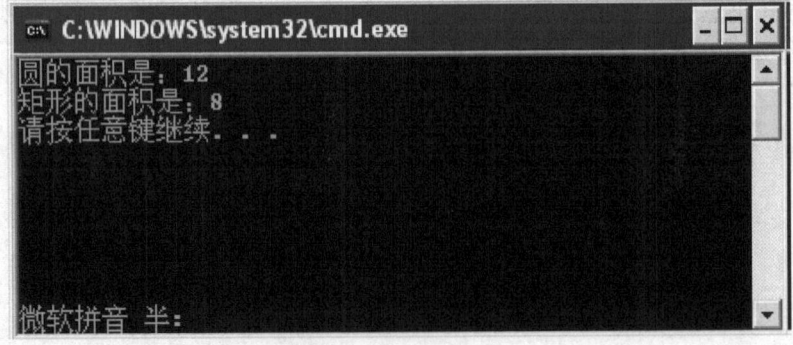

图 5-7　程序运行结果

类 Circle 和类 Rectangle 都派生于抽象类 ShapesClass，实现抽象方法 Area( )时，这两个类提供了不同的实现过程，从而实现了"多态性"。

5.4 接口

C#不支持多重继承。为了解决现实生活中普遍存在的多重继承现象，C#引入了接口的概念，通过接口实现多重继承的功能。

5.4.1 接口的声明

定义接口使用 interface 关键字，语法如下：

```
［访问修饰符］interface 接口名称
{
    接口成员；
}
```

说明：

（1）接口名称一般用大写字母"I"开头，表明是一个接口；
（2）接口可以使用任何的访问修饰符来修饰；
（3）接口成员一定是公共的，但不允许使用任何访问修饰符，即使 public 也不可以；
（4）接口成员只能包含方法、属性、索引器和事件，除此以外不能包含其他成员，如构造函数、析构函数、常量、字段成员等；
（5）接口成员不能有任何代码体，其实现过程必须在实现接口的类中实现；
（6）接口成员不能用关键字 static、virtual、abstract 或 sealed 定义；
（7）不能实例化接口。

【例 5-9】 定义接口 IMyInterface。

```
using System;
using System. Collections. Generic;
using System. Text;
namespace InterfaceExample
{
    interface IMyInterface //声明 IMyInterface 接口
    {
        void SayHello( );//声明 SayHello 方法
        string Hello //声明一个 Hello 属性
        {
            get;
            set;
        }
    }
}
```

接口 IMyInterface 声明的 SayHello 方法和 Hello 属性，没有提供任何的代码实现，方法 SayHello 直接以分号结束，属性 Hello 的 get 块和 set 块也直接以分号结束。

5.4.2 接口的实现

实现接口时，只需要在类名后面加冒号，冒号后跟要实现的接口的名字即可。语法如下：

```
[访问修饰符]class 类名:接口1[,接口2[,…]]
{
    //类成员
}
```

说明：

（1）一个类可以支持多个接口，多个类也可以支持同一个接口；

（2）实现接口的类必须实现接口的所有成员，这些成员须匹配指定的签名，且必须是公共的。

（3）在实现接口的类中，可以使用关键字 virtual 或 abstract 来修饰接口成员，但不能使用关键字 static 或 const。

【例 5-10】 实现接口 IDimensions。

```
interface IDimensions
{
    float getLength();
    float getWidth();
}
class Box:IDimensions
{
    float lengthInches;
    float widthInches;
    Box(float length,float width)
    {
        lengthInches = length;
        widthInches = width;
    }
    public virtual float getLength()
    {
        return lengthInches;
    }
    public virtual float getWidth()
    {
        return widthInches;
    }
```

```
static void Main()
{
    Box box1 = new Box(30.0f,20.0f);
    System.Console.WriteLine("Length:{0}",box1.getLength());
    System.Console.WriteLine("Width:{0}",box1.getWidth());
}
```

程序运行结果如图 5-8 所示。

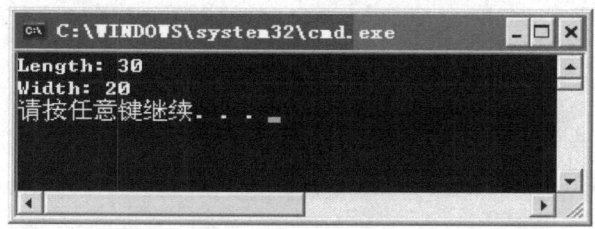

图 5-8 程序运行结果

上述程序中，类 Box 实现接口 IDimensions，实现了该接口的所有方法 getLength 和 get-Width，方法签名与接口 IDimensions 中方法签名完全一样，且是 public。类 Box 中实现的方法加以 virtual 关键字，表明类 Box 的派生类可以用 override 关键字来改写此方法，如果不加 virtual 关键字，则 Box 类的派生类就不可以改写此方法。

C#中一个类不能同时派生自多个类，但是一个类可以实现多个接口。

【例 5-11】 类 MyClass 实现接口 interface1 和 interface2。

```
using System;
using System.Collections.Generic;
using System.Text;
namespace example
{
    interface interface1 {
        void Write();
    }
    interface interface2
    {
        void Read();
    }
    class MyClass:interface1,interface2
    {
        public void Write()
        {
            Console.WriteLine("我实现了接口 1");
```

```
        }
        public void Read( )
        {
            Console.WriteLine("我实现了接口2");
        }
        public static void Main( )
        {
            MyClass m = new MyClass( );
            m.Write( );
            m.Read( );
        }
    }
}
```

程序运行结果如图 5-9 所示。

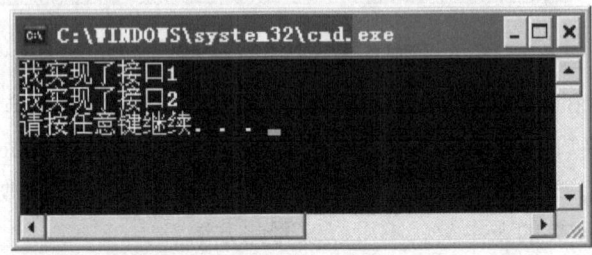

图 5-9 程序运行结果

因为类 MyClass 实现了两个接口，所以实现了两个接口中所有的方法：Read( )和 Write( )。类 MyClass 的实例 m 便可调用 Read( )和 Write( )方法进行相关的操作。

5.4.3 显式实现接口

如果类实现两个接口，并且这两个接口包含具有相同签名的成员，那么在类中实现该成员将不能确定具体实现的是哪一个接口中的成员。C#提供的显式实现接口方法便解决了这一问题。

要确定成员函数实现的是哪一个接口，需要使用接口名称来限定该成员函数。且类成员只能被各自的接口调用而不能被类对象调用。

【例 5-12】 显式实现接口。

```
//定义英制单位接口
interface IEnglishDimensions
{
    float Length( );
    float Width( );
}
```

```csharp
//定义米制单位接口
interface IMetricDimensions
{
    float Length();
    float Width();
}
//定义 Box class 实现两个接口
class Box:IEnglishDimensions,IMetricDimensions
{
    float lengthInches;
    float widthInches;
    public Box(float length,float width)
    {
        lengthInches = length;
        widthInches = width;
    }
    //显式实现英制接口成员,成员名 Length 前加上接口名 IEnglishDimensions 显式指定
    float IEnglishDimensions.Length()
    {
        return lengthInches;
    }
    float IEnglishDimensions.Width()
    {
        return widthInches;
    }
}
//显式实现米制接口成员
    float IMetricDimensions.Length()
    {
        return lengthInches * 2.54f;
    }
    float IMetricDimensions.Width()
    {
        return widthInches * 2.54f;
    }
    static void Main()
    {
        //定义类的实例 box1
        Box box1 = new Box(30.0f,20.0f);
        //定义英制接口实例
        IEnglishDimensions eDimensions = (IEnglishDimensions)box1;
        //定义米制接口实例
```

```
        IMetricDimensions mDimensions = (IMetricDimensions)box1;
        System.Console.WriteLine("Length(in):{0}",eDimensions.Length());
        System.Console.WriteLine("Width(in):{0}",eDimensions.Width());
        System.Console.WriteLine("Length(cm):{0}",mDimensions.Length());
        System.Console.WriteLine("Width(cm):{0}",mDimensions.Width());
    }
}
```

程序运行结果如图 5-10 所示。

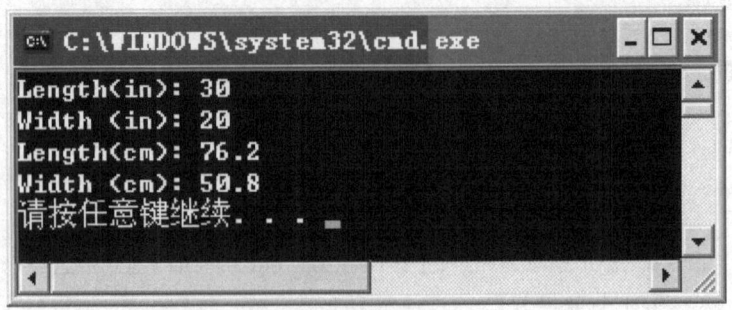

图 5-10　程序运行结果

注意：显式实现接口时，接口的方法不能用关键字 virtual 和 abstract 修饰，也不能设定其访问权限。

习　题　5

一、选择题

1. C#中，为了解决多继承的现象，使用 _____。

　　A. 属性　　　　　　　B. 接口　　　　　　　C. 继承　　　　　　　D. 多态

2. 以下说法中正确的是 _____。

　　A. 接口成员必须用 public 访问修饰符来定义

　　B. 抽象类中可以不包含抽象方法

　　C. 抽象方法不能包含具体代码的实现

　　D. C#中一个类不能同时派生自多个类，一个类也不能实现多个接口

3. 派生类中的方法要覆盖基类中的方法，则 _____。

　　A. 基类中方法必须是虚方法

　　B. 派生类中的方法与要覆盖基类中的方法的方法名不同

　　C. 派生类中的方法与要覆盖基类中的方法的访问修饰符不同

　　D. 派生类中的方法的参数与要覆盖基类中的方法的参数不同

4. 以下哪种方式不可以实现多态性 _____。

　　A. 继承　　　　　　　B. 接口　　　　　　　C. 抽象类　　　　　　D. 委托

5. 声明一个接口需要使用关键字 _____。
A. interface　　　　B. class　　　　　C. base　　　　　D. new

二、操作题

定义一个抽象类 Shape，它包含 X、Y 两个属性和 Area( ) 抽象方法。不同的形状类如 Point，Rectangle，Circle 派生自 Shape 类，并为每个图形计算面积。每个派生类都由各自的 Area( ) 重写实现。创建相应实例并求出其面积。

第 6 章　委托、事件及异常处理

应用程序在运行过程中通常会引发各种情况，有的情况类似于单击应用程序窗口中的按钮，这类情况称为事件；有的情况则类似于被零除等意外情形，这类情况称为异常。无论发生何种情况，程序都要对此进行处理，C#中对事件的处理是通过委托机制实现的。本章将详细介绍委托、事件和异常处理。

6.1　委托

假设你是一个程序员，正在编写一个 ASP.net 网页，而 Java Scrip 部分你不熟悉，这时你可以"委托"你的同事来完成这部分操作。把你不能做的事情委托给别人来完成，这就是委托。C#中委托类似于 C++ 中的函数指针，在程序运行时调用不同的函数，为操作函数提供了很大的灵活性和安全性。

使用委托分为以下三步：

（1）委托声明；

（2）委托实例化；

（3）委托调用。

6.1.1　委托声明

委托是一种引用类型，使用 delegate 关键字进行声明。

语法

［访问修饰符］delegate　返回类型 委托名(参数列表)；

说明：

（1）委托的声明与函数的声明类似，注意没有函数体；

（2）委托使用一组特定的参数和返回来封装方法，封装与它匹配（即具有相同的参数和返回类型）的所有方法。

【例 6-1】　声明一个委托。

delegate int NumDelegate(int a,int b);

这就声明了一个委托，它的含义是：如果用这个委托做事情的话，做事情的方法必须满足以下条件：

（1）方法的参数的个数、类型和顺序必须与委托相同；

（2）方法的返回值必须与委托相同。

6.1.2　委托实例化

在声明委托后，就可以实例化委托，即创建委托对象，并把与该委托对象关联的方法的名字作为它的参数。因此，创建委托对象前，需要先定义好欲调用的方法。由于该方法是通过 delegate 委托调用的，故该方法的参数类型、个数和返回值都必须和定义委托的类型一致。然后，就可以创建委托对象。

【例 6-2】 实例化委托 NumDelegate。

```
//定义委托需要调用的方法 Add
private static int Add(int num1,int num2)
{
    return(num1 + num2);
}
//创建委托实例 p1
NumDelegate p1 = new NumDelegate(Add);
```

先定义与委托 NumDelegate 匹配的方法 Add，然后用方法名 Add 作为参数对委托 NumDelegate 进行实例化，这样委托实例 p1 就与方法 Add 相关联了。

6.1.3 委托调用

调用委托意味着调用与委托相关联的方法。调用委托与调用方法相似，唯一的区别在于不是调用委托的实现代码（委托没有实现代码），而是调用与委托相关联的方法的实现代码。

【例 6-3】 调用委托。

```
p1(1,2);//委托调用
```

实例化委托 NumDelegate 时，使用方法 Add 作为参数，所以调用委托实例 p1 时，实际上调用的是与委托相关联的方法 Add。

【例 6-4】 委托的应用。

```
using System;
using System.Collections.Generic;
using System.Text;
namespace delegateExample
{
    delegate int NumDelegate(int a,int b);//委托声明
    class Class1
    {
        private static int Add(int num1,int num2)
        {
            return(num1 + num2);
        }
        private static int Subtract(int num1,int num2)
        {
            return(num1 - num2);
        }
```

```csharp
        private static int Multiply(int num1,int num2)
        {
            return(num1 * num2);
        }
        private static int Divide(int num1,int num2)
        {
            return(num1 / num2);
        }
        static void Main(string[] args)
        {
            NumDelegate p1 = new NumDelegate(Add);//委托实例化
            Console.WriteLine(p1(1,2));//委托调用
            NumDelegate p2 = new NumDelegate(Subtract);//委托实例化
            Console.WriteLine(p2(5,3));//委托调用
            NumDelegate p3 = new NumDelegate(Multiply);//委托实例化
            Console.WriteLine(p3(2,3));//委托调用
            NumDelegate p4 = new NumDelegate(Divide);//委托实例化
            Console.WriteLine(p4(6,3));//委托调用
            Console.ReadLine();
        }
    }
}
```

程序运行结果如图 6-1 所示。

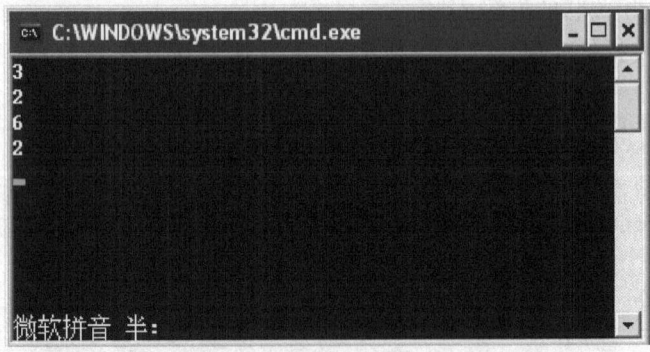

图 6-1　程序运行结果

　　以上程序中，首先声明委托 NumDelegate，然后定义了与委托相匹配的四个方法 Add、Subtract、Multiply 和 Divide，接下来分别使用方法名 Add、Subtract、Multiply 和 Divide 实例化委托，得到四个委托实例 p1、p2、p3、p4。调用委托实例 p1、p2、p3、p4 时，便调用与委托实例相关联的方法。委托实例 p1 相关联的方法是 Add，委托实例 p2 相关联的方法是 Subtract，委托实例 p3 相关联的方法是 Multiply，委托实例 p4 相关联的方法是 Divide。

　　C# 2.0 中，实例化委托时可以将方法名直接赋值给委托实例。上述程序中，语句 "NumDelegate p1 = new NumDelegate(Add);" 可以简化成 "NumDelegate p1 = Add;"。

6.1.4 匿名方法委托

在 C# v1.1 中，声明委托的唯一方法是使用命名方法，即声明和使用委托要求事先存在委托和与委托相匹配的方法，例 6-4 中使用的就是这种方法。C# v2.0 中，引入了匿名方法。使用匿名方法，不必创建单独的方法，减少了实例化委托所需的系统开销。

要将代码块作为委托参数，则创建匿名方法是唯一途径。

【例 6-5】 委托与匿名方法关联。

```
using System;
using System.Collections.Generic;
using System.Text;
namespace ConsoleApplication1
{
    delegate void Printer(string s);// 声明一个委托
    class TestClass
    {
        static void Main()
        {
            //委托与匿名方法关联
            Printer p = delegate(string j)
            {
                System.Console.WriteLine(j);
            };
            //调用委托
            p("The delegate using the anonymous method is called.");
        }
    }
}
```

深色部分的代码便是创建一个匿名方法的委托，将代码块作为委托的参数。程序运行结果如图 6-2 所示。

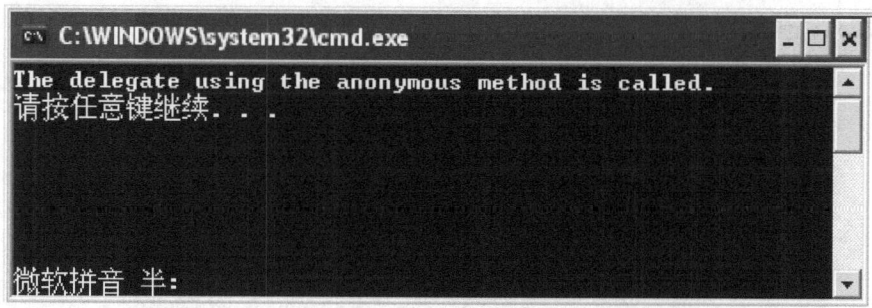

图 6-2 程序运行结果

【例 6-6】 委托被同时映射到静态方法和实例方法。

```csharp
using System;
using System.Collections.Generic;
using System.Text;
namespace multidelegateExample
{
    delegate void Del();// 声明委托 Del
    class SampleClass
    {
        public void InstanceMethod()
        {
            System.Console.WriteLine("A message from the instance method.");
        }
        public static void StaticMethod()
        {
            System.Console.WriteLine("A message from the static method.");
        }
    }
    class TestSampleClass
    {
        static void Main()
        {
            SampleClass sc = new SampleClass();
            Del d = sc.InstanceMethod;       //将委托映射到实例方法
            d();
            d = SampleClass.StaticMethod;    //将委托映射到静态方法
            d();
        }
    }
}
```

程序运行结果如图 6-3 所示。

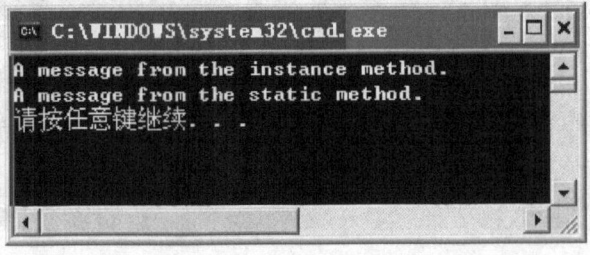

图 6-3　程序运行结果

上述程序中，委托 d 被同时映射到静态方法和实例方法。实例方法需用类的实例调用；而静态方法则是类直接调用。

6.1.5 多路广播委托

目前为止，我们所使用的委托只包含一个方法的调用。如果调用多个方法，则需要多次调用委托。C#中多路广播委托可以很好地解决这一问题。多路广播委托就是委托中可以包含多个方法，这样调用一个委托便可以调用多个方法。多路广播委托在处理事件响应中起到很重要的作用。

多路广播委托通过"+"运算符向委托中添加调用方法，"-"运算符移除委托中的某个方法。也可以使用"+="和"-="赋值运算符向委托中添加和移除方法。

多路广播委托具有以下特点：
（1）多路广播委托包含一个以上方法的调用；
（2）多路广播委托包含的方法必须返回 void，否则会抛出异常。

【例 6-7】 多路广播委托的应用。

```
using System;
using System.Collections.Generic;
using System.Text;
namespace multidelegateExample
{
    delegate void NumDelegate(int a,int b);//委托声明,多路广播委托必须是void
    class Class1
    {
        private static void Add(int num1,int num2)
        {
            int result;
            result = num1 + num2;
            Console.WriteLine("两数之和是:{0}",result);
        }
        private static void Subtract(int num1,int num2)
        {
            int result;
            result = num1 - num2;
            Console.WriteLine("两数之差是:{0}",result);
        }
        private static void Multiply(int num1,int num2)
        {
            int result;
            result = num1 * num2;
            Console.WriteLine("两数之积是:{0}",result);
        }
        private static void Divide(int num1,int num2)
        {
```

```
            int result;
            result = num1 / num2;
            Console.WriteLine("两数之商是:{0}",result);
        }
        static void Main(string[] args)
        {
            NumDelegate p1 = Add;
            p1 += Subtract;         //添加方法 Subtract
            p1 += Multiply;         //添加方法 Multiply
            p1 += Divide;           //添加方法 Divide
            p1(6,2);
            p1 -= Divide;           //移除方法 Divide
            Console.WriteLine("移除方法 Divide 后");
            p1(6,2);
        }
    }
}
```

程序运行结果如图 6-4 所示。

上述程序中，定义了 4 个接受两个整型参数，返回值为 void 的方法。先使用方法 Add 实例化委托 p1，然后使用 "+=" 运算符分别向委托 p1 添加方法 Subtract、Multiply 和 Divide。此时调用委托 p1(6,2)，便调用了与委托相关联的 4 个方法。然后使用 "-=" 运算符从委托 p1 中移除方法 Divide，此时与委托 p1 相关联的方法便只有 Add、Subtract、Multiply。最后调用委托 p1(6,2)，便调用与委托相关联的 3 个方法。

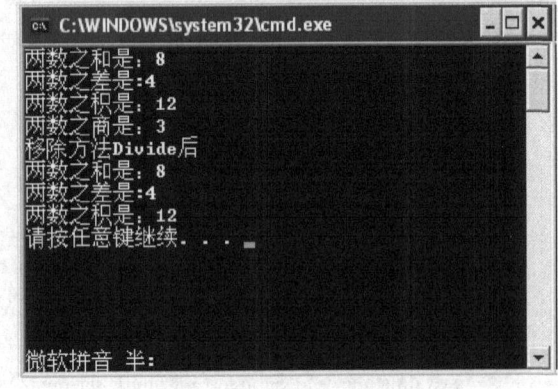

图 6-4　程序运行结果

6.2　事件

事件是对象发送的消息，发送信号通知客户发生了操作。事件最常见的用途是用于用户界面。通常，在图形用户界面中代表控件的类具有一些事件，当用户对控件进行某些操作时（如单击某个按钮），将触发这些事件。

说到事件，就得先谈谈两个角色：事件发行者和事件订阅者。事件发行者指的是触发事件的对象，而事件订阅者指的是当发生事件时，被通知处理事件的对象。事件的处理是通过委托来实现的。即事件发行者触发事件，而事件处理委托给事件订阅者。

举例来说，市场上发行很多杂志：如电子、家庭、车讯、计算机等等。若你对某类型杂志感兴趣，你就可以订阅这份杂志。当你订阅的杂志发行时，就将杂志送到你家。在这个例子中,发行杂志的出版社就是事件发行者,你就是事件订阅者,而当杂志发行时就触发一个事件,并发送给你,由你来处理。

1. 事件发行者(publisher)

一个事件发行者,也称作传送者(Sender),其实就是一个对象。这个对象会自行维护本身的状态信息,当本身的状态信息变动时,便触发一个事件,并通知所有订阅者。

2. 事件订阅者(subscriber)

对事件感兴趣的对象,也称为接收者(Receiver)。可以注册感兴趣的事件,通常需提供一个事件处理方法,在事件发行者触发一个事件后,会自动执行这段程序代码。

6.2.1 声明事件

事件是通过委托机制实现的,因此要声明一个事件,首先事件发行者要先声明一个委托,并使用 event 关键字声明一个事件,并将事件名称和委托关联在一起。例如:

```
public delegate void ButtonEventHandler();
    class TestButton
    {
        public event ButtonEventHandler OnClick;//声明 OnClick 事件,该事件由委托 ButtonEventHandler 实现
    }
```

也可以使用 virtual 关键字,将事件标记为虚事件。virtual 关键字放在 event 关键字之前,访问修饰符关键字之后。这样,派生类就可以使用 override 关键字来重写事件行为。

6.2.2 触发事件

若要触发事件,类可以调用委托,并传递所有与事件有关的参数,然后,委托调用已添加到该事件的所有处理程序。如果该事件没有任何处理程序,则该事件为空。因此在引发事件之前,事件源应确保该事件不为空以避免引发 NullReferenceException 异常。若要避免争用条件(最后一个处理程序会在空检查和事件调用之间被移除),在执行空检查和引发事件之前,事件源还应创建事件的一个副本。例如:

```
public void Click()//定义触发事件的方法 Click()
{
    ButtonEventHandler temp = OnClick;
        if(temp != null)
    {
      temp();
    }
}
```

6.2.3 定义事件处理方法

对于订阅事件的对象而言,在事件发生后,想做的事情大多不同。如按钮的 OnClick 事件发生后,你可能要显示一个欢迎的消息,也可能要打开一个文件。因此事件订阅者,需要

编写一个方法，以便在感兴趣的事件发生时，能够执行这个方法的程序代码，做自己想做的事，这个方法能称为事件处理程序。例如：

```
public static void TestHandler( )
{
    Console.WriteLine("Goodbye!");
}
```

值得注意的是，事件处理方法与委托类型具有相同签名（如委托签名）的方法。

6.2.4 订阅事件

事件订阅者如何订阅一个事件呢？若要订阅事件，首先必须创建一个与事件具有相同类型的委托，并使用事件处理程序作为委托目标。然后，接收器必须使用加法赋值运算符（+=）将该委托添加到源对象的事件中。例如：

```
TestButton mb = new TestButton( );
mb.OnClick += new ButtonEventHandler(TestHandler);//订阅事件
mb.OnClick += delegate { System.Console.WriteLine("Hello,World!"); };
```

下面示例演示了如何在C#中定义事件、触发事件和订阅事件。这个示例中包含两个类：TestButton 类，扮演事件发行者的角色，另为 EventReceiver 类，充当事件订阅者角色。

【例6-8】 自定义事件。

```
using System;
using System.Collections.Generic;
using System.Text;
namespace multidelegateExample
{
    public delegate void ButtonEventHandler( );//声明一个委托
    class TestButton
    {
        public event ButtonEventHandler OnClick;//声明一个事件
        public void Click( )//方法 Click 触发事件
        {
            ButtonEventHandler temp = OnClick;
            if(temp != null)
            {
                temp( );
            }
        }
    }
    class EventReceiver
    {
        public static void Main( )
```

```
        {
            TestButton mb = new TestButton();
            mb.OnClick += new ButtonEventHandler(TestHandler);//订阅事件
            mb.OnClick += delegate { System.Console.WriteLine("Hello,World!");};
            mb.Click();//触发事件
        }
        public static void TestHandler()
        {
            Console.WriteLine("Goodbye!");
        }
    }
}
```

程序运行结果如图 6-5 所示。

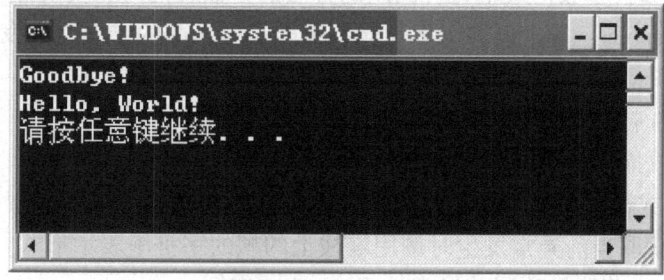

图 6-5　程序运行结果

6.3　异常处理

异常处理是 C#的一大特点，对于开发大型项目是十分必要的。异常处理使程序在发生异常情况时能妥善的处理，从而保证了程序的健壮性和可用性。

6.3.1　异常处理的基本概念

异常是指程序运行时发生的某种意想不到的状态。C#中的异常是以类的形式定义的。所有的异常类都继承自 Exception（System 命名空间）类，图 6-6 给出了异常类的继承关系。

基类 Exception 下存在两类异常：

（1）从 SystemException 派生的预定义公共语言运行库异常类；

（2）从 ApplicationException 派生的用户定义的应用程序异常类。

下面对 SystemException 中一些重要的异常类作一介绍：

IndexOutOfRangeException：试图访问索引超出数组界限的数组元素时引发的异常。

DivideByZeroException：除数为 0 时引发的异常。

IOException：发生 I/O 错误时引发的异常。

ArgumentException：向方法提供无效参数时引发的异常。

OverflowException：进行的算术运算、类型转换等操作导致溢出时引发的异常。

DataException：用 ADO.NET 组件发生错误时引发的异常。

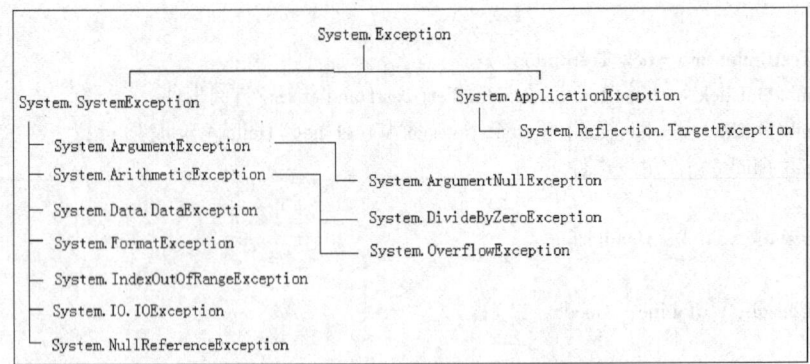

图 6-6　异常类继承关系图

ArgumentNullException：将空引用传递给不接受它作为有效参数的方法时引发的异常。
FormatException：参数格式不符合调用的方法的参数规范时引发的异常。
ArithmeticException：算术运算、类型转换或转换操作中的错误而引发的异常。
NullReferenceException：尝试取消引用空对象引用时引发的异常。
Exception 类的常用属性如下所示：
Message：获取描述当前异常的信息。
Source：获取或设置导致错误的应用程序或对象的名称。
StackTrace：获取当前异常发生时调用堆栈上的帧的字符串表示形式。
InnerException：获取导致当前异常的 Exception 实例。
通常发生异常的情况有以下两种：
（1）语句和表达式的处理过程中激发了某个异常，使得操作无法正常结束，引发异常；
（2）throw 语句抛出异常。

6.3.2　异常的处理

异常处理是指对可以预见，但程序无法排除的异常采用一种规定的格式进行处理，对出现的异常进行妥善处理，防止程序终止执行的一种编程机制。

1. try/catch 语句捕获异常

格式：

```
try
{
   语句块；
}
catch(异常对象声明)
{
   语句块；
}
catch(异常对象声明)
{
   语句块；
}
```

执行过程：

把可能出现异常的代码放在 try 块中，首先执行位于 try 块中的代码，执行过程中如果出现异常，系统会根据出现的异常的类型查找匹配的 catch 块，如果找到，则执行 catch 块中的代码；否则，则产生一个未处理的异常错误。

catch 语句可以没有参数，此时，catch 语句将捕获所有的异常。

【例 6-9】 捕获被 0 除的异常。

```
using System;
using System.Collections.Generic;
using System.Text;
namespace ZeroException
{
    class Program
    {
        static void Main(string[] args)
        {
            int a = 0, b = 5;
            try
            {
                b = b / a;
            }
            catch(DivideByZeroException e)
            {
                Console.WriteLine("除数为0,发生异常。");
            }
        }
    }
}
```

程序运行结果如图 6-7 所示。

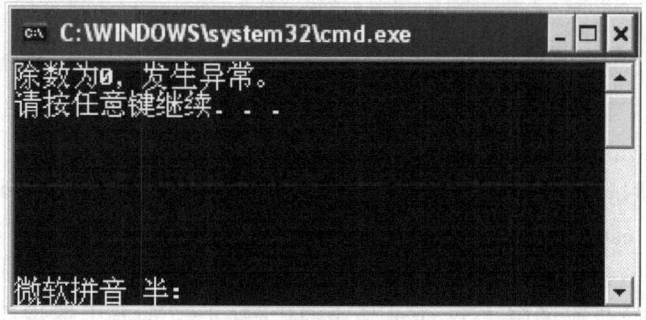

图 6-7　程序运行结果

执行 try 块中的语句"b = b/a;"时，因为 a = 0 产生类型为 DivideByZeroException 异常，系统便查找是否存在与该类型的异常匹配的 catch 块，如果存在，则执行该 catch 块中的代码。

【例 6-10】 捕获被 0 除和数组下标越界的错误。

```csharp
using System;
using System.Collections.Generic;
using System.Text;
namespace DoubleException
{
    class Program
    {
        static void Main(string[] args)
        {
            int[] arr1 = {2,5,8,3,13,32,56,61};
            int[] arr2 = {1,0,2,3,0,4};
            for(int j = 0;j < arr1.Length;j ++)
            {
                try
                {
                    Console.WriteLine("{0}/{1} = {2}",arr1[j],arr2[j],arr1[j]/arr2[j]);
                }
                catch(DivideByZeroException e)
                {
                    Console.WriteLine("除数不能为0");
                }
                catch(IndexOutOfRangeException e)
                {
                    Console.WriteLine("数组访问越界");
                }
            }
        }
    }
}
```

程序运行结果如图 6-8 所示。

当 j = 1 时，执行 try 块中的代码时，会发生 DivideByZeroException 类型异常，所以执行与之匹配的第一个 catch 块中的代码；当 j = 4 时与上述执行过程相似；当 j = 6 时，执行 try 块中的代码，由于 6 已经超出数组 2 的下标取值范围，便发生 IndexOutOfRangeException 类型异常，故执行与之匹配的第二个 catch 块中的代码；j = 7 时与上述过程相似。

例 6-10 中可以去掉两个 catch 块，添加一个不包含参数的 catch 块，则可以捕获被 0 除和数组下标越界两种类型的异常，读者可以自行练习。

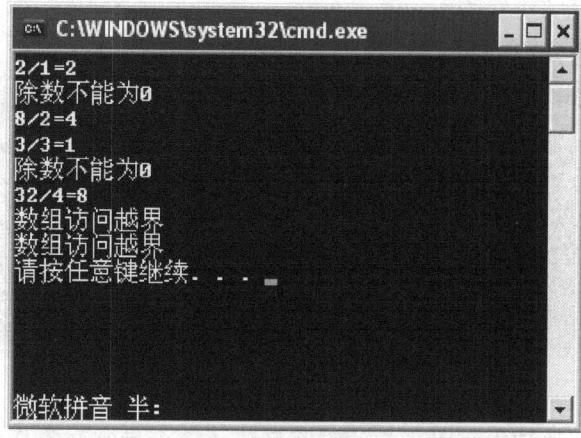

图 6-8　程序运行结果

2. throw 语句抛出异常

格式：

```
throw 异常对象；
```

使用 throw 语句可以人为地抛出异常，抛出的异常仍然由 catch 块捕获。

【例 6-11】　捕获由 throw 抛出的异常。

```
using System;
using System.Collections.Generic;
using System.Text;
namespace ThrowException
{
    class Program
    {
        static void Main(string[] args)
        {
            try
            {
                Console.WriteLine("由 throw 语句人为的抛出异常");
                throw new IndexOutOfRangeException();
            }
            catch(IndexOutOfRangeException e)
            {
                Console.WriteLine("异常被捕获");
            }
            Console.WriteLine("异常捕获后执行的代码");
        }
    }
}
```

程序运行结果如图 6-9 所示。

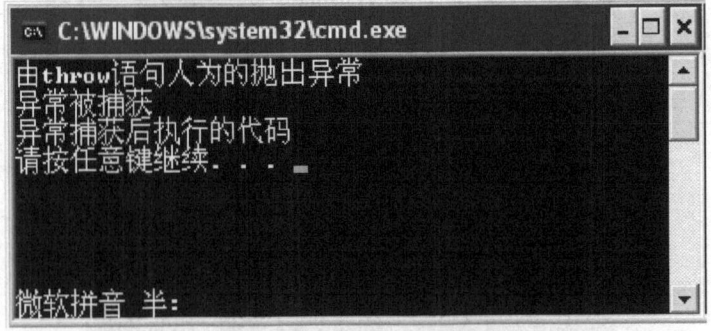

图 6-9　程序运行结果

上述程序在 throw 语句中使用 new 关键字创建了一个异常对象作为 throw 的参数，人为地抛出了一个异常，该异常的类型为 IndexOutOfRangeException，系统检查是否存在与之匹配的 catch 块，如果存在，便执行其内的语句。

3. finally 语句

格式：

```
finally
{
    语句块；
}
```

无论是否发生异常，都将执行 finally 块中的语句。

【例 6-12】　发生异常时 finally 语句。

```
using System;
class ArgumentOutOfRangeExample{
    static public void Main( ){
        int[ ]array1 = {0,0};
        int[ ]array2 = {0,0};
        try
        {
            Array.Copy(array1,array2,-1);//Copy 方法是 Array 的静态方法,用于复制数组
        }
        catch(ArgumentOutOfRangeException e)
        {
            Console.WriteLine("Error:{0}",e);
        }
        finally
        {
            Console.WriteLine("This statement is always executed.");
        }
    }
}
```

程序运行结果如图 6-10 所示。

图 6-10　程序运行结果

上述程序执行 try 块中的 copy 方法时,由于参数错误发生异常,由 catch 块捕获,执行 catch 块中的语句,最后执行 finally 块中的语句。

【例 6-13】　不发生异常时 finally 语句。

```
using System;
using System. Collections. Generic;
using System. Text;
namespace ConsoleApplication1
{
    class Program
    {
        static void Main(string[ ]args)
        {
            try
            {
                Console. WriteLine("在 try 语句中没有发生异常");
            }
            catch
            {
                Console. WriteLine("捕获所有类型的异常");
            }
            finally
            {
                Console. WriteLine("虽不发生异常,仍然执行 finally 语句块中的语句");
            }
        }
    }
}
```

程序运行结果如图 6-11 所示。

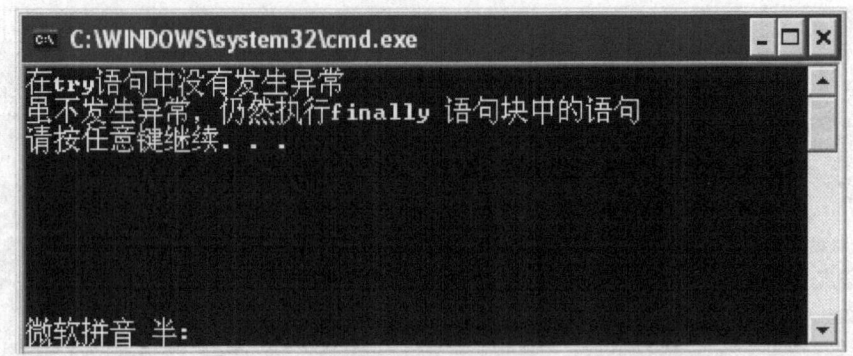

图 6-11　程序运行结果

6.3.3　用户自定义异常

通常情况下可以使用公共语言运行库的异常类处理程序中可能出现的异常，但在某些情况下需要准确的定位异常，以便程序在需要时抛出该异常类的实例，此时可以使用自定义异常类的方法。自定义异常类需直接或间接地派生自 ApplicationException 类，类名以 "Exception" 结束。自定义异常类十分简单，在自定义的异常类中只需定义其构造函数即可。

【例 6-14】　自定义异常类 CircleException，当圆的半径值为负值或零时引发异常。

```
using System;
namespace example
{
    class CircleException:ApplicationException
    {
        public CircleException(string message):base(message)
        { }
    }
    class Circle
    {
        float r;
        public Circle(float r)
        {
            try
            {
                if(r<=0)
                    throw new CircleException("半径不能为负");
                this.r = r;
            }
            catch(CircleException e)
```

```
                    Console.WriteLine("产生的异常,{0}",e.Message);
                }
        }
        public double Area()
        {
            return Math.PI*r*r;
        }
        public static void Main()
        {
            Circle c = new Circle(-5);
            Console.WriteLine("面积为:" + c.Area());
        }
    }
}
```

程序运行结果如图 6-12 所示。

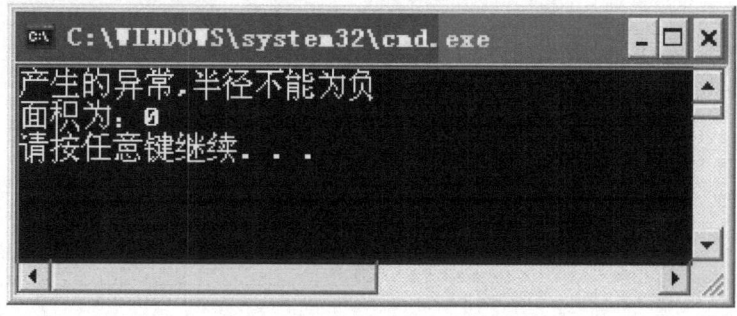

图 6-12　程序运行结果

习　题　6

一、选择题

1. 声明事件需要使用关键字 _____。
A. interface　　　　　B. delegate　　　　　C. event　　　　　D. new
2. 下列关于异常处理的说法中正确的是 _____。
A. 异常是指程序运行时发生的某种错误的状态
B. catch 语句的作用是捕获异常,但无法捕获人为抛出的异常
C. throw 语句用来抛出异常
D. 不发生异常时,则不执行 finally 语句
3. 下列关于委托的说法正确的是 _____。
A. 声明委托使用 delegate 关键字
B. 声明一个委托的代码如下:

```
delegate int NumDelegate(int a,int b)
{
    return(a+b);
};
```

C. 声明委托时不可以使用访问修饰符（public、private、internal 和 protected）

D. 委托只可与实例方法相关联，不可与实例方法相关联

二、操作题

1. 编写一个控制台应用程序，实现输出两个一维数组中的对应数据元素相除的结果。要求一维数组中的元素从键盘键入，并对可能出现的除数为 0 或数组越界的异常进行恰当的处理。

2. 通过"委托"方式实现求一个整数的平方与平方根。

第 7 章 Windows 程序开发基础

前面所编写的程序都属于控制台应用程序。C#除了可以开发此类应用程序外，还可以开发具有用户界面的可视化应用程序，为用户提供与程序进行交互的用户界面，更好地满足交互性的要求。在可视化程序开发过程中，窗体是可视化程序设计的基础界面，是所有控件的容器。

7.1 窗体

启动 Visual Studio. NET，选择"文件"→"新建项目"，创建一个新的 C# Windows 应用程序工程。使用 Visual Studio 的默认名称，单击"确定"按钮，打开一个窗口，如图 7-1 所示。

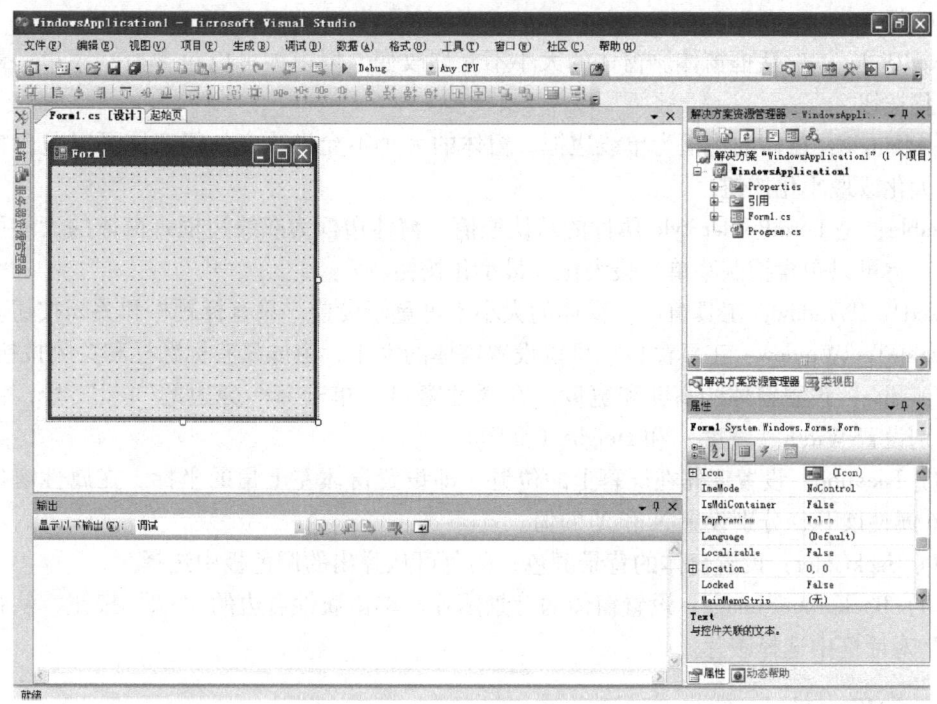

图 7-1 Windows 窗体程序

屏幕的左上部是将要设计的窗体，可用来向用户显示信息，或接受用户的输入。窗体在初始状态下有一个标题栏和一个白板，它通常作为用户界面的容器，用来装载控件，形成标准的 Windows 应用程序界面。

7.1.1 窗体的常用属性

窗体的属性有很多，接下来我们介绍其中常用的属性。

（1）Name：设置窗体的名称。该属性的值不会显示在窗体上，在代码中可以通过该值引用窗体。初始新建一个窗体时，其 Name 属性默认取值为 Form1。

（2）Text：设置窗体标题栏显示的内容，说明窗体的内容或作用。初始新建一个窗体时，其 Text 属性默认取值为 Form1。

（3）ControlBox：设置窗体上是否有控制菜单。取值为布尔类型的值：True 或 False。默认取值为 True，表明窗体上显示控制菜单。

（4）MaximizeBox：设置窗体上是否有最大化按钮。取值为布尔类型的值：True 或 False。默认取值为 True，表明窗体上有最大化按钮。

（5）MinimizeBox：设置窗体上是否有最小化按钮。取值为布尔类型的值：True 或 False。默认取值为 True，表明窗体上有最小化按钮。

（6）FormBorderStyle：设置窗体的边界。该属性可取以下 7 个值之一：

None：窗体没有边框，可以改变大小。

Fixed3D：使用 3D 边框，窗体的大小不允许改变，但窗体可以包含控制菜单、最大化或最小化按钮。

FixedDialog：对话框窗体。窗体的大小不允许改变，但窗体可以包含控制菜单、最大化或最小化按钮。

FixedSingle：窗体的边框为单线边框。窗体的大小不允许改变，但窗体可以包含控制菜单、最大化或最小化按钮。

Sizable：是 FormBorderStyle 属性的默认取值，窗体边框为双线边框，窗体的大小可以重新设置，且可以包含控制菜单、最大化或最小化按钮。

FixedToolWindow：工具窗口。窗体的大小不可重新设置，只有标题栏和关闭按钮。

SizableToolWindow：工具窗口。可以设置窗体的大小，窗体只有标题栏和关闭按钮。

（7）Size：设置窗体的高度和宽度。在属性窗口中单击 size 旁边的"＋"号，将其展开，分别设置 Width（宽度）和 Height（高度）。

（8）Location：设置窗体在屏幕上的位置，即设置窗体左上角的坐标。在属性窗口中将 Location 属性展开，分别设置 X 和 Y 的值。

（9）BackColor：设置窗体的背景颜色，颜色可从弹出的调色板中选择。

（10）BackgroundImage：设置窗体的背景图片。单击属性右边的"…"按钮，从弹出的"打开"对话框中选择图片。

7.1.2 常用事件

程序设计中，常用的窗体事件有：

（1）Click 和 DoubleClick 事件：分别在单击和双击窗体时发生。

（2）Load 事件：加载窗体时发生。常常通过触发该事件来执行一些初始化的任务。

（3）Activated 事件：窗体被激活时发生。窗体第一次加载时，紧随其 Load 事件发生；多窗体应用程序中，每当一个窗体称为当前窗体时便发生该事件。

（4）Closed 事件：关闭窗体时发生。常常通过触发该事件来执行一些释放资源的任务。

（5）Resize 事件：窗体的大小发生改变时发生。

7.1.3　常用方法

程序设计中，常用的窗体方法有：

（1）Close 方法：关闭窗体。格式为：

窗体名称.Close( );

（2）Show 方法：显示窗体。格式为：

窗体名称.Show( );

（3）Hide 方法：隐藏窗体。格式为：

窗体名称.Hide( );

（4）Focus 方法：使窗体获得焦点。格式为：

窗体名称.Focus( );

7.1.4　添加窗体和设置启动窗体

对于功能复杂的项目，用户界面往往需要由多个窗体组合而成。建立项目时，只有一个默认的窗体 Form1，当需要多个窗体时，可以按如下步骤来添加新窗体。

（1）选择"项目"菜单下的"添加 Windows 窗体"菜单，打开"添加新项"对话框，如图 7-2 所示。

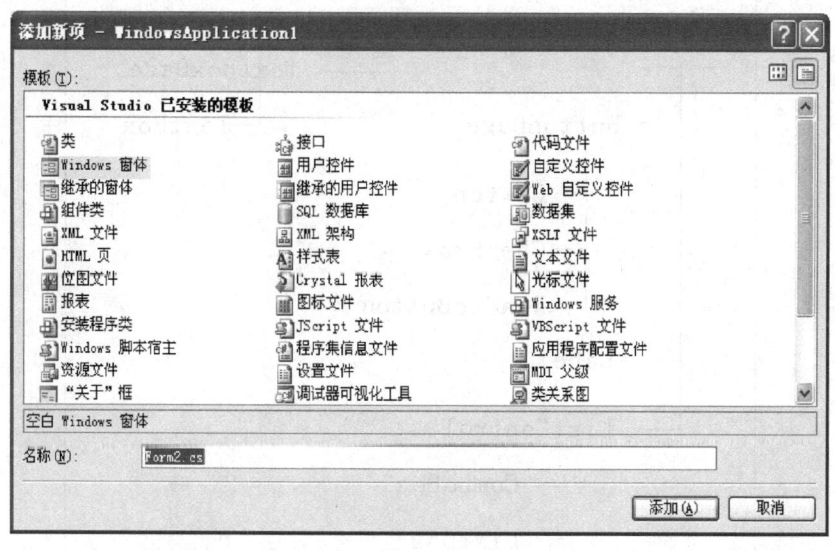

图 7-2　"添加新项"对话框

（2）在"添加新项"对话框中选择"Windows 窗体"模板，单击"添加"按钮，这时项目中便添加了一个新的窗体。该窗体的默认名称为 Form2。

(3) 重复上述步骤，可继续向项目中添加新的窗体。

如果项目中有多个窗体，必须设定一个窗体作为启动窗体，当程序运行时，启动窗体首先被显示。默认情况下，项目中的第一个窗体为启动窗体。有时根据需要，需设置启动窗体，方法是在Program.cs文件中，将Main()函数中的语句Application.Run(new Form1())修改为Application.Run(new 要设为启动窗体的窗体名称())。设置启动窗体后，按下"Ctrl + F5"键，程序运行，显示启动窗体，但此时该窗体是一个空白窗体，不能完成任何功能。这就要求向窗体中添加控件，提供用户操作单元和向用户显示信息，编写代码，实现与用户的交互。

7.2 控件概述

控件是构成用户界面的基本元素，供用户操作或向用户展示信息的目标单元，如窗体上的标签、文本框、按钮等。工具箱中包含了建立应用程序所需的绝大多数控件。工具箱中有"所有Windows窗体"、"公共控件"、"容器"、"菜单和工具栏"、"数据"、"组件"、"打印"、"对话框"和"Crystal Reports" 9个选项卡，每个选项卡下包含相应的控件。向窗体中添加控件的最简单的方法是从工具箱中将控件直接拖入到窗体中。还可以根据需要引入第三方控件，方法是在工具箱的空白位置处单击鼠标右键，选择"选择项"，在弹出的"选择工具箱项"对话框中选择想要加入的控件即可。

所有的控件都派生自System.Windows.Forms.Control类，其层次结构如图7-3所示。

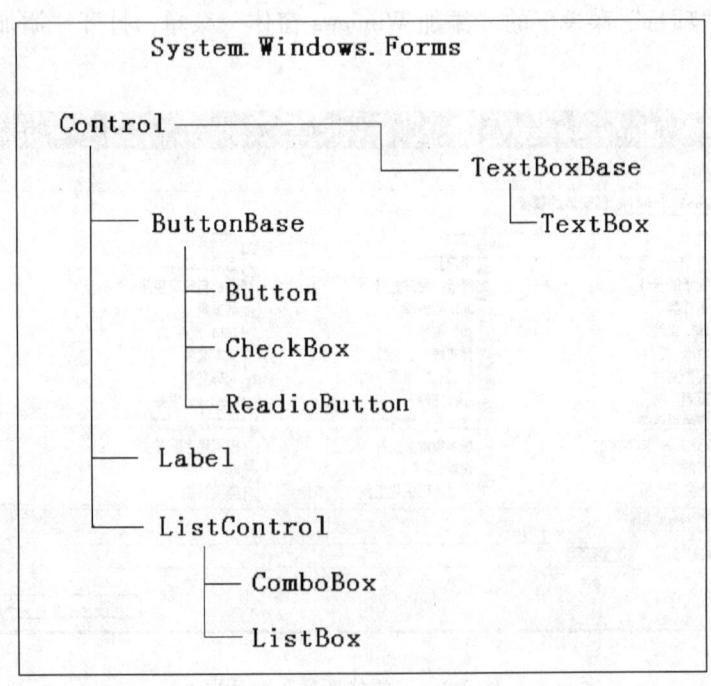

图7-3 控件层次结构图

7.2.1 控件的共同属性

控件的外观和行为是由控件的属性决定的，不同的控件具有不同的属性。有些属性适用于几乎所有的控件，这些属性称为共同属性。下面先介绍控件的共同属性，然后再分别介绍各个控件的使用方法。

控件的共同属性大致如下：

（1）Name 属性：标识控件对象的名字，在应用程序中可通过该名称来引用控件。
（2）Text 属性：设置控件上显示出来的文本。
（3）Font 属性：设置控件上显示的文字的字体和字号。
（4）ForeColor 属性：设置控件上显示的文字或图像的颜色。
（5）BackColor 属性：设置控件的背景颜色。
（6）Size 属性：设置控件的大小（高度和宽度）。
（7）Location 属性：设置控件在容器中相对于容器左上角的位置。
（8）Visible 属性：设置控件的可见性。取值为 True 可见，取值为 False 不可见。
（9）Enabled 属性：设置控件的可用性。取值为 True 可用，取值为 False 不可用。
（10）Dock 属性：设置控件的停靠位置，可以设置停靠在容器的上、下、左、右边或是充满整个容器。
（11）Anchor 属性：设置当控件的容器的大小发生变化时，该控件如何响应。

7.2.2 控件的事件

事件是窗体或控件能识别的行为和动作。用户进行某一项操作时，如单击鼠标，便会引发某个事件的发生。操作系统监视着事件的发生并通知应用程序，若应用程序为此事件编写了响应代码，.NET 便会调用这段代码进行相应的处理，这种编程机制称为事件驱动编程机制。该机制最重要的思想就是为控件编写事件处理程序（即事件发生时的响应代码）。

要为控件的某个事件编写处理程序时，在属性窗口中按下 图标，属性窗口便会显示该控件的所有事件，如图 7-4 所示。

在需要编写处理程序的事件上双击鼠标，便会切换到代码窗口，在光标闪烁的地方就可以输入程序的代码了。大部分事件处理程序的格式如下：

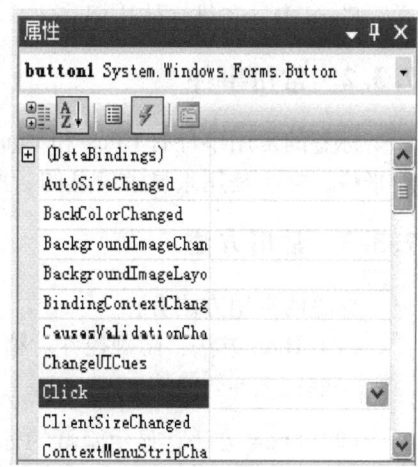

图 7-4　事件窗口

```
private void 对象名称_事件名称(object sender,System. EventArgs e)
{
    //代码
}
```

事件处理程序的名称由对象名称、下划线和事件名称组合而成，其具有两个参数，第一个参数 sender 代表的是引发该事件的对象；第二个参数代表的是事件的信息，可通过其属性获得相关信息。

7.3 Label 控件

Label 类直接继承自 Control 类。Label 控件称为标签控件，用来显示提示信息或输出结果信息。程序运行后，标签上的文字不能被用户进行编辑或修改。

7.3.1 常用属性

标签的常用属性有：
（1）Text 属性：设置标签显示的内容。该属性值的类型为 string。如：

label1.Text = "学号";//label1 是标签的名称
string str = label1.Text;//label1 是标签的名称

（2）Autosize 属性：设置标签是否自动调整大小以显示标签上的文本。取值为布尔类型：True 或 False。如：

label1.Autosize = True;//label1 是标签的名称

（3）BorderStyle 属性：设置标签的边框形式，取值可为：
None：没有边框。
FixedSingle：单直线型边框。
Fixed3D：三维立体边框。

7.3.2 常用事件

标签的常用事件有 Click 和 DoubleClick 等事件，分别在单击标签和双击标签时发生。一般来说，标签是用来显示信息的，所以如果没有特殊要求，一般不激发其事件。

7.3.3 常用方法

标签的常用方法有：
（1）Hide 方法：隐藏控件。格式如下：

标签控件名称.Hide();

（2）Show 方法：显示隐藏的标签控件。格式如下：

标签控件名称.Show();

（3）Update 方法：更新或刷新标签控件，以反映对标签控件的更改。格式如下：

标签控件名称.Update();

7.4 TextBox 控件

TextBox 类继承自 TextBoxBase 类。TextBox 控件称为文本框控件。该控件有两种用途：

一是接受用户的输入,二是可以输出或显示信息。文本框主要用来接受用户的输入,程序运行时,用鼠标单击文本框,便可在光标闪烁的地方输入信息。

7.4.1 常用属性

文本框控件的常用属性有:

(1) Text 属性:用于获取或设置文本框中文本。

(2) MultiLine 属性:设置文本框中是否可以多行显示或输入文本。取值为布尔类型:True 或 False。当取值为 True 时,显示或输入的文本超出文本框的右边界时自动换行,输入信息时也可通过回车键换行;当取值为 False 时,显示或输入的文本超出文本框的右边界时,对多余的字符将不接受,输入信息时也不可通过回车键进行换行操作。该属性默认取值为 False。

(3) ReadOnly 属性:设置文本框是否只读。取值为布尔类型:True 或 False。若取值为 True,则说明文本框是只读的,此时文本框背景是灰颜色,不能对其中的文本进行编辑。将文本框用做输出信息用途时一般设 ReadOnly 属性为 True。该属性默认取值为 False。

(4) PasswordChar 属性:设置文本框用于输入密码时的替换字符。如果将该属性设置为"*",则在文本框中无论输入什么内容,都将显示一连串的星号。

(5) ScrollBars 属性:设置文本框是否带有滚动条,该属性需与 MultiLine 属性配合使用。取值可为:

None:不带滚动条。

Horizontal:带有水平滚动条。

Vertical:带有垂直滚动条。

Both:带有水平和垂直滚动条。

7.4.2 常用事件

文本框控件的常用事件有:

(1) TextChanged 事件:文本框中的文本发生变化时触发该事件。

(2) KeyDown 事件:按下某键时触发该事件,用户按下的键可由事件处理程序的参数 e 的 KeyCode 获得。

(3) KeyUp 事件:键弹起时触发该事件。

(4) KeyPress 事件:完成一次按键(包括按下键然后键弹起)时触发该事件。所按键的 ASCII 码可由事件处理程序的参数 e 的 KeyChar 获得。

(5) Validating 事件:验证控件时发生。一般通过触发该事件对用户的输入进行验证并给出提示信息。

7.4.3 常用方法

文本框控件的常用方法有:

(1) Clear 方法:清空文本框中的内容。格式为:

TextBox 控件名称.Clear( );

(2) Copy 方法：将文本框中选定的内容复制到剪贴板中。格式为：

TextBox 控件名称 . Copy( );

(3) Cut 方法：将文本框中选定的内容剪切到剪贴板中。格式为：

TextBox 控件名称 . Cut( );

(4) Paste 方法：用剪贴板中的内容替换文本框中当前选定的内容。格式为：

TextBox 控件名称 . Paste( );

(5) Select 方法：选定文本框中一部分文字，选中的起始位置由第一个参数指定，选中的长度由第二个参数指定。格式为：

TextBox 控件名称 . Select(int start , int length);

(6) SelectAll 方法：选定文本框的全部文字。格式为：

TextBox 控件名称 . SelectAll( );

(7) Focus 方法：将输入焦点置于文本框中。格式为：

TextBox 控件名称 . Focus( );

(8) Undo 方法：撤销在文本框的上一次编辑操作。格式为：

TextBox 控件名称 . Undo( );

(9) AppendText 方法：向文本框中追加文本，追加的文本作为该方法的参数。格式为：

TextBox 控件名称 . AppendText(追加的文本);

【例 7-1】 加法练习器。

如图 7-5 所示，程序运行时，将自动产生一道两个随机的一位整数相加的加法题，在文本框中输入答案后按回车键，若答案正确，则给出如图 7-6 所示的"祝贺你，回答正确！"的信息提示对话框；若答案错误，则给出如图 7-7 所示的"回答错误！继续努力"的信息提示对话框；若没有输入答案就按回车键，则给出如图 7-8 所示的"没有输入答案"的信息提示对话框。

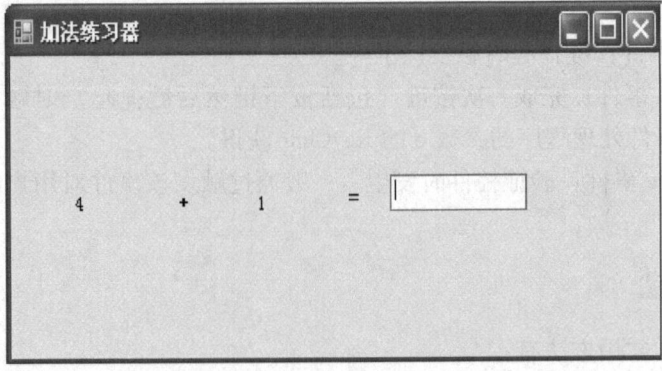

图 7-5　程序运行图

图 7-6　"回答正确"对话框　　　图 7-7　"回答错误"对话框　　　图 7-8　"没输入答案直接按回车键"对话框

程序的开发步骤如下：

（1）拖放控件、设置属性。

1）创建一 Windows 应用程序项目；

2）向窗体中拖入 4 个 Label 控件，控件名称为 label1～label4，然后设置其 Text 属性：label3 的 Text 属性为"＋"，label4 的 Text 属性为"＝"；

3）向窗体中拖入一个 TextBox 控件，用来输入求和结果，其 Text 属性为空；

4）窗体 Form1 的 Text 属性设置为"加法练习器"。

（2）编写事件处理程序。

1）窗体加载事件

```
private void Form1_Load(object sender,EventArgs e)
{
    int n;
    Random random1 = new Random();//使用 Random 产生随机整数
    n = random1.Next(1,10);
    label1.Text = n.ToString();
    n = random1.Next(1,10);
    label2.Text = n.ToString();
}
```

2）文本框的 KeyPress 事件

```
private void textBox1_KeyPress(object sender,KeyPressEventArgs e)
{
    if(!(char.IsDigit(e.KeyChar) == true || e.KeyChar == 8))//文本框中只能输入数字
        e.Handled = true;
    if(e.KeyChar == 13)//如果按下了回车键
    {
        if(textBox1.Text == "")
        {
            MessageBox.Show("没有输入答案");
            return;
        }
        int a,b,c;
```

```csharp
                a = int.Parse(label1.Text);
                b = int.Parse(label2.Text);
                c = int.Parse(textBox1.Text);
                if(c == a + b)
                {
                    MessageBox.Show("祝贺你,回答正确!");
                    return;
                }
                else
                {
                    MessageBox.Show("回答错误! 继续努力");
                    return;
                }
            }
        }
}
```

说明:

(1) C#中提供了一个用来产生随机数的类 Random, 此类位于命名空间 System 中。不指定随机种子时, 系统自动获取当前时间作为随机种子, 如 Random random1 = new Random(); 然后使用对象 random1 调用 Next 方法产生随机数, 如 random1.Next(1,10) 表示产生的随机数是在 1~9 的范围内, 随机数的最小值是 1, 最大值是 9。

(2) 文本框只供用户输入答案, 所以文本框中只允许用户输入数字, 判断用户输入的是否是数字, 通过 Char.IsDigit() 来判断, 而 e.KeyChar == 8 表明按下的是删除键。e.Handled = true 表明取消 KeyPress 事件, 按的键无效。

(3) MessageBox 类用于提供一个消息对话框, 要显示的内容作为 Show 方法的一个参数。Show 方法是 MessageBox 类的静态方法, 该方法具有 4 个参数, 调用格式为:

MessageBox.Show(消息,标题,按钮样式,图标类型);

消息参数: 通知给用户的信息, 为字符串表达式。

标题参数: 作为消息对话框的标题, 为字符串表达式。

按钮样式参数: 确定显示的按钮的样式, 为 MessageBoxButtons 枚举类型。常用的按钮样式参数有:

OK: 确定 (OK) 按钮

Cancel: 取消 (Cancel) 按钮

Yes: 是 (Yes) 按钮

No: 否 (No) 按钮

Retry: 重试 (Retry) 按钮

Abort: 终止 (Abort) 按钮

Ignore: 忽略 (Ignore) 按钮

(4) 图标类型参数: 确定显示的图标的样式, 为 MessageBoxIcon 枚举类型。常用的图标类型参数有：
　　None：无图标显示
　　Astrrisk：包含小写 i 的圆圈
　　Error：包含白色的红色圆圈
　　Exclamation：包含感叹号的黄色三角形
　　Hand：手形
　　Information：包含小写 i 的圆圈
　　Question：包含问号标记的圆圈
　　Stop：包含一个白色的符号"×"的红色的圆圈
　　Warning：包含感叹号的黄色三角形

7.5　Button 控件

Button 控件称为命令按钮控件。Button 类继承自 ButtonBase 类。在应用程序中，按钮是应用最广泛的控件之一，它用来启动一个命令，执行相应的事件处理程序，从而实现指定的功能。

7.5.1　常用属性

命令按钮控件的常用属性有：
（1）Text 属性：设置命令按钮上显示的文本。
（2）Image 属性：设置命令按钮上显示的图片。单击属性列表中该属性右边的"…"按钮，在"打开"的对话框中可以选择图片。
（3）ToolTip 属性：设置鼠标停放在按钮上时显示的文字提示信息。
（4）FlatStyle 属性：设置按钮的外观风格，可取以下值之一：
Flat：平面样式。
Popup：按钮平时是平面样式，当鼠标放在按钮上便成为立体样式。
System：样式由操作系统来决定。
Standard：立体样式。
（5）Enabled 属性：设置命令按钮是否可用。其值为 True 时，代表按钮可用，按钮呈深色显示；其值为 False 时，代表按钮不可用，按钮呈灰色显示。

7.5.2　常用事件

命令按钮最常用的事件就是 Click 事件，鼠标单击按钮时便会触发该事件，在该事件的处理程序中编写按钮的功能代码。

7.5.3　按钮选中方式

在程序运行时，可以通过以下方式选中按钮：
（1）用鼠标单击按钮，这是最简单也是最常用的方法。
（2）设置按钮的 TabIndex 属性的值，按"Tab"键，将焦点移动到按钮上，再按回车键。

（3）将窗体的 AcceptButton 属性设置为某个按钮，按回车键时便可选中该按钮。

（4）将窗体的 CancelButton 属性设置为某个按钮，按"Esc"键便可选中该按钮。

【例7-2】 登录窗体。

如图7-9所示，程序运行时，在文本框中分别输入用户名和密码，如果输入正确，按回车键时（相当于单击"确定"按钮）便给出一提示信息"登录成功!"，如图7-10所示；否则，给出一提示信息"密码和用户名不匹配!"，如图7-11所示；按"Esc"键（相当于单击"取消"按钮）则将两个文本框中的内容全部清空，等待重新输入。

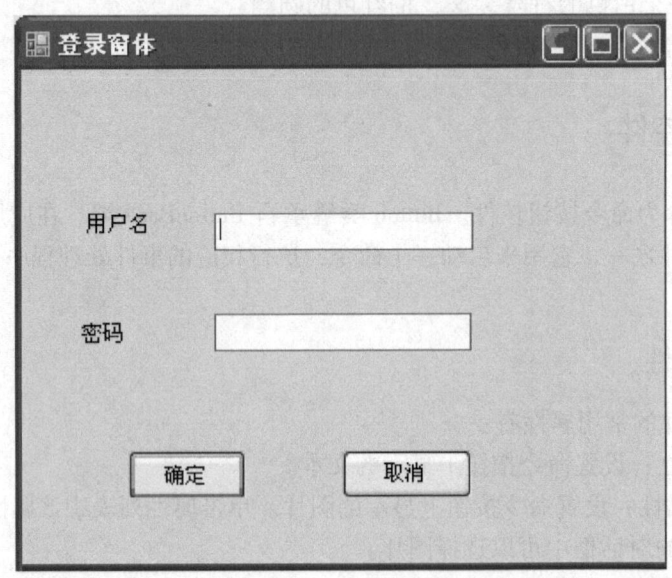

图7-9 程序运行图

　　　　　　　　　　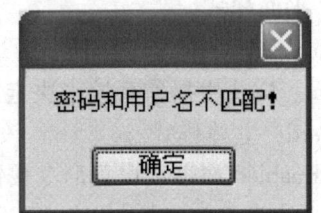

图7-10 "登录成功"对话框　　　　　图7-11 "登录失败"对话框

程序的开发步骤如下：

（1）拖放控件、设置属性。

1）创建一 Windows 应用程序项目，窗体 Form1 的 Text 属性值设为"登录窗体"；

2）向窗体中拖放两个 Label 控件，其 Text 属性值分别为"用户名"和"密码"；

3）向窗体中拖放两个 TextBox 控件，其 Name 属性值分别设定为"txt_UserName"和"txt_Password"。将名称为"txt_UserName"的文本框的 TabIndex 属性设置为1，将名称为"txt_Password"的文本框的 TabIndex 属性设置为2，将 PasswordChar 属性设置为"*"；

4）向窗体中拖放两个 Button 控件，其 Name 属性值分别设定为"btnOK"和"btnCancel",其 Text 值分别设定为"确定"和"取消"。

5)选中窗体 Form1,将其 AcceptButton 属性设为"btnOK",将其 CancelButton 属性设为"btnCancel"。

(2)编写事件处理程序。

1)按钮 btnOK 的 Click 事件

```
private void btnOK_Click(object sender,EventArgs e)
{
    if((txt_UserName.Text=="wjj")&&(txt_Password.Text=="1234"))
        MessageBox.Show("登录成功!");
    else
        MessageBox.Show("密码和用户名不匹配!");
}
```

2)按钮 btnCancel 的 Click 事件

```
private void btnCancel_Click(object sender,EventArgs e)
{
    txt_UserName.Text="";
    txt_Password.Text="";
    txt_UserName.Focus();
}
```

说明:

(1)设置 TextBox 控件的 TabIndex 属性,按"Tab"键时便可根据设定的"Tab"键顺序来选中相应的 TextBox 控件,大大提高了用户输入数据的效率,增强了应用程序的可用性。

(2)语句"txt_UserName.Focus();"所起到的作用是将输入焦点置于文本框 txt_UserName 中。文本框的其他方法使用请参考 7.4.3 节。

(3)本程序中的用户名和密码是在代码中写入的,一般用户名和密码是放在数据库中的,关于如何访问数据库中表的信息,将在数据库一章中做详细介绍。

7.6 GroupBox 控件

GroupBox 控件称为分组控件。它是一种容器控件,既可以容纳其他的控件,又可以将所容纳的控件进行分组。一般用于将窗体上的控件根据功能进行分组,以便于进行管理。

7.6.1 常用属性

GroupBox 常用属性是 Text 属性,用于设置分组框显示的标题。

7.6.2 常用事件

GroupBox 很少激发事件,一般不为其编写事件处理程序。

7.7 RadioButton 控件

RadioButton 与 Button 控件的基类相同，都是 ButtonBase 类。

RadioButton 控件称为单选按钮控件。该控件的用途是当用户需要从多个选项中做出一个选择时，可以使用一组 RadioButton 控件。使用该控件时最好使用 GroupBox 控件对这些 RadioButton 控件进行分组，这样在同一组的 RadioButton 控件中只能选择一个，即同组的 RadioButton 控件之间具有互斥性。

7.7.1 常用属性

单选按钮控件的常用属性有：
（1）Text 属性：设置单选按钮旁边的说明性文字。
（2）Checked 属性：设置控件的选中状态。取值为 True 时表明被选中，取值为 False 时表明未被选中。

7.7.2 常用事件

单选按钮控件的常用事件有：
（1）Click 事件：单击控件时发生。单击控件时，该控件的 Checked 属性必定取值为 True。
（2）CheckedChanged 事件：控件的 Checked 属性发生变化时发生。控件的 Checked 属性值发生改变可能是由单击该控件引发，也可能是由别的控件的事件引发。该事件是默认事件。

【例 7-3】 设置文本的字体、字号和颜色。

程序运行时，通过选择字体、字号和颜色的单选按钮，单击"确定"按钮时实现对标签中文本的字体、字号和颜色的设置，单击"结束"按钮时结束程序的运行。程序运行效果如图 7-12 所示。

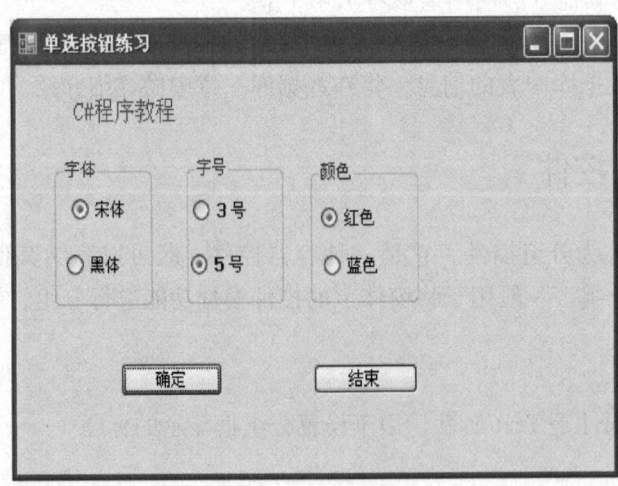

图 7-12　程序运行效果图

程序的开发步骤如下：

（1）拖放控件、设置属性。

1）创建一 Windows 应用程序项目，窗体 Form1 的 Text 属性值设为"单选按钮练习"；

2）向窗体拖放一个 Label 控件，其 Text 属性值设为"C#程序教程"；

3）向窗体中拖放 3 个分组控件，其 Text 属性值分别设为"字体"、"字号"和"颜色"；

4）按图 7-12 所示的结果分别拖放 6 个 RadioButton 控件，并设置其 Text 属性值；

5）向窗体中拖放两个 Button 控件，其 Text 属性值分别设为"确定"和"结束"。

（2）编写事件处理程序。

1）"确定"按钮的 Click 事件

```
private void button1_Click(object sender,EventArgs e)
{
    if(radioButton1.Checked && radioButton3.Checked)
    {
        label1.Font = new Font("宋体",16,FontStyle.Regular);
    }
    else if(radioButton2.Checked && radioButton4.Checked)
    {
        label1.Font = new Font("黑体",12,FontStyle.Regular);
    }
    if(radioButton1.Checked && radioButton4.Checked)
    {
        label1.Font = new Font("宋体",12,FontStyle.Regular);
    }
    else if(radioButton2.Checked && radioButton3.Checked)
    {
        label1.Font = new Font("黑体",16,FontStyle.Regular);
    }
    if(radioButton5.Checked)
    {
        label1.ForeColor = Color.Red;
    }
    else if(radioButton6.Checked)
    {
        label1.ForeColor = Color.Blue;
    }
}
```

2）"结束"按钮的 Click 事件

```
private void button2_Click(object sender,EventArgs e)
{
    this.Close();//调用窗体的 close 方法,关闭当前窗体
}
```

7.8 CheckBox 控件

CheckBox 控件称为复选框控件。该控件的用途是当用户需要从选项中做出多个选择时，可以使用该控件。与单选按钮不同的是，复选框不存在互斥性。

由于 CheckBox 控件与 RadioButton 控件的基类都是 ButtonBase 类，所以它们共享大多数的属性和事件。

【例 7-4】 个人信息统计。

本程序进行简单的个人信息统计，如图 7-13 所示，填好姓名、住址、年龄、性别、爱好之后，单击"确定"按钮，将给出把所填写的信息汇总到一起进行显示的提示窗口，如图 7-14 所示。其中姓名和住址文本框要求是非空的，"年龄"文本框要求必须是非负的数值。

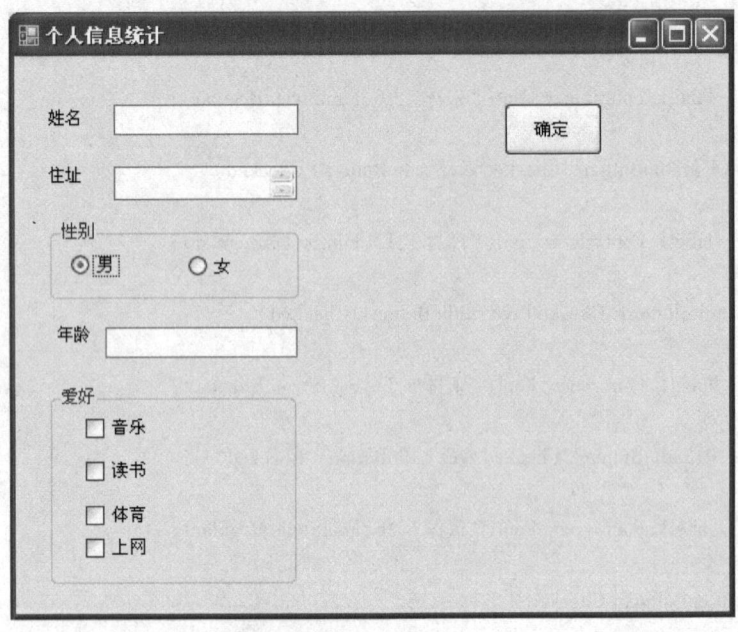

图 7-13 程序运行图

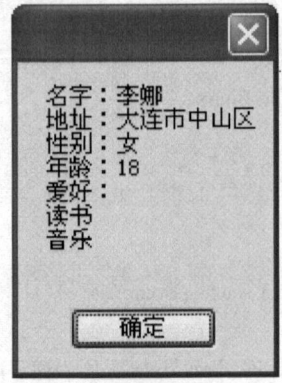

图 7-14 信息提示窗口

程序的开发步骤如下：
（1）拖放控件、设置属性。
根据图7-13向窗体中拖放控件，并设置控件的相关属性。
（2）编写事件处理程序。
1）编写"姓名"文本框的Validating事件，验证"姓名"文本框是否为空。

```
private void txtName_Validating(object sender,CancelEventArgs e)
{
    if(txtName.Text.Length==0)
    {
        MessageBox.Show("姓名不能为空!");
        txtName.Focus();
    }
}
```

2）编写"住址"文本框的Validating事件，验证"住址"文本框是否为空。

```
private void txtAddress_Validating(object sender,CancelEventArgs e)
{
    if(txtAddress.Text.Length==0)
    {
        MessageBox.Show("地址不能为空!");
        txtAddress.Focus();
    }
}
```

3）编写"年龄"文本框的KeyPress事件，判断"年龄"文本框的内容是否为数字。

```
private void txtAge_KeyPress(object sender,KeyPressEventArgs e)
{
    if((e.KeyChar<48 || e.KeyChar>57)&& e.KeyChar!=8)
    {
        MessageBox.Show("年龄必须是一个非负数值!");
        txtAge.Focus();
    }
}
```

4）编写"确定"按钮的Click事件，将所填的个人信息进行汇总显示。

```
private void btnOK_Click(object sender,EventArgs e)
{
    string output;
    output="名字:"+txtName.Text+"\r\n";
    output+="地址:"+txtAddress.Text+"\r\n";
```

```csharp
            if( radioButtonMale.Checked)
                output += "性别:" + radioButtonMale.Text + "\r\n";
            else
                output += "性别:" + radioButtonFemale.Text + "\r\n";
            output += "年龄:" + txtAge.Text + "\r\n";
            output += "爱好:\n\r";
            if( checkBoxBook.Checked)
                output += checkBoxBook.Text + "\r\n";
            if( checkBoxInternet.Checked)
                output += checkBoxInternet.Text + "\r\n";
            if( checkBoxMusic.Checked)
                output += checkBoxMusic.Text + "\r\n";
            if( checkBoxSport.Checked)
                output += checkBoxSport.Text + "\r\n";
            MessageBox.Show( output);
        }
```

7.9 ListBox 控件

ListBox 控件称为列表框控件。该控件为用户提供一个项目列表，用户可以从中选择一项或多项。ListBox 继承自 ListControl 类。

列表框中的项目称为列表项，列表项的索引从 0 开始，结束于列表项数目减 1。

7.9.1 常用属性

列表框控件的常用属性有：

（1）Items 属性：列表框中的列表项，是一个集合。在属性窗口中单击该属性右边的"…"按钮可编辑列表框的各个项。

（2）MultiColumn 属性：设置列表框是否可以多列显示。默认值为 False，表示列表框单列显示列表项。值为 True 时，列表框可以多列显示列表项。

（3）SelectionMode 属性：设置列表框的选择模式。可取以下值之一：

None：不能选择；

One：只允许选择列表项中的一项，该值为默认值；

MultiSimple：可以进行简单的多项选取。同时选取多项时，直接用鼠标单击各选项就可以选中多项；

MultiExtended：可以选取多个选项。同时选取多项时，用鼠标和 Shift 键组合可以选择连续的列表项；用鼠标和 Ctrl 键组合可以选择不连续的列表项。

（4）SelectedItem 属性：列表框中选定项的文本。当列表框的选择模式是 One 时，SelectedItem 中存放的是选中项的文本；当列表框的选择模式是 MultiSimple 或 MultiExtended 时，SelectedItem 中存放的是选中的列表项中的第一个选项的文本。该属性是一个只读属性，只能在程序中引用该属性的值。

（5）SelectedItems 属性：该属性的值是一个集合，包含当前选中的所有项。此属性只能在程序中引用。

（6）SelectedIndex 属性：列表框中选定列表项的索引。属性值为 int 类型，未选中列表项时值为 -1。此属性只能在程序中设置或引用。

（7）Text 属性：列表框中选定项的文本。此属性只能在程序中设置或引用，设置该属性时，将搜索匹配该文本的选项，并选择该项；引用该属性时，返回值是列表框中第一个被选中的选项的文本。

7.9.2 常用事件

列表框控件的常用事件有：

（1）DoubleClick 事件：双击控件时发生。一般很少触发 ListBox 的 Click 事件，因为单击时默认就是选择该项。

（2）SelectedIndexChanged 事件：列表框的选项发生改变（即选择项的索引号发生改变）时发生。

7.9.3 常用方法

列表框控件的常用方法有：

（1）ClearSelected 方法：撤销对列表框中所有选择项的选择。格式为：

ListBox 控件名称.ClearSelected( );

执行了上述语句后，该列表框控件的 SelectedIndex 属性的值为 -1。

（2）SetSelected 方法：设置或撤销对列表框中某项的选择。格式为：

ListBox 控件名称.SetSelected(int index, bool value);

其中 index 表示列表框中某项的索引号；value 是一个布尔类型的值，取值为 False 时，取消对由参数 index 指定的项的选择，取值为 True 时，参数 index 指定的项被选中。例如：

listBox1.SetSelected(i, true);等价于 listBox1.SelectedIndex = i;

7.9.4 Items 集合

列表框控件的 Items 属性是一个常用属性，它是一个集合，存放的是列表框中的列表项。Items 集合自身又具有许多常用的方法和属性，掌握它们可以灵活地操纵列表框中的列表项。

Items 集合常用的方法和属性有：

（1）Add 方法：向列表框中添加一个新列表项，添加的新项位于当前列表框的最后一个位置。格式为：

ListBox 控件名称.Items.Add("新添加项的文本");

（2）Insert 方法：向列表框的指定位置插入一个新列表项。格式为：

ListBox 控件名称.Items.Insert(索引号,"新列表项的文本");

（3）Remove 方法：移除列表框的某项。格式为：

ListBox 控件名称.Items.Remove(要移除的列表项)；

例如：listBox1.Items.Remove(listBox1.Items[0])；//移除第一项

（4）RemoveAt 方法：移除列表框中指定的索引号所对应的列表项。格式为：

ListBox 控件名称.Items.RemoveAt(索引号)；

（5）Clear 方法：移除列表框中所有的列表项。格式为：

ListBox 控件名称.Items.Clear()；

（6）Count 属性：获取列表框中列表项的数目。

【例 7-5】 物品选择器。

程序运行时，两个列表框中的项目可以互相选择。单击 ">" 按钮，可将列表框 1 中的某一物品移动到列表框 2 中，单击 ">>" 按钮，可将列表框 1 中所有的物品移动到列表框 2 中；单击 "<" 按钮，可将列表框 2 中的某一物品移动到列表框 1 中，单击 "<<" 按钮，可将列表框 2 中所有的物品移动到列表框 1 中。程序运行效果图如图 7-15 所示。

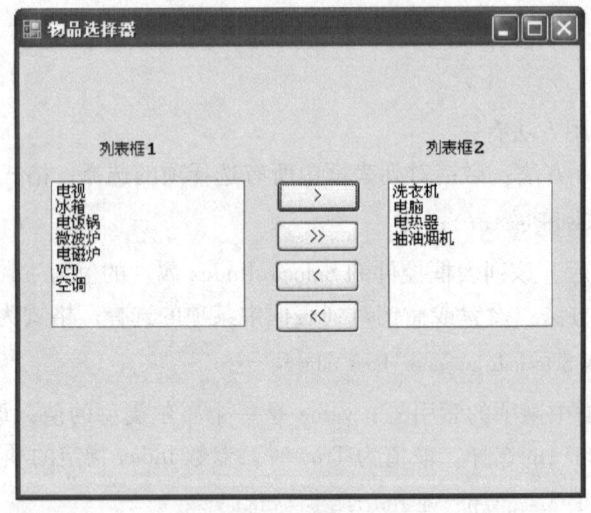

图 7-15　程序运行效果图

程序的开发步骤如下：

（1）拖放控件，设置属性。

1）根据图 7-15 分别向窗体中拖放相应的控件，然后分别设置各控件的属性；

2）两个列表框控件的 SelectionMode 属性设置为 MultiExtended，其中列表框 1 的 Items 属性取值为"电视"、"冰箱"、"电饭锅"、"微波炉"、"电磁炉"、"VCD"、"空调"、"洗衣机"、"电脑"、"电热器" 和 "抽油烟机"，列表框 2 的 Items 属性取值为空；

3）四个按钮的名称从上到下依次为 button1、button2、button3 和 button4。

（2）编写事件处理程序。

1）按钮 ">" 的 Click 事件：先将列表框 1 中被选中的项添加到列表框 2 中，然后将列表框 1 中被选中的项清除。

```csharp
private void button1 _ Click(object sender, EventArgs e)
{
    //列表框1中被选中的项目添加到列表框2中
    for(int i = 0; i < listBox1.SelectedItems.Count; i ++)
        listBox2.Items.Add(listBox1.SelectedItems[i].ToString());
    //列表框1中被选中的项目删除
    for(int i = 0; i < listBox1.SelectedItems.Count; i ++)
        listBox1.Items.Remove(listBox1.SelectedItems[i]);
}
```

2) 按钮">>"的 Click 事件：将列表框1中所有项目全部添加到列表框2中，然后将列表框1中所有项清除。

```csharp
private void button2 _ Click(object sender, EventArgs e)
{
    //列表框1中项目添加到列表框2中
    for(int i = 0; i < listBox1.Items.Count; i ++)
        listBox2.Items.Add(listBox1.Items[i].ToString());
    //清除列表框1中的所有项
    listBox1.Items.Clear();
}
```

3) 按钮"<"的 Click 事件：先将列表框2中被选中的项添加到列表框1中，然后将列表框2中被选中的项清除。

```csharp
private void button3 _ Click(object sender, EventArgs e)
{
    //列表框2中被选中的项目添加到列表框1中
    for(int i = 0; i < listBox2.SelectedItems.Count; i ++)
        listBox1.Items.Add(listBox2.SelectedItems[i].ToString());
    //列表框2中被选中的项目删除
    for(int i = 0; i < listBox2.SelectedItems.Count; i ++)
        listBox2.Items.Remove(listBox2.SelectedItems[i]);
}
```

4) 按钮"<<"的 Click 事件：将列表框2中所有项目全部添加到列表框1中，然后将列表框2中所有项清除。

```csharp
private void button4 _ Click(object sender, EventArgs e)
{
    //列表框2中项目添加到列表框1中
    for(int i = 0; i < listBox2.Items.Count; i ++)
        listBox1.Items.Add(listBox2.Items[i].ToString());
    //清除列表框1中的所有项
    listBox2.Items.Clear();
}
```

5）列表框 1 的 DoubleClick 事件：实现在列表框 1 中双击被选中项时，添加到列表框 2 中。

```
private void listBox1_DoubleClick(object sender,EventArgs e)
{
    listBox2.Items.Add(listBox1.SelectedItem);
    listBox1.Items.Remove(listBox1.SelectedIndex);
}
```

6）列表框 2 的 DoubleClick 事件：实现在列表框 2 中双击被选中项时，添加到列表框 1 中。

```
private void listBox2_DoubleClick(object sender,EventArgs e)
{
    listBox1.Items.Add(listBox2.SelectedItem);
    listBox2.Items.Remove(listBox2.SelectedIndex);
}
```

说明：

本示例中列表框 1 的项目列表是通过设置其 Items 属性的方式来添加的。也可以在代码中添加其项目列表，可以在窗体的 Load 事件中编写如下代码：

```
private void Form1_Load(object sender,EventArgs e)
{
    string[]listboxItems={"电视","冰箱","洗衣机","电饭锅","微波炉","电磁炉","电脑","VCD","电热器","抽油烟机","空调"};
    for(int i=0;i<listboxItems.Length;i++)
        listBox1.Items.Add(listboxItems[i]);
    listBox1.SelectedIndex=0;
}
```

7.10 ComboBox 控件

ComboBox 控件称为组合框控件，它是文本框和列表框的组合，既可以接受用户的输入，又可以接受用户的选择。ComboBox 与 ListBox 都继承自 ListControl 类，所以它几乎支持列表框控件的所有属性，以下只介绍 ListBox 不具备而 ComboBox 具备的常用属性、事件和方法。

7.10.1 常用属性

组合框控件的常用属性有：

（1）DropDownStyle 属性：设置组合框的样式。可以取以下值之一。

Simple：文本框部分是可编辑的，下拉列表框部分是直接显示的；

DropDown：文本框部分是可编辑的，下拉列表框是隐藏的，单击下拉箭头时下拉列表才被显示出来。该样式是默认样式；

DropDownList：文本框部分是不可编辑的，下拉列表框是隐藏的，单击下拉箭头时下拉列表才被显示出来。

(2) MaxDropDownItems 属性：设置单击控件的下拉箭头时下拉列表框中显示的最多项目的个数。

7.10.2 常用事件

组合框控件的常用事件有：

(1) TextChanged 事件：组合框的文本发生变化时发生该事件。组合框的 DropDownStyle 属性为 Simple 或 DropDown 时，无论用户是在文本框中输入新的内容，还是在列表框中选择新的内容，都将触发该事件；而组合框的 DropDownStyle 属性为 DropDownStyle 时，由于文本框是不可编辑的，只能从列表框中进行新的选择，所以用户在选择新的列表项时触发 SelectedIndexChanged 事件。

(2) DropDown 事件：展开下拉列表时发生该事件。

7.10.3 常用方法

组合框控件的常用方法有：

(1) Select 方法：选择可编辑区中指定范围的文本。格式为：

ComboBox 控件名称.Select(int start, int length);

其中，start 代表的是要选择文本的起始位置，length 代表的是要选择的字符数。

(2) SelectAll 方法：选择可编辑区中所有的文本。格式为：

ComboBox 控件名称.SelectAll( );

【例 7-6】 系别专业选择器。

程序运行时，在"请选择系别"组合框控件中选择系别后，"请选择专业"组合框控件中便会具有该系别所拥有的专业选项，从中选取专业，在标签中显示最终选择的结果。程序运行效果图如图 7-16 所示。

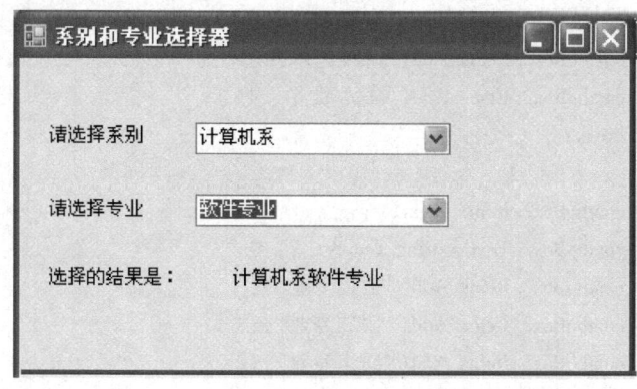

图 7-16 程序运行效果图

程序的开发步骤如下：

（1）拖放控件、设置属性。参照图7-16，向窗体中拖放两个组合框控件，名称为comboBox1 和 comboBox2；向窗体中拖放4个标签控件，其名称分别为 label1、label2、label3 和 label4，label1 的 Text 属性设为"请选择系别"，label2 的 Text 属性设为"请选择专业"，label4 的 Text 属性设为"选择的结果是："，label3 的 Text 属性为空。

（2）编写事件处理程序。

1）编写窗体的 Load 事件。

```csharp
private void Form1_Load(object sender,EventArgs e)
{
    comboBox1.Items.Add("计算机系");
    comboBox1.Items.Add("工美系");
    comboBox1.Items.Add("应用系");
    comboBox1.Items.Add("经管系");
}
```

2）comboBox1 控件的 SelectedIndexChanged 事件。

```csharp
private void comboBox1_SelectedIndexChanged(object sender,EventArgs e)
{
    switch(comboBox1.SelectedIndex)
    {
        case 0:
            comboBox2.Items.Clear();
            comboBox2.Text = string.Empty;
            comboBox2.Items.Add("软件专业");
            comboBox2.Items.Add("网络专业");
            comboBox2.Items.Add("多媒体专业");
            break;
        case 1:
            comboBox2.Items.Clear();
            comboBox2.Text = string.Empty;
            comboBox2.Items.Add("装潢设计专业");
            comboBox2.Items.Add("环境艺术设计专业");
            comboBox2.Items.Add("美术欣赏专业");
            break;
        case 2:
            comboBox2.Items.Clear();
            comboBox2.Text = string.Empty;
            comboBox2.Items.Add("数控专业");
            comboBox2.Items.Add("服装专业");
            comboBox2.Items.Add("纺织专业");
            break;
```

```
            case 3:
                comboBox2.Items.Clear();
                comboBox2.Text = string.Empty;
                comboBox2.Items.Add("酒店管理专业");
                comboBox2.Items.Add("经济管理专业");
                comboBox2.Items.Add("商务日语专业");
                break;
            default:
                comboBox2.Text = string.Empty;
                comboBox2.Items.Clear();
                comboBox1.Text = string.Empty;
                break;
        }
    }
```

3) comboBox1 的 TextChanged 事件。

```
private void comboBox1_TextChanged(object sender, EventArgs e)
{
    label3.Text = comboBox1.Text + comboBox2.Text;
}
```

4) comboBox2 的 TextChanged 事件。

```
private void comboBox2_TextChanged(object sender, EventArgs e)
{
    label3.Text = comboBox1.Text + comboBox2.Text;
}
```

说明：

（1）"请选择系别"组合框中的项目是在窗体加载的时候添加的，在窗体的 Load 事件中通过使用组合框的 Items 属性的 Add 方法来依次添加项目列表。

（2）"请选择专业"组合框中的内容随着所选定的系别的不同而发生相应的改变，所以在"请选择系别"组合框的 SelectedIndexChanged 事件中添加"请选择专业"组合框的项目列表。需要注意的是：新选择一个系别时，需要把原有系别的专业清空，然后再加载新系别对应的专业。

7.11　Timer 控件

Timer 控件称为定时器控件。定时器控件能按照一定的时间间隔，触发一个定时器事件，从而执行一定的功能。

Timer 控件只在设计时出现，而运行时是隐藏的，属于在后台运行的控件。

7.11.1 常用属性

定时器控件的常用属性有：

（1）Enabled 属性：设置 Timer 控件的可用性。取值为 True 时，表明启用 Timer 控件；取值为 False 时，表明停止使用 Timer 控件。默认值为 False。

（2）Interval 属性：设置 Timer 控件的时间间隔。属性值类型为 int 类型，以毫秒为单位。假设该属性取值为 1000，则每隔 1 秒便会引发一次 Tick 事件。

7.11.2 常用事件

Timer 控件只有一个事件——Tick 事件。每到指定的时间间隔便会触发该事件。

【例 7-7】 时钟。

程序运行后，在窗体上显示系统当前的时间。程序运行的效果图如图 7-17 所示。

程序的开发步骤如下：

（1）拖放控件、设置属性。

1）创建 Windows 应用程序；

2）拖放两个 Label 控件，其中 label1 的 Text 属性值为"当前时间是："，label2 的 Text 属性值为空；

3）拖放一个 Timer 控件，设置其 Enabled 属性值为 True，Interval 属性值为 1000。

（2）编写事件处理程序。

Timer 控件的 Tick 事件

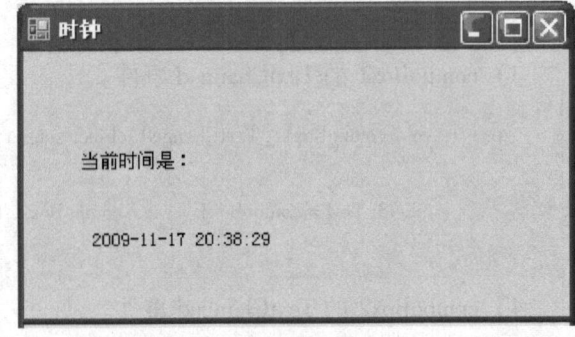

图 7-17 程序运行效果图

```
private void timer1 _ Tick( object sender,EventArgs e)
{
    label2. Text = DateTime. Now. ToString( );
}
```

说明：

系统的当前时间是通过 DateTime 类的 Now 属性来获取的。在实际开发中，有时常常可以按以下格式分别获取当前时间的年、月、日、小时、分、秒。

```
DateTime. Now. Year. ToString( );//获取年
DateTime. Now. Month. ToString( );//获取月
DateTime. Now. Day. ToString( );//获取日
DateTime. Now. Hour. ToString( );//获取小时
DateTime. Now. Minute. ToString( );//获取分
DateTime. Now. Second. ToString( );//获取秒
```

7.12 LinkLabel 控件

LinkLabel 控件称为超链接标签控件。该控件支持 Label 控件的一切功能。LinkLabel 控件具有超链接的功能，使用该控件可以链接到一个网站的站点或网页上。下面只介绍 Label 不具备而 LinkLabel 具备的属性和事件。

7.12.1 常用属性

超链接标签控件的常用属性有：

（1）ActiveLinkColor 属性：设置单击控件时活动链接部分的颜色。

（2）LinkArea 属性：设置标签文本中用作超链接部分的范围。单击该属性前边的"＋"号，将其展开，分别设置 Start 和 Length 的值。其中 Start 代表的是设置为超链接区域起始字符的位置，Length 代表的是超链接区域的长度。

（3）LinkColor 属性：设置超链接最初时（没被单击过）文本的颜色。

（4）VisitedLinkColor 属性：设置已被链接过的超链接的文本的颜色。

7.12.2 常用事件

超链接标签控件的常用事件有：

（1）LinkClicked 事件：单击超链接文本时发生此事件。

（2）MouseMove 事件：鼠标在 LinkLabel 控件上移动时发生此事件。

【例 7-8】 超链接应用。

程序运行效果如图 7-18 所示。单击"新浪"和"雅虎网站"两个超链接时，分别打开相应的网站。

程序的开发步骤如下：

（1）拖放控件、设置属性。

1）创建 Windows 应用程序；

2）拖放两个 Label 控件到窗体上，分别设置其 Text 属性值为"超链接 1"和"超链接 2"；

3）拖放一个 LinkLabel 控件到窗体上，设置其 Text 属性值为"访问新浪网站"，LinkArea 属性的值为"2，2"，LinkColor 属性值为蓝色，ActiveLinkColor 属性值为红色；

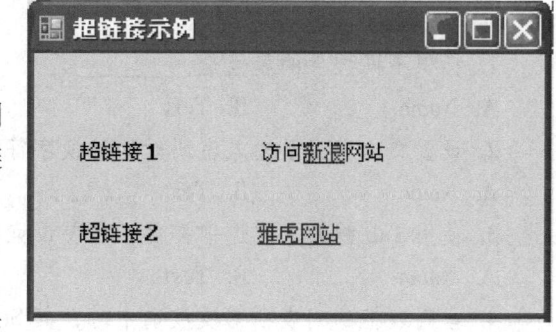

图 7-18 程序运行效果图

4）接着向窗体中拖放一个 LinkLabel 控件，设置其 Text 属性值为"雅虎网站"，LinkColor 属性值为蓝色，ActiveLinkColor 属性值为红色。

（2）编写事件处理程序。

1）编写超链接"新浪"的 LinkClicked 事件。

```csharp
private void linkLabel1 _ LinkClicked( object sender, LinkLabelLinkClickedEventArgs e)
{
    System. Diagnostics. Process. Start("http://www. sina. com");
}
```

2)编写超链接"雅虎网站"的 LinkClicked 事件。

```csharp
private void linkLabel2 _ LinkClicked( object sender, LinkLabelLinkClickedEventArgs e)
{
    System. Diagnostics. Process. Start("http://www. yahoo. com. cn");
}
```

7.13 PictureBox 控件

PictureBox 控件称为图片框控件。该控件可以用来显示 BMP（位图文件）、GIF、JPG、ICO（图标文件）等格式的图片。

图片框控件的常用属性有：

（1）Image 属性：设置 PictureBox 控件上显示的图片。

（2）SizeMode 属性：设置图像的显示方式。可取如下值之一：

AutoSize：指定 PictureBox 控件自动根据图片的大小调整自身的大小；

CenterImage：指定图片居中显示；

Normal：指定图片位于 PictureBox 控件的左上角；

StrechImage：指定图片适应于 PictureBox 控件的大小进行显示。

习 题 7

一、选择题

1. 标识不同控件的属性是_____。
   A. Name   B. Text   C. Title   D. Index
2. 设置文本框用于输入密码时的替换字符的属性是_____。
   A. Name   B. Text   C. PasswordChar   D. Password
3. 使用 Tab 键的方式选中控件，需要设置控件的属性是_____。
   A. Name   B. Text   C. Index   D. TabIndex
4. 当列表框的列表项都没被选中时，其 SelectedIndex 属性值是_____。
   A. 0   B. -1   C. -2   D. null
5. 向列表框的指定位置插入一个新列表项的方法是_____。
   A. Insert   B. Add   C. InserAt   D. Clear
6. Timer 控件的 Interval 属性用来设置计时器时间间隔，其单位是_____。
   A. 秒   B. 毫秒   C. 分   D. 小时
7. 运行程序时要使某个控件显示但是不可用状态，需要设置的属性是_____。
   A. Enabled   B. Visible   C. Hide   D. Text

二、操作题

1. 某远程教育学院要求学员从 C 语言、C#、Java、数据库原理与应用、XML、软件工程共 6 门课中选取 4 个，并且必须指出 3 种付费方式支票、信用卡、邮局汇款中的一种付费方式。要求单击"处理定单"按钮时，首先确定是否已经选取了 4 门课程，如果没有，应该用一个消息框提醒用户；然后检查交费方法，如果没有指明交费方法，必须提醒用户选择一种。依据交费的方法，应该用一个消息框来告诉学员是将汇款单于定单一起寄来，（"邮局汇款"交费方式）或者是给出开户银行和账号（"支票"交费方式），或者要求给出信用卡的卡号（"信用卡"交费方式）。

2. 设计一个检测密码程序，当用户在文本框中输入密码按回车键时，如果用户输入的密码正确，则在窗体上的标签中显示"欢迎你使用本系统！"，否则，显示"密码错误，请重新输入密码"。若连续三次输入的密码都不正确，则在屏幕上显示一消息框，并在消息框中提示信息"对不起，你不能使用本系统！"，然后结束本程序的执行。（提示：本题的正确密码设定为"1234"。）

三、简答题

1. 如何设置启动窗体？
2. 如何引入第三方控件？
3. 组合框有几种类型？各自都有什么特点？
4. GroupBox 控件有什么作用？常用的属性是什么？
5. RadioButton 与 CheckBox 控件的区别是什么？它们分别适用于什么场合？

第 8 章 Windows Forms 高级应用

第 7 章学习了 Windows 编程的基础部分——窗体与常用控件的基本属性和用法。由于 Windows 应用程序的界面中一般包含菜单、工具栏、状态栏等元素，所以仅仅具备上一章的知识来开发一个界面友好、美观实用的 Windows 应用程序是远远不够的。这一章我们就 Windows Forms 的高级功能作一介绍。

8.1 菜单

菜单是 Windows 应用程序窗口界面中重要的组成元素，方便用户使用程序提供的各种功能。菜单分为主菜单和上下文菜单两种。主菜单一般放置在窗口的顶端，通过单击菜单栏中的菜单标题打开菜单，选择菜单项实现相应的功能；上下文菜单又称为弹出式菜单，一般与某个控件相关联，右键单击关联的控件时便弹出上下文菜单。

8.1.1 主菜单

MenuStrip 控件用于创建主菜单控件。主菜单由菜单栏和下拉菜单组成。菜单栏由多个横向的菜单标题组成，单击某个菜单标题时，将打开其下拉子菜单，如图 8-1 所示。

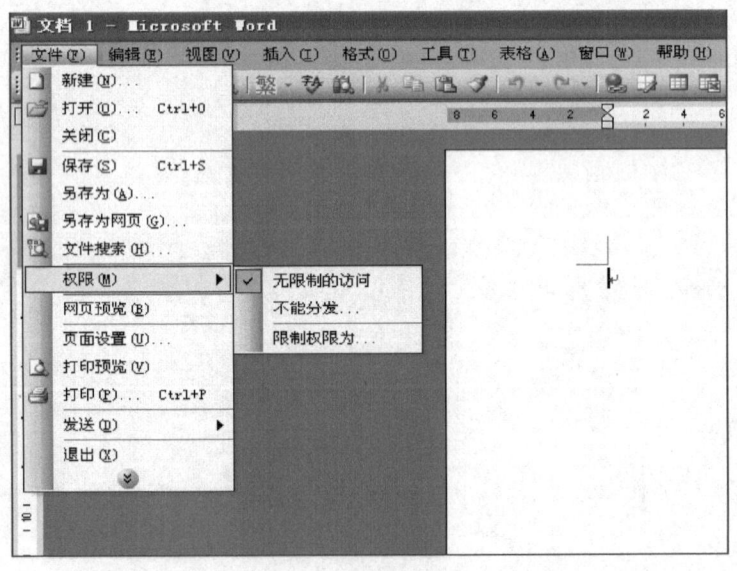

图 8-1 主菜单示例

下拉子菜单中每个菜单项对应一个命令，菜单项文本中带有下划线的字符称为访问键，如"新建（N）"菜单项中字符 N，在菜单打开的情况下，通过 Alt + 访问键便可执行对应的菜单命令。除了设置访问键之外，绝大多数的应用程序还为经常使用的菜单项设置快捷键，以方便用户的使用。如"打开"菜单的快捷键是"Ctrl"与"O"的组合。菜单项之间的灰色的线称为分隔线,其作用就是将菜单项分组。菜单项前面有勾选标记,勾选后代表已使用该功能。菜单是以树状结构组织下拉菜单的,菜单项可以有自己的下拉菜单,如"权限"菜单。菜单的层次最好不要超过 3 层。

设计菜单时最好按主题(作为菜单标题)对菜单项进行分类,然后把相关的菜单项用分隔线进行分组,为常用的菜单项设置热键和快捷键,这样设计出的菜单才能较好地符合用户的使用习惯,为用户使用应用程序提供方便。下面首先介绍如何创建主菜单,然后再介绍控件的常用属性和事件。

【例 8-1】 创建主菜单。

创建如图 8-2 所示的主菜单。单击不同菜单项时,分别给出不同的提示信息。

菜单设计步骤如下:

(1)拖放控件、设置属性。

1)添加 MenuStrip 控件。在工具箱中双击 MenuStrip 控件,将控件添加到窗体上。此时窗体的左上角出现菜单项输入框,如图 8-3 所示。此时在窗体中便添加了一个名称为"menuStrip1"的 MenuStrip 控件。

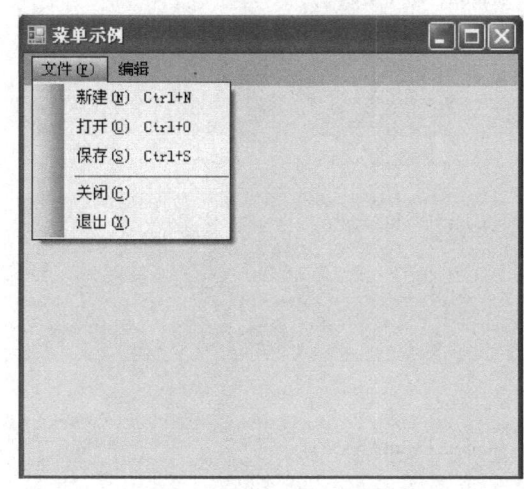
图 8-2 程序运行效果图

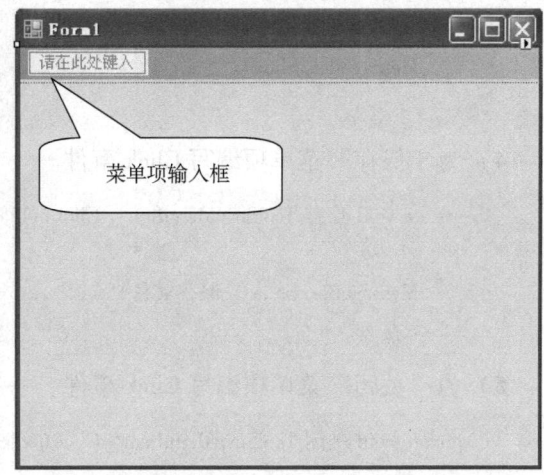
图 8-3 添加菜单

2)添加菜单项。在菜单项输入框处单击,其右边和下边均会出现菜单项输入框。在光标闪烁的地方输入第一个菜单项"文件",然后回车。单击"文件"菜单项,在属性窗口中会发现,此时为 menuStrip1 控件添加了一个 ToolTripMenuItem 对象,该对象的名称为"文件 ToolStripMcnuItcm"。单击"文件"菜单,单击右边的菜单项输入框,输入"编辑"菜单。单击"文件"菜单,单击下边的菜单项输入框,参照图 8-2 依次输入"新建"、"打开"、"保存"、"关闭"和"退出"菜单项。

3)设置访问键和快捷键。单击"文件"菜单项,在属性窗口中,修改 Text 属性为"文件(&F)",即可显示为"文件(F)",F 即为访问键的键名,按 Alt + 访问键就可打开菜单或执行菜单命令。设置菜单项快捷键的方法为,选择"新建"菜单项,在属性窗口中,单击 ShortcutKeys 属性右侧的下拉箭头,在弹出的下拉列表框中,设置该菜单项的快捷键。

4) 菜单项分组。选中"关闭"菜单项,单击右键,选择"插入 - Separator",即可在"关闭"菜单前面插入一个分隔线,分隔线也是一个菜单项。

(2) 编写事件处理程序。

1)"退出"菜单项的 Click 事件。

```
private void 退出ToolStripMenuItem_Click(object sender,EventArgs e)
{
    this.Close();
}
```

2) 为"新建"菜单项编写 Click 事件。

```
private void 新建toolStripMenuItem_Click(object sender,EventArgs e)
{
    MessageBox.Show("新建文件!");
}
```

3) 为"打开"菜单项编写 Click 事件。

```
private void 打开ToolStripMenuItem_Click(object sender,EventArgs e)
{
    MessageBox.Show("打开文件!");
}
```

4) 为"保存"菜单项编写 Click 事件。

```
private void 保存ToolStripMenuItem_Click(object sender,EventArgs e)
{
    MessageBox.Show("保存文件!");
}
```

5) 为"关闭"菜单项编写 Click 事件。

```
private void 关闭ToolStripMenuItem_Click(object sender,EventArgs e)
{
    MessageBox.Show("关闭文件!");
}
```

以上通过例子学习了如何设计主菜单,包括设置菜单项、访问键和快捷键、菜单项分组以及菜单的 Click 事件。接下来我们对 MenuStrip 控件的属性和事件作一具体介绍。

MenuStrip 控件的常用属性有:

(1) MdiWindowListItem:获取或设置用于显示 MDI 子窗体列表的 ToolStripMenuItem。

(2) ShowItemToolTips:获取或设置是否为 MenuStrip 控件显示工具提示。默认值为 False。

(3) GripStyle:设置是否显示菜单最左侧的栅格(即菜单左侧 4 个垂直排列的点,用于移动菜单)。值为"Hidden",则隐藏栅格,用户不能移动菜单;值为"Visible",则显示栅格,用户可以随意移动菜单。

（4）Items：单击该属性右边的"…"按钮，会弹出一个"项集合编辑器"。除了直接在界面上设计各个菜单项之外，还可以在"项集合编辑器"中设计各个菜单项。

ToolStripMenuItem 类的常用属性和事件

在菜单编辑器中编辑了一个菜单项，就得到了一个 ToolStripMenuItem 类的实例。MenuStrip 控件是表示窗体菜单结构的容器，将 ToolStripMenuItem 对象添加到 MenuStrip 控件中，就形成了应用程序的菜单项或其他子菜单项的父级菜单。ToolStripMenuItem 类具有以下常用属性和事件：

（1）Checked：设置菜单项前面是否显示"√"。
（2）ShortcutKeys：设置菜单项的快捷键。
（3）Enabled：设置菜单项是否可用。
（4）ShowShortcut：设置是否显示菜单项的快捷键。
（5）Text：设置菜单项的文本。
（6）Visible：设置菜单项是否可见。
（7）ToolTipText：获取或设置菜单项的功能加以描述的提示文本。
（8）AutoToolTip：设置是否显示菜单项的功能提示文本。默认值为 False。
（9）Click 事件：单击菜单项时发生。另外如果使用菜单项的访问键或快捷键也触发该事件。
（10）CheckedChanged 事件：菜单项的 Checked 属性发生变化时发生。

8.1.2 上下文菜单

上下文菜单又被称为弹出式菜单或快捷菜单，是应用程序中经常使用的一种菜单。上下文菜单一般与某个控件相关联，右击该控件时便可显示与其关联的上下文菜单。使用 ContextMenuStrip 控件便可以创建上下文菜单。

ContextMenuStrip 控件与 MenuStrip 控件极其相似，关于它的常用属性和事件就不做详细讨论。下面来看一个具体制作上下文菜单的例子。

【例 8-2】 创建上下文菜单。

程序运行时，在窗体的任意位置单击鼠标右键，出现如图 8-4 所示的上下文菜单，单击某个菜单项时，实现将窗体的背景颜色设置为对应颜色的效果。程序运行效果图如图 8-4 所示。

开发步骤如下：
（1）拖放控件、设置属性。
1）建立一 Windows 应用程序；
2）从工具箱中拖放 ContextMenuStrip 控件到窗体上；
3）参照图 8-4 设计菜单内容；
4）选中窗体 Form1，在属性窗口中设置该窗体的 ContextMenuStrip 属性值为"contextMenuStrip1"。

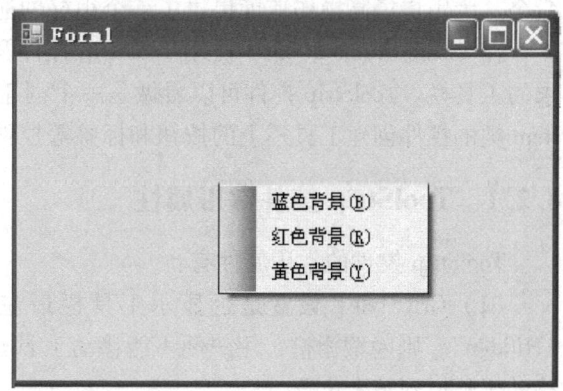

图 8-4 程序运行效果图

(2) 编写事件处理程序。

1) 为"蓝色背景"菜单项编写 Click 事件。

```
private void 蓝色背景 ToolStripMenuItem _ Click( object sender, EventArgs e)
{
    this. BackColor = Color. Blue;
}
```

2) 为"红色背景"菜单项编写 Click 事件。

```
private void 红色背景 ToolStripMenuItem _ Click( object sender, EventArgs e)
{
    this. BackColor = Color. Red;
}
```

3) 为"黄色背景"菜单项编写 Click 事件。

```
private void 黄色背景 YToolStripMenuItem _ Click( object sender, EventArgs e)
{
    this. BackColor = Color. Yellow;
}
```

说明：

一个窗体上只有一个主菜单，但是可以有多个上下文菜单。上下文菜单不仅可以与窗体相关联（上例中便是与窗体关联），也可以与窗体上的控件相关联。无论与窗体关联还是与控件关联，关联的方法都是选择与上下文菜单关联的控件，设置其 ContextMenuStrip 属性值为上下文菜单的名称即可。

8.2 工具栏

一个较为完善的 Windows 应用程序，应该为用户提供多种形式的操作方法，以满足用户的不同操作习惯。菜单栏中包含了应用程序的全部功能，而工具栏则是应用程序中最常用的命令，为用户提高操作速度提供了一个很好的途径。

在 Visual Studio 2005 中使用 ToolStrip 控件及其相关联的控件可以很方便地制作出满足要求的工具栏。ToolStrip 控件可以看做是一个创建工具栏的容器控件，使用一组基于 ToolStripItem 类的控件创建工具栏上的按钮和标签等控件。

8.2.1 ToolStrip 控件常用属性

ToolStrip 控件的常用属性有：

（1）GripStyle：设置是否显示工具栏最左侧的栅格（即 4 个垂直排列的点）。值为"Hidden"，则隐藏栅格，用户便不能移动工具栏；值为"Visible"，则显示栅格，用户可以移动工具栏到某个位置。

（2）LayoutStyle：设置工具栏上的项如何显示。默认值为水平显示。

（3）Items 属性：单击该属性右边的"…"按钮，会弹出一个如图 8-5 所示的"项集合编辑器"，可以在其中设置工具栏的各个项的属性。除此之外，还可以在窗体界面中直接设计工具栏上各个控件。

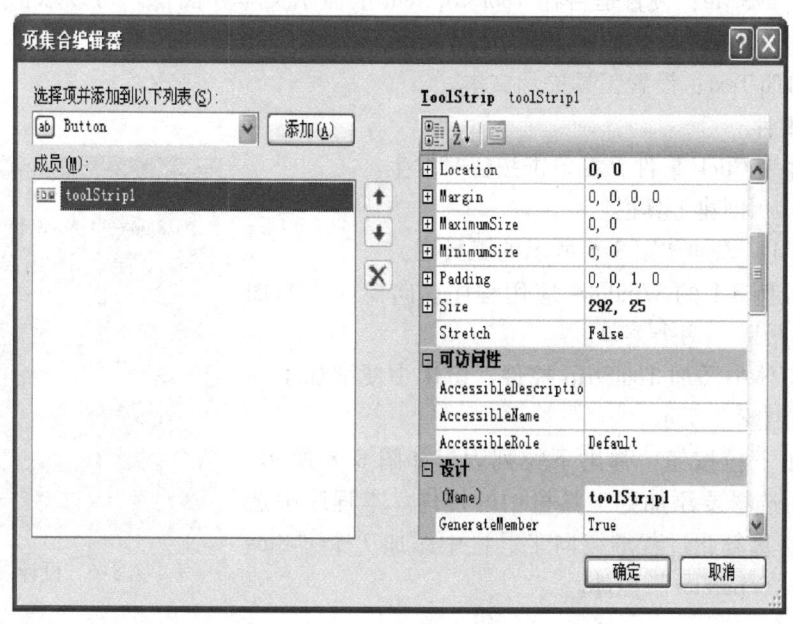

图 8-5　项集合编辑器

（4）ShowItemToolTips：设置是否显示工具栏上某项的工具提示信息。默认值为 True。

8.2.2　ToolStripItem 类控件常用属性和事件

由于 ToolStripItem 类控件用于创建工具栏上的标签、分隔符和按钮等项，所以与 ToolStripItem 类控件相关联的控件有以下几种：

（1）ToolStripButton：该控件用于创建一个按钮。

（2）ToolStripLabel：该控件用于创建一个标签、链接文本或显示图像。

（3）ToolStripSplitButton：该控件用于创建一个右端带有下拉按钮的按钮，单击下拉按钮时会在下面显示一个菜单。

（4）ToolStripDropDownButton：该控件与 ToolStripSplitButton 类似，不同的是其右端没有下拉按钮，而是下拉数组图像。单击控件的任何部分都会打开一个菜单。

（5）ToolStripComboBox：该控件用于创建一个组合框。

（6）ToolStripProgressBar：该控件用于创建一个进度条。

（7）ToolStripTextBox：该控件用于创建一个文本框。

（8）ToolStripSeparator：该控件用于创建一个分隔线。

值得说明的是，ToolStripItem 类控件必须包含在 ToolStrip、MenuStrip、ContextMenuStrip 及 StatusStrip 控件中，不能直接在窗体中创建该控件。另外，以上介绍的与 ToolStripItem 类控件关联的 8 类控件均是创建工具栏时组成工具栏的控件，用来组成工具栏的界面。

1. 常用属性

（1）Image：设置显示在 ToolStripItem 上的图像。

（2）ImageIndex：获取或设置图像的索引值，此属性与 ImageList 控件配合使用。

（3）DisplayStyle：设置是否在 ToolStripItem 上显示文本和图像。可以取值 None、Text、Image、ImageAndText。

（4）ToolTipText：设置工具提示文本。

2. 常用事件

常用事件为 Click 事件，在单击按钮时发生。

【例 8-3】 创建工具栏。

继续例 8-1，添加如图 8-6 所示的工具栏。

（1）打开例 8-1 的 Windows 应用程序。向窗体中添加"工具"和"帮助"两个菜单。

（2）向窗体中添加 ToolStrip 控件，窗体中便增加了一个工具栏，如图 8-7 所示。

（3）单击下拉按钮，弹出下拉列表，如图 8-8 所示。在下拉列表中选择要添加到工具栏中的控件。本程序中选择"Button"。重复此过程继续向工具栏中添加 7 个"Button"和 2 个"Separator"控件。

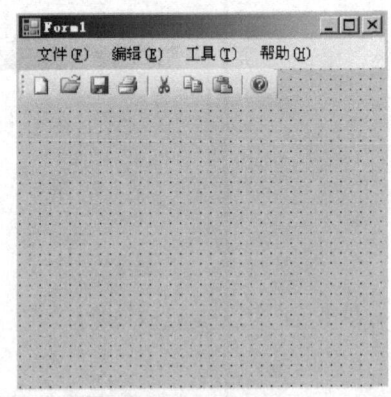

图 8-6　设计效果图

图 8-7　设计过程中的工具栏

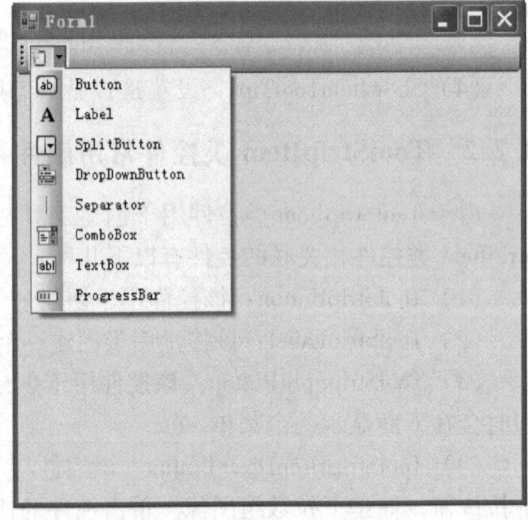

图 8-8　创建工具栏控件

（4）在工具栏上选定第一个 Button，在属性窗口中设置 ToolTipText 属性的值为"新建"，通过 Image 属性设置按钮上显示的图标。单击 Image 属性右侧的"…"按钮，弹出如图 8-9 所示的"选择资源"对话框。为工具栏上的控件选择显示的图标。重复此过程，为工具栏上剩余的 7 个按钮设置 ToolTipText 属性和 Image 属性。

（5）运行应用程序，鼠标停留在工具栏的按钮上，便会出现提示文本，即 ToolTipText 属性中设置的文本。单击按钮完成特定功能，可编写该按钮的 Click 事件处理程序。

图 8-9 "选择资源"对话框

8.3 状态栏

状态栏是应用程序窗口下部的一个输出区域，用于显示应用程序当前状态的简短信息，方便用户了解程序当前的运行情况。例如在 Word 中输入文本时，Word 会在状态栏中显示当前的页数、行、列等信息。创建状态栏使用 StatusStrip 控件。

StatusStrip 控件与 ToolStrip 控件类似，也是一个容器控件，通过在控件中创建 ToolStripItem 对象来创建状态栏的面板。在状态栏中，与 ToolStripItem 类控件相关联的控件除了 ToolStripDropDownButton、ToolStripProgressBar 和 ToolStripSplitButton 外，还有一个是 StatusStrip 控件专用的，即 ToolStripStatusLabel，该控件可以使用文本或图像的方式显示应用程序当前的状态信息。

由于 StatusStrip 继承自 ToolStrip，所以 StatusStrip 控件的常用属性和事件与 ToolStrip 相似，这里不再赘述。下面就 ToolStripStatusLabel 的常用属性和事件作一简单介绍。

1. ToolStripStatusLabel 的常用属性

（1）AutoSize：设置是否自动调整控件的大小以完整显示其内容。默认值为 True。

（2）Text：设置要显示在状态栏上的文本。

（3）ToolTipText：设置工具提示文本。

（4）Image：设置在状态栏上显示的图标。

2. ToolStripStatusLabel 的常用事件

常用事件为 Click 事件，单击控件时发生。

【例 8-4】 创建状态栏。

完善例 8-1，增加状态栏，状态栏中显示两项信息：一项信息是系统当前的时间，另一项信息是当前执行的菜单命令。图 8-10 所示的是单击"文件→打开"菜单时的程序运行图；执行菜单命令时，除在状态栏中给出提示信息外，还弹出信息提示对话框，如图 8-11所示。

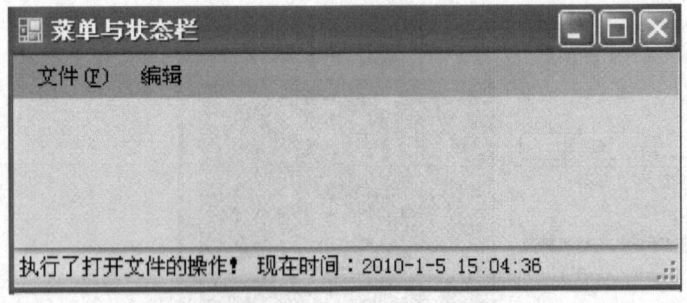

图 8-10　单击"打开"菜单时程序运行图　　　图 8-11　信息提示对话框

开发设计步骤如下：

（1）拖放控件、设置属性。

1）打开例 8-1 的 Windows 应用程序；

2）双击工具箱中的 StatusStrip 控件，将其添加到窗体中。此时便在窗体中添加了一个名称为 statusStrip1 的控件，并显示该状态栏；

3）与工具栏中添加按钮方法相同，在状态栏中添加两个 StatusLabel 控件，此时便在 statusStrip1 控件中添加了两个名称分别为 toolStripStatusLabel1 和 toolStripStatusLabel2 的状态栏标签对象；

4）向窗体中添加一个 Timer 控件。

（2）编写事件处理程序。

1）窗体的 Load 事件。

```csharp
private void Form1_Load(object sender, EventArgs e)
{
    timer1.Enabled = true;
    timer1.Interval = 1000;
    toolStripStatusLabel1.Text = "    ";
}
```

2）菜单"新建"的 Click 事件。

```csharp
private void 新建toolStripMenuItem_Click(object sender, EventArgs e)
{
    toolStripStatusLabel1.Text = "执行了新建文件的操作！";
    MessageBox.Show("新建文件！");
}
```

3）菜单"打开"的 Click 事件。

```csharp
private void 打开ToolStripMenuItem_Click(object sender, EventArgs e)
{
    toolStripStatusLabel1.Text = "执行了打开文件的操作！";
    MessageBox.Show("打开文件！");
}
```

4)菜单"保存"的 Click 事件。

```
private void 保存ToolStripMenuItem_Click(object sender,EventArgs e)
{
    toolStripStatusLabel1.Text = "执行了保存文件的操作!";
    MessageBox.Show("保存文件!");
}
```

5)菜单"关闭"的 Click 事件。

```
private void 关闭ToolStripMenuItem_Click(object sender,EventArgs e)
{
    toolStripStatusLabel1.Text = "执行了关闭文件的操作!";
    MessageBox.Show("关闭文件!");
}
```

6)Timer 控件的 Tick 事件。

```
private void timer1_Tick(object sender,EventArgs e)
{
    toolStripStatusLabel2.Text = "现在时间:" + DateTime.Now.ToString();
}
```

8.4 MDI 应用程序

一般说来,Windows 应用程序分为三大类:对话框应用程序、单文档界面(SDI)应用程序和多文档界面(MDI)应用程序。对话框应用程序只给用户显示一个对话框,程序的所有功能都集中在对话框中。单文档界面(SDI)应用程序最典型的例子就是记事本应用程序,该类应用程序给用户提供有菜单、工具栏和一个窗口,在该窗口中要打开一个新文档,必须将当前文档关闭。多文档界面(MDI)应用程序有一个主窗口,在主窗口中可以打开多个子窗口(文档),各个文档显示在各自窗口中。例如 Word、Excel 等都属于多文档界面应用程序。

MDI 应用程序包含两类窗口:一是主窗口,即包含菜单、工具栏和状态栏,并充当内部窗口的容器,如图 8-11 中的窗口 Microsoft Excel;二是子窗口,即打开文档的内部窗口,如图 8-12 中的窗口 Book4 和 Book2。

MDI 应用程序在运行时具有如下特性:

(1)所有子窗体都显示在主窗体的公共区域内。

(2)最小化一个子窗体时,它的图标将显示在主窗体的左下角。

(3)最大化一个子窗体时,它的标题与主窗体的标题组合在一起,并显示在主窗体的标题栏上。

(4)子窗体可以单独关闭,不影响其他的子窗体;而主窗体关闭则其子窗体也一同被关闭。

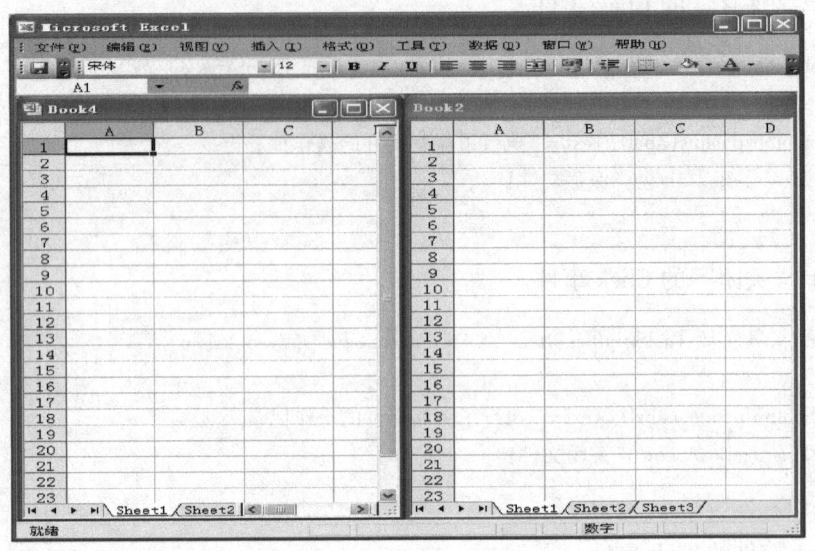

图 8-12　多文档窗体应用程序示例

（5）主窗体可以有菜单、工具栏和状态栏，子窗体也可以有菜单，但子窗体的菜单在显示后显示在主窗体的菜单中。

8.4.1　MDI 主窗体

建立 MDI 应用程序，首先要创建 MDI 主窗体。方法是将要作为主窗体的窗体的 IsMdiContainer 属性设置为 True。

1. 主窗体的常用属性

（1）IsMdiContainer：是否作为主窗体。默认值为 False。
（2）Text：获取或设置主窗体的标题。
（3）WindowState：设置主窗体的状态。一般取值为 Maximized。

2. 主窗体的常用事件和方法

（1）MdiChildActivate 事件：激活或关闭子窗体时发生。
（2）LayOutMdi()方法：排列主窗体中的子窗体。该方法的参数是一个 MdiLayout 类型的枚举值，指定子窗体以何种形式排列在主窗体中：MdiLayout.ArrangeIcons 表示子窗体排列在 MDI 主窗体的工作区中，MdiLayout.Cascade 表示子窗体层叠在主窗体的工作区中，MdiLayout.TileHorizontal 表示子窗体水平平铺在主窗体的工作区中，MdiLayout.TileVertical 表示子窗体垂直平铺在主窗体的工作区中。格式为：

```
this.LayoutMdi(排列方式枚举值);//this 代表的是主窗体
```

8.4.2　MDI 子窗体

MDI 子窗体是 MDI 应用程序的必要元素，是与用户进行交互的中心。创建 MDI 子窗体的方法也十分简单，只需要设置该窗体的 MdiParent 属性值为已创建的父窗体的名称就可以了。

8.4.3 菜单处理

主窗体和子窗体都可以有自己的菜单。主窗体显示时,会显示主窗体的菜单;子窗体显示时,会将当前活动的子窗体的菜单显示在主窗体上;默认情况下,子窗体的菜单项排列在主窗体的菜单项后面进行显示。

控制菜单项操作的属性主要有以下2个:

(1) MergeIndex:该属性表示菜单项相对于要合并的其他菜单项的位置。如果要控制所合并菜单项的顺序,就把该属性设置为大于等于0的值,否则设置为-1。

(2) MergeAction:该属性指定一个菜单项与另一个菜单合并时该如何操作。可以取值如下:

Append:该菜单项放在菜单的最后一个位置;

Insert:插入到满足条件的菜单项的前面;

MatchOnly:需要匹配,但不插入菜单项;

Remove:删除满足条件的菜单项,以插入新菜单项;

Replace:替换匹配的菜单项,把下拉菜单项添加到新加入的菜单项后面。

【例8-5】 MDI 应用程序。

开发一个 MDI 应用程序,该项目中有一个 MDI 主窗口,另外还有两个子窗体,充当具体的功能窗体。程序运行效果图如图8-13 所示。

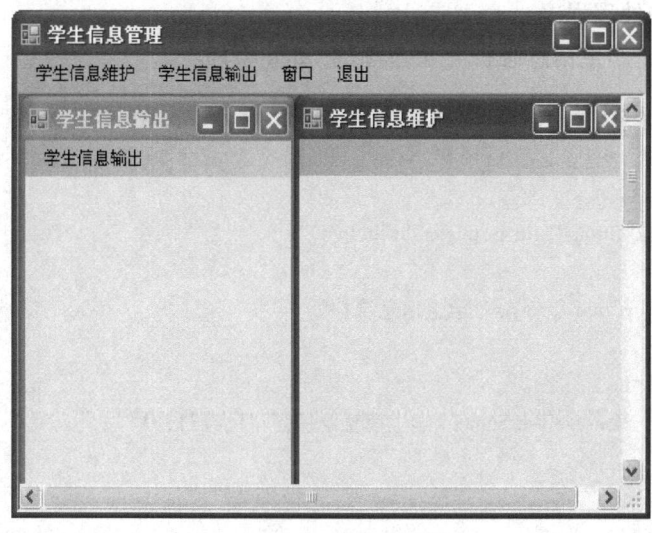

图 8 13 程序运行效果图

开发步骤如下:

(1) 开发主窗体。

1) 建立 Windows 应用程序;

2) 将窗体 Form1 的 Name 属性设置为 frmMain,Text 属性设置为"学生信息管理",IsMdiContainer 属性设置为 True,WindowState 属性设置为 Maximized;

3）向窗体中添加"学生信息维护"、"学生信息输出"、"窗口"（包含"层叠"、"水平平铺"和"垂直平铺"3个子菜单项）和"退出"等菜单项；

4）设置"学生信息维护"和"学生信息输出"两个菜单的 MergeAction 属性值为 Replace。

（2）开发子窗体。

1）向项目中添加两个窗体，分别命名为"frmMaintance"和"frmOutput"；

2）向名称为"frmMaintance"窗体中添加"学生信息维护"菜单项，该菜单项包括"添加记录"、"修改记录"和"删除记录"3个菜单子项；

3）设置"学生信息输出"菜单项的 MergeAction 属性值为 Replace，MergeIndex 属性值为 21（只要是非负值就可以）。设置"添加记录"菜单项的 MergeAction 属性值为 Append，MergeIndex 属性值为 1；设置"修改记录"菜单项的 MergeAction 属性值为 Append，MergeIndex 属性值为 2；设置"删除记录"菜单项的 MergeAction 属性值为 Append，MergeIndex 属性值为 3；

4）仿照（2）、（3）两步，向名称为"frmOutput"窗体中添加"学生信息输出"（包括"打印报表"和"生成上报数据"两个子菜单项）菜单，并修改其 MergeAction 和 MergeIndex 属性值。

5）设置"frmMaintance"窗体的 Text 属性值为"学生信息维护"，窗体"frmOutput"的 Text 属性值为"学生信息输出"。

（3）编写事件处理程序。

1）主窗体中"学生信息维护"菜单项的 Click 事件。

```csharp
private void 学生信息维护ToolStripMenuItem_Click(object sender, EventArgs e)
{
    int i = -1;
    foreach(Form myChild in this.MdiChildren)
    {
        if(myChild.Text == "学生信息维护")
        {
            i = 1;
            MessageBox.Show("学生信息维护窗口已经打开!");
        }
    }
    if(i == -1)
    {
        frmMaintance fmMaintance = new frmMaintance();
        fmMaintance.MdiParent = this;
        fmMaintance.Show();
    }
}
```

2）编写主窗体中"学生信息输出"菜单项的 Click 事件。

```csharp
private void 学生信息输出ToolStripMenuItem_Click(object sender, EventArgs e)
{
    int i = -1;
    foreach(Form myChild in this.MdiChildren)
    {
        if(myChild.Text == "学生信息输出")
        {
            i = 1;
            MessageBox.Show("学生信息输出窗口已经打开!");
        }
    }
    if(i == -1)
    {
        frmOutput fmOutput = new frmOutput();
        fmOutput.MdiParent = this;
        fmOutput.Show();
    }
}
```

3) 编写主窗体"层叠"菜单项的 Click 事件。

```csharp
private void 层叠ToolStripMenuItem_Click(object sender, EventArgs e)
{
    this.LayoutMdi(MdiLayout.Cascade);
}
```

4) 编写主窗体"水平平铺"菜单项的 Click 事件。

```csharp
private void 水平平铺ToolStripMenuItem_Click(object sender, EventArgs e)
{
    this.LayoutMdi(MdiLayout.TileHorizontal);
}
```

5) 编写主窗体"垂直平铺"菜单项的 Click 事件。

```csharp
private void 垂直平铺ToolStripMenuItem_Click(object sender, EventArgs e)
{
    this.LayoutMdi(MdiLayout.TileVertical);
}
```

6) 编写"退出"菜单项的 Click 事件。

```csharp
private void 退出ToolStripMenuItem_Click(object sender, EventArgs e)
{
    this.Close();
}
```

习 题 8

一、选择题

1. 菜单项文本中带有下划线的字符称为_____。
   A. 快捷键　　　　　　B. 访问键　　　　　C. 属性　　　　　　D. 键值

2. 用于创建主菜单控件是_____。
   A. MenuStrip 控件　　　　　　　　　　B. ToolStripMenuItem 控件
   C. MenuItem 控件　　　　　　　　　　D. ToolStrip 控件

3. 以下说法中正确的是_____。
   A. 上下文菜单只能与窗体关联，不能与窗体上的控件关联
   B. 设置菜单项的 ShortcutKeys 属性可以设置菜单项的访问键
   C. 设置菜单项的 Checked 属性可以设置菜单项前面是否显示 "√"
   D. 一个窗体上只有一个主菜单和一个上下文菜单

4. 以下说法中错误的是_____。
   A. 记事本属于多文档应用程序
   B. 活动子窗体的菜单在显示后显示在主窗体的菜单中
   C. 主窗体关闭则子窗体也一同被关闭
   D. 主窗体和子窗体都可以有自己的菜单

二、操作题

1. 在窗体上创建菜单，顶级菜单有"文件"和"格式"两个菜单，"文件"菜单中包括子菜单"关于"和"退出"，它们分别用于显示消息框和退出程序；"格式"菜单包括子菜单"颜色"和"字体"，"颜色"菜单项又包括子菜单"黑色"、"红色"、"蓝色"、"绿色"，它们分别用于修改标签上文本的颜色，"字体"菜单包括子菜单"宋体"、"Times New Roman"、"楷体"、"粗体"、"斜体"，它们分别用于修改标签上文本的字体效果。

2. 继续完善上题，要求加入工具栏和状态栏，工具栏按钮与菜单命令对应，状态栏显示工具按钮提示和当前系统时间。

三、简答题

1. MDI 应用程序中子窗体在主窗体中的排列方式有几种？如何进行设置？
2. 创建状态栏时，与 ToolStripItem 类控件相关联的控件有哪几个？哪个控件是状态栏控件专用的？
3. 如何创建上下文菜单？
4. 如何创建 MDI 窗体？

第 9 章 文件与通用对话框

文件是指在各种存储介质上永久存储的数据的有序集合。编写应用程序时，经常需要以文件的形式保存和读取一些数据。.Net 提供了一些对文件和文件夹进行操作的类，这些类位于 System.IO 命名空间中。表 9-1 列出了这些用于文件操作的常用类及其功能说明。

表 9-1 用于文件操作的常用类及其功能说明

类　　名	说　　明
Directory	提供静态方法，用于创建、移动、复制、删除文件夹
DirectoryInfo	与 Directory 功能相似，必须实例化后才可以调用方法
File	提供静态方法，用于创建、打开、复制、删除文件
FileInfo	与 File 功能相似，必须实例化后才可以调用方法
FileStream	指向文件流，用来读取文件或将数据写入文件
StreamReader	指向文件流，提供了读取文件的方法
StreamWriter	指向文件流，提供了将数据写入文件的方法
Path	提供静态的方法，用来操作路径

9.1 文件与目录管理

File、Directory、FileInfo 和 DirectoryInfo 类均用来管理文件和目录。其中，File 类和 Directory 类分别提供对文件和目录管理的静态方法，不需要实例化类，直接通过类名就可以调用相关方法实现操作；而 FileInfo 类和 DirectoryInfo 类分别与 File 类和 Directory 类具有相同的功能，但是 FileInfo 类和 Directory 类的方法和属性是非静态的，所以必须实例化类后才可以调用方法和属性。运用时可根据实际情况来选取具体使用哪个类，如果只需要对文件和文件夹执行一个操作，则选用 File 和 Directory 类，因为它们是静态类，可以节省实例化类的系统开销；否则，则选用 FileInfo 和 DirectoryInfo 类。

9.1.1 File 和 Directory 类

File 类实现对文件进行创建、复制、移动、删除和打开等操作，该类提供的常用的静态方法见表 9-2。

表 9-2 File 类常用的静态方法

方　　法	说　　明
Copy()	将文件复制到规定的位置
Create()	在规定的路径上创建文件
Delete()	删除文件
Open()	打开文件，并在规定的路径上返回 FileStream 对象
Move()	将规定的文件移动到新位置。可以在新位置为文件规定不同的名称

下面对 File 类中比较重要的方法进行详细介绍。

1. Copy( )方法

语法：

public static void Copy(string sourceFileName, string destFileName);
public static void Copy(string sourceFileName, string destFileName, bool overwrite);

其中，参数 sourceFileName 为要复制的源文件名称；参数 destFileName 为目标文件的名称；参数 overwrite 用来指明当目标文件已经存在时是否覆盖原来的文件，默认值为 False。

2. Create( )方法

语法：

public static FileStream Create(string path);

参数 path 指明文件的路径及名称，返回值是一个 FileStream 对象，它提供对由参数 path 指定的文件进行读、写操作。

3. Delete( )方法

语法：

public static void Delete(string path);

参数 path 指明文件的路径及名称。

4. Move( )方法

语法：

public static void Move(string sourceFileName, string destFileName);

参数 sourceFileName 为要移动的源文件的名称，参数 destFileName 为目标文件，注意，源文件与目标文件的名称可以不相同。

5. Open( )方法

语法：

Public static FileStream Open(string path, FileMode mode);
Public static FileStream Open(string path, FileMode mode, FileAccess access);
Public static FileStream Open(string path, FileMode mode, FileAccess access, FileShare share);

其中，参数 path 为要打开的文件的路径；参数 mode 指定如果文件不存在时如何进行操作；参数 access 指定可以对文件执行的操作；参数 share 指定其他线程所具有的对该文件的访问类型。

参数 mode 是 FileMode 枚举类型，可以取以下值之一：

Append：向文件追加数据；
Create：新建文件，如果已存在同名文件，则将覆盖原文件；
CreateNew：新建文件，如果已存在同名文件，则引发异常；
Open：打开文件；
OpenOrCreate：如果文件已经存在，则打开该文件，否则新建一个文件；
Truncate：截断文件。

参数 access 是 FileAccess 枚举类型，可以取以下值之一：
Read：读操作，只能从文件中读取数据；
ReadWrite：读/写操作，既可以从文件中读取数据，又可以向文件写入数据；
Write：写操作，只能向文件写入数据。
参数 share 是 FileShare 枚举类型，可以取以下值之一：
Inheritable：文件句柄可以由子进程继承；
None：不共享文件；
Read：只读共享文件；
Write：只写共享文件；
ReadWrite：读和写共享文件。

Directory 类实现对文件夹进行复制、移动、重命名、创建和删除等操作，该类提供的常用的静态方法如表 9-3 所示。

表 9-3　Directory 类常用方法

方　　法	说　　明
CreateDirectory( )	创建指定路径中的所有目录
Delete( )	删除规定的目录以及其中的所有文件
GetDirectories( )	返回表示当前目录之下的目录的 Directory 对象的数组
GetFiles( )	返回在当前目录中的 File 对象的数组
Move( )	将规定的目录移动到新位置。可以在新位置为文件夹规定一个新名称

下面对 Directory 类中比较重要的方法进行详细介绍：

1. CreateDirectory( )方法
语法：

public static DirectoryInfo CreateDirectory(string path);

参数 path 指定要创建的目录路径。

2. Delete( )方法
语法：

public static void Delete(string path);
public static void Delete(string path,bool recursive);

其中参数 path 为要移除的空目录的名称，此目录必须为可写或为空；参数 recursive 为布尔类型的值，若要移除 path 中的目录、子目录和文件，则取值为 true，否则为 False。

3. GetFiles( )方法
语法：

public static string[ ] GetFiles(string path);

返回值为指定目录中文件名的 string 数组，文件名中包含完整的路径。

【例 9-1】　File 和 Directory 类的简单应用。

```csharp
using System;
using System.IO;
class Test
{
    public static void Main()
    {
        //定义要进行操作的路径
        string path = "d:\\MyDir";
        string target = "d:\\TestDir";
        try
        {
            if(! Directory.Exists(path))//判断路径是否存在
            {
                Directory.CreateDirectory(path);//路径不存在则创建该路径
            }
            if(Directory.Exists(target))
            {
                //删除目标路径以确保其为空
                Directory.Delete(target,true);
            }
            //将目录移动到新的位置
            Directory.Move(path,target);
            //在该路径下创建一个文件
            File.CreateText(target + "\\myfile.txt");
            //计算文件的个数
            Console.WriteLine("The number of files in {0} is {1}",
                target,Directory.GetFiles(target).Length);
        }
        catch(Exception e)
        {
            Console.WriteLine("The process failed:{0}",e.ToString());
        }
        finally {}
    }
}
```

程序运行结果如图 9-1 所示。

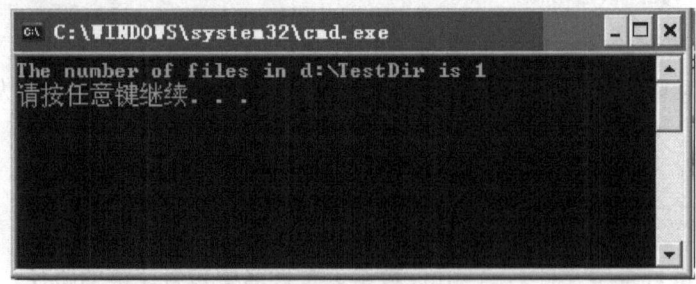

图 9-1　程序运行结果

9.1.2 FileInfo 和 DirectoryInfo 类

FileInfo 类的功能与 File 类的功能相同，其方法和属性是非静态的，使用时需要对该类进行实例化，然后才可以调用。表 9-4 列出了 FileInfo 类的主要属性和方法。

表 9-4　FileInfo 类的主要属性和方法

名　称	含　义
属　性	
Name	文件的名称
Extension	文件的扩展名
FullName	文件的物理路径
Length	文件的大小，单位 Byte
CreationTime	文件的创建时间
LastAccessTime	最后访问文件时间
LastWriteTime	最后修改文件时间
DirectoryName	所在文件夹名称
Attributes	文件属性
Exists	文件是否存在
方　法	
Create( )	创建文件
CopyTo( )	复制文件
MoveTo( )	移动文件
Delete( )	删除文件
CreateText( )	创建文本文件
OpenText( )	将文件以文本格式打开

DirectoryInfo 类的功能与 Directory 类相同，其方法和属性是非静态的，使用时需要对该类进行实例化，然后才可以调用。表 9-5 列出了 DirectoryInfo 类的主要属性和方法。

表 9-5　DirectoryInfo 类的主要属性和方法

名　称	含　义
属　性	
Name	文件夹名称
FullName	文件夹的物理路径
CreationTime	文件夹的创建时间
LastAccessTime	最后访问文件夹的时间
LastWriteTime	最后修改文件夹的时间
Parent	上一级文件夹（父文件夹）的名称
Root	文件夹所在根目录的名称
Exists	文件夹是否存在
方　法	
Create( )	创建文件夹
CreateSubdirectory( )	在指定的路径中创建子目录
MoveTo( )	移动文件夹
Delete( )	删除文件夹
GetDirectories( )	获取指定文件夹下子文件夹名称
GetFiles( )	获取指定文件夹下文件名称

其中 FileInfo 和 DirectoryInfo 类的方法的参数不做具体介绍，详情可参考帮助提示。

【例 9-2】 FileInfo 类的简单应用。

```csharp
using System;
using System.Collections.Generic;
using System.Text;
using System.IO;
namespace ConsoleApplication1
{
    class Program
    {
        static void Main(string[] args)
        {
            FileInfo myFileInfo = new FileInfo(@"d:\myfile.txt");
            myFileInfo.CreateText();
            if(myFileInfo.Exists)
            {
                Console.WriteLine("文件名：{0}",myFileInfo.Name);
                Console.WriteLine("扩展名：{0}",myFileInfo.Extension);
                Console.WriteLine("完整路径是：{0}",myFileInfo.FullName);
                Console.WriteLine("文件大小是：{0}",myFileInfo.Length);
            }
        }
    }
}
```

程序运行结果如图 9-2 所示。

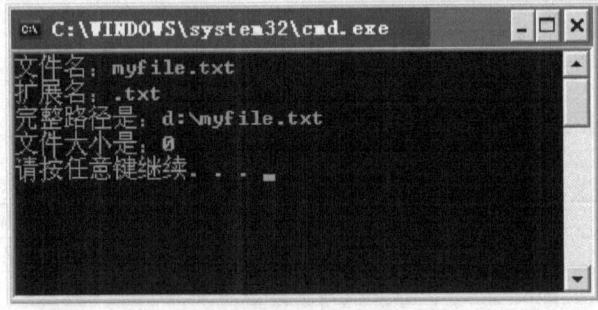

图 9-2　程序运行结果

9.2　文件的读和写

文件最常见的操作就是读和写。C#对文件的读和写是由一些基于流的类实现的。流是序列化设备的抽象表示。序列化设备可以以线性方式存储数据，也可以以同样方式访问。数据的传输有两个方向：一是数据从外部传入到程序中，称为输入流；二是数据从程序传输到外部，称为输出流。

所有表示流的类都是从 Stream 类继承而来的。Stream 类及其派生类提供数据源和储存库的一般视图，使程序员不必了解操作系统和基础设备的具体细节。

在 System.IO 名称空间中，与流相关的类的层次结构如图 9-3 所示。

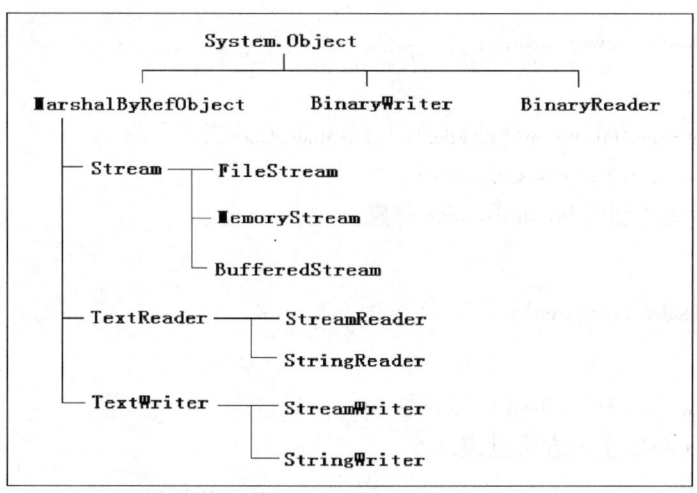

图 9-3　与流相关的类的层次结构

流的 3 种基本操作：

（1）读取：从流到数据结构（如字节数组）的数据传输。

（2）写入：从数据结构到流的数据传输。

（3）查找：对流的当前位置进行查询和修改。

9.2.1　FileStream 类

FileStream 类是对文件进行读写的流类，主要用于对二进制文件的读写。FileStream 类的构造函数有很多，这里仅介绍比较常用的构造函数的原型。

（1）public FileStream(string path,FileMode mode);
（2）public FileStream(string path,FileMode mode,FileAccess access);

参数 path、mode、access 的取值及含义与 File 类的 Open( ) 方法对应参数一致，这里不再赘述。

除此之外，File 类和 FileInfo 类提供了 OpenRead( ) 和 OpenWrite( ) 方法，这两种方法也可以返回 FileStream 对象，前者以只读方式打开文件，后者以只写方式打开文件。

由于 FileStream 类主要用于对二进制文件的读写，所以它操作的是字节和字节数组，编写用 FileStream 读写文件的程序比较复杂，为此，.NET 提供了专门用于读/写文本文件的 StreamReader 和 StreamWriter 类。

9.2.2 StreamReader 类

StreamReader 类是用来从外部读取数据的流类。使用 StreamReader 类读取文件，首先要创建 StreamReader 类的对象，常用以下两种方法来创建 StreamReader 对象。

（1）已经存在 FileStream 对象，使用此对象来创建 StreamReader 对象。

语法：

```
public StreamReader(Stream stream);
```

例如：

```
FileStream aFile = new FileStream("myFile.txt",FileMode.Open);
StreamReader sw = new StreamReader(aFile);
```

（2）直接为文件创建 StreamReader 对象。

语法：

```
public StreamReader(string path);
```

例如：

```
StreamReader sw = new StreamReader("myFile.txt");
```

StreamReader 类的主要方法见表 9-6。

表 9-6 StreamReader 类的主要方法

名称	说明
Read()	读取输入流的下一个字符
ReadLine()	读入输入流的一行字符
ReadToEnd()	读取全部内容
Close()	关闭输入流

下面对重要的方法做一详细介绍：

（1）Read()方法。

语法：

```
public override int Read();
```

作用：读取输入流中的下一个字符，将其转换为正整数值进行返回，并使当前流的位置后移一个位置。到达文件的结尾时，返回值为 -1。

（2）ReadLine()方法。

语法：

```
public override string ReadLine();
```

作用：从文件中读取文本，直到发现回车符为止，并以字符串的形式返回结果。如果到达文件的尾部，则返回值为 Null。

（3）ReadToEnd()方法。

语法：

```
public override string ReadToEnd();
```

作用:读取文件中的全部内容,并以字符串的形式返回。该方法适用于小型文件。

【例9-3】 使用 StreamReader 类从文件中读取数据。

```
using System;
using System.Collections.Generic;
using System.Text;
using System.IO;
namespace ConsoleApplication1
{
    class Program
    {
        static void Main(string[] args)
        {
            FileInfo fileinfo = new FileInfo(@"d:\myfile.txt");
            if(fileinfo.Exists)
            {
                Console.WriteLine("文件的内容是:");
                StreamReader reader = fileinfo.OpenText();
                Console.WriteLine(reader.ReadToEnd());
                reader.Close();
            }
            else
            {
                Console.WriteLine("文件不存在!");
            }
        }
    }
}
```

程序运行结果如图9-4所示。

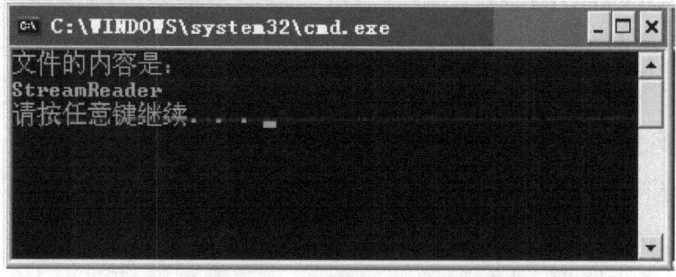

图9-4 程序运行结果

9.2.3　StreamWriter 类

StreamWriter 类是用来向外部写入数据的流类。使用 StreamWriter 流写入文件，首先要创建 StreamWriter 流对象。经常用以下两种方法来创建 StreamWriter 对象。

（1）使用 FileStream 对象来创建 StreamWriter 对象。

语法：

```
public StreamWriter(Stream stream);
```

例如：

```
FileStream aFile = new FileStream("Log.txt",FileMode.CreateNew);
StreamWriter sw = new StreamWriter(aFile);
```

（2）直接为文件创建 StreamWriter 对象。

语法：

```
public StreamWriter(string path);
```

例如：

```
StreamWriter sw = new StreamWriter("Log.txt");
```

StreamWriter 类的主要方法见表 9-7。

表 9-7　StreamWriter 类的主要方法

名　　称	说　　明
Write()	将数据写入流
WriteLine()	将数据写入流并换行
Flush()	将缓冲区的内容写入流
Close()	关闭输出流

下面对一些重要的方法做一详细介绍：

（1）Write()方法。

语法：

```
public override void Write(char ch);
public override void Write(char[ ] ch);
public override void Write(string str);
```

作用：将字符、字符数组、字符串等数据写入文件，不换行。

（2）WriteLine()方法。

语法：

```
public override void WriteLine(char ch);
public override void WriteLine(char[ ] ch);
public override void WriteLine(string str);
```

作用：将字符、字符数组、字符串等数据写入文件，并换行。

【例 9-4】 使用 StreamWriter 类向文件写入数据。

```
using System;
using System.Collections.Generic;
using System.Text;
using System.IO;

namespace ConsoleApplication1
{
    class Program
    {
        static void Main(string[ ] args)
        {
            StreamWriter stream = new StreamWriter(@"d:\myfile.txt");
            stream.WriteLine("书山有路勤为径,");
            stream.WriteLine("学海无涯苦作舟。");
            stream.Close();
        }
    }
}
```

9.3 通用对话框

对话框是应用程序与用户交互的重要手段，当应用程序需要向用户询问信息或显示信息时就会弹出对话框。在 C#中可以创建消息框、通用对话框和自定义对话框等多种类型的对话框。消息框（MessageBox）在前面 7.4 节中已做过介绍，这里不再赘述。图 9-5 列出了 .NET 中对话框的类的层次关系。

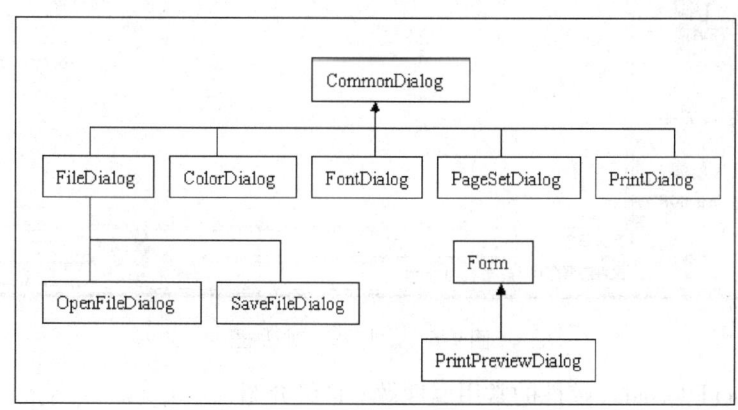

图 9-5 .NET 中对话框的类的层次关系

9.3.1 通用对话框概述

在.NET Framework框架中,抽象类CommonDialog派生了打开文件对话框(OpenFileDialog)、保存文件对话框(SaveFileDialog)、颜色对话框(ColorDialog)、字体对话框(FontDialog)、页面设置对话框(PageSetDialog)和打印对话框(PrintDialog)等类,打印预览对话框(PrintPreviewDialog)派生于Form类。这里只介绍打开文件对话框、保存文件对话框、颜色对话框和字体对话框,这四种对话框位于工具箱中的"对话框"选项卡中。

CommonDialog类定义了通用的方法和事件,见表9-8。

表9-8 CommonDialog通用的方法和事件

名 称	含 义
ShowDialog()方法	显示一个通用对话框
Reset()方法	设置对话框的属性为默认属性
HelpRequest事件	单击对话框的帮助按钮引发该事件

使用通用对话框的步骤分以下几步:
(1)创建通用对话框的实例,并设置其必要的属性。
(2)显示通用对话框,调用ShowDialog()方法。
(3)获取用户的响应,通过对话框的返回值获得。

9.3.2 OpenFileDialog控件

OpenFileDialog控件称为打开文件对话框,用来选择打开文件的路径及文件名。打开"文件"对话框,如图9-6所示。

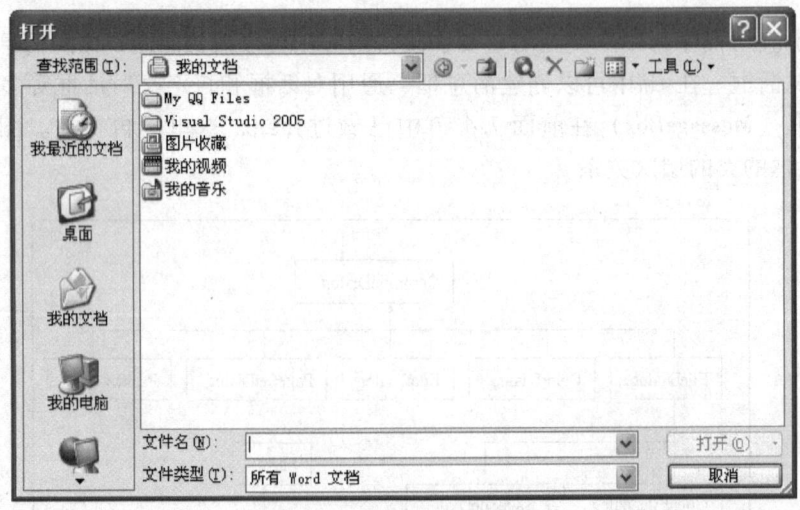

图9-6 "打开"对话框

下面对OpenFileDialog控件的常用属性做一详细介绍:
(1)Title:设置或获取打开文件对话框的标题;
(2)AddExtension:设置是否自动将扩展名添加到文件名上。默认值为True;

(3) FileName：获取或设置用户在打开文件对话框中选择的文件，包括完整的路径和文件名。在应用程序中常借助该属性值，打开某个文件，例如：

```
string filename = OpenFileDialog 控件名称.FileName;
FileInfo fileinfo = new FileInfo(filename);
StreamReader reader = fileinfo.OpenText();
```

（4）Filter：设置对话框中打开的文件的类型，其值是一个过滤器字符串。过滤器字符串可以由多部分组成，例如，过滤器字符串"文本文件(*.txt)|*.txt|所有文件|*.*"由两部分组成，分别为"文本文件(*.txt)|*.txt"和"所有文件|*.*"，两部分之间由"|"分隔；每一部分由两个字符串组成，串之间用"|"分隔，例如第一部分"文本文件(*.txt)|*.txt"由两个字符串组成，其中，第一个字符串"文本文件(*.txt)"表示在打开文件对话框中"文件类型"列表框中显示的文本，第二个字符串"*.txt"表示过滤的文件的扩展名。

（5）FilterIndex：设置或获取打开文件对话框中当前选定过滤器的索引，第一个过滤器的索引值为1，第二个过滤器的索引值为2，依次类推。

（6）Multiselect：设置是否允许在对话框中选择多个文件。默认值为False。

（7）FileNames：当Multiselect属性值为True时，获取用户在打开文件对话框中选择的多个文件及其完整路径的集合。该属性是string类型的数组，遍历数组中的每个元素，便可分别得到用户选择的文件名及其完整路径。例如：

```
OpenFileDialog dlg = new OpenFileDialog();
dlg.Multiselect = true;
if(dlg.ShowDialog() == DialogResult.OK)
{
    foreach(string s in dlg.FileNames)
    {
        Console.WriteLine(s);
    }
}
```

（8）CheckFileExists：设置用户在打开文件对话框中打开不存在的文件名时是否显示警告信息。默认值是True。

（9）CheckPathExists：设置用户在打开文件对话框中打开不存在的路径时是否显示警告信息。默认值是True。

（10）ShowHelp：设置是否显示"帮助"按钮，默认值是False。若该属性设置为True，则可以编写HelpRequest事件。

OpenFileDialog的ShowDialog()方法的返回值只有两个：DialogResult.OK和DialogResult.Cancel。当用户单击"打开"按钮时，返回值为DialogResult.OK，用户单击"取消"按钮时，返回值为DialogResult.Cancel。

【例9-5】 OpenFileDialog控件的应用。

程序运行界面如图9-7所示。单击"文件→打开"菜单，弹出如图9-8所示的"打开"对话框，在此对话框中选择要打开的文件，单击"打开"按钮，则被打开文件的内容显示在图9-7的文本框中。

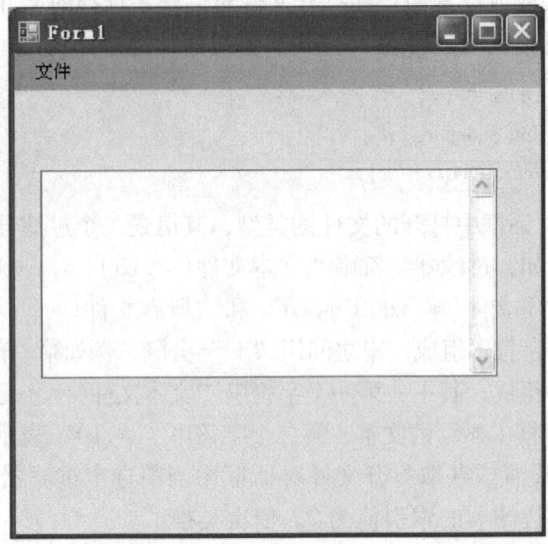

图 9-7　程序运行界面

图 9-8　"打开"对话框

开发步骤如下：

（1）创建 Windows 应用程序。

（2）向窗体中添加 OpenFileDialog 控件、文本框控件和 MenuStrip 控件，添加"文件"菜单，"文件"菜单中包括"新建"、"打开"、"保存"、"关闭"和"退出"菜单项。

（3）添加 System.IO 命名空间，并在窗体的类定义中声明一个 string 类型的变量。如下所示：

```csharp
public partial class Form1:Form
{
    public string filename = "";
    public Form1()
    {
        InitializeComponent();
    }
    ...
}
```

(4) 编写事件处理程序。

1) "新建"菜单项的 Click 事件。

```csharp
private void 新建ToolStripMenuItem_Click(object sender,EventArgs e)
{
    filename = "";
    textBox1.Clear();
}
```

2) "打开"菜单项的 Click 事件。

```csharp
private void 打开ToolStripMenuItem_Click(object sender,EventArgs e)
{
    openFileDialog1.Title = "打开";
    openFileDialog1.Filter = "文本文件(*.txt)|*.txt|程序文件(*.cs)|(*.cs)|所有文件|*.*";
    openFileDialog1.FilterIndex = 1;
    if(openFileDialog1.ShowDialog() == DialogResult.OK)
    {
        string str;
        filename = openFileDialog1.FileName;
        try
        {
            FileStream file = new FileStream(filename,FileMode.Open,FileAccess.Read);
            StreamReader sr = new StreamReader(file);
            str = sr.ReadLine();
            textBox1.Text = "";
            while(str! = null)
            {
                textBox1.Text += str + "\r\n";
                str = sr.ReadLine();
            }
            sr.Close();
            file.Close();
```

```
            }
            catch(Exception ex)
            {
                MessageBox.Show(ex.ToString());
                return;
            }
        }
    }
```

9.3.3 SaveFileDialog 控件

SaveFileDialog 控件称为保存文件对话框控件，用来保存文件。"保存"对话框如图 9-9 所示。

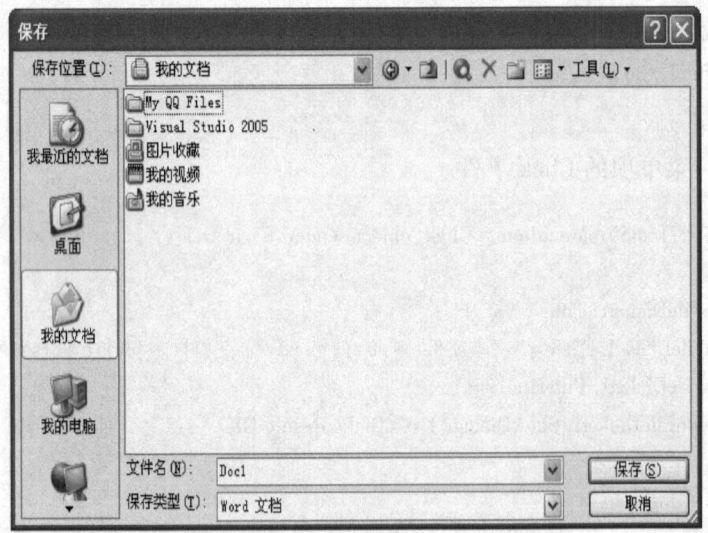

图 9-9 "保存"对话框

保存文件对话框与打开文件对话框的功能是相似的，两者都是获取或设置文件名及其位置。打开文件对话框获取需要打开的文件名称和位置，保存文件对话框获取需要保存的文件的名称和位置。SaveFileDialog 的常用属性如下：

（1）AddExtension：设置当省略文件的扩展名时，保存对话框是否自动将扩展名添加到文件名后。默认值为 True；

（2）CreatePrompt：设置在保存文件对话框中指定一个不存在的文件保存时，是否询问创建该文件。默认值为 False；

（3）FileName：与 OpenFileDialog 相同；

（4）Filter：与 OpenFileDialog 相同；

（5）FilterIndex：与 OpenFileDialog 相同；

（6）CheckFileExists：设置在保存文件对话框中指定一个不存在的文件名保存时，是否显示警告。默认值为 False；

（7）CheckPathExists：设置指定一个不存在的路径保存时，是否显示警告。默认值为 True；

（8）OverwritePrompt：设置如果用户指定的文件名已经存在时，此时保存文件，是否显示替换警告。默认值为 True；

（9）DefaultExt：获取或设置默认文件扩展名。

SaveFileDialog 的 ShowDialog( )方法的返回值与 OpenFileDialog 的相同，这里不再赘述。

【例 9-6】 SaveFileDialog 控件的应用。

继续例 9-5，为"保存"菜单添加事件处理程序。

开发步骤如下：

（1）打开例 9-5。

（2）向窗体中添加 SaveFileDialog 控件。

（3）编写"保存"菜单的 Click 事件。

```
private void 保存ToolStripMenuItem _ Click( object sender, EventArgs e)
{
    if( filename == "" )
    {
        saveFileDialog1. Title = "保存";
        saveFileDialog1. AddExtension = true;
        saveFileDialog1. Filter = "文本文件( * .txt)| * .txt|程序文件( * .cs)|( * .cs)|所有文件| * . * ";
        saveFileDialog1. DefaultExt = ". txt";
        if( saveFileDialog1. ShowDialog( ) == DialogResult. OK)
        {
            try
            {
                filename = saveFileDialog1. FileName;
                StreamWriter writer = new StreamWriter(filename);
                writer. Write( textBox1. Text);
                writer. Close( );
            }
            catch( Exception ex)
            {
                MessageBox. Show( ex. ToString( ));
                return;
            }
        }
    }
}
```

9.3.4 FontDialog 控件

FontDialog 控件为字体对话框，用于设置文本的字体、字号、字形和颜色等。"字体"对话框如图 9-10 所示。

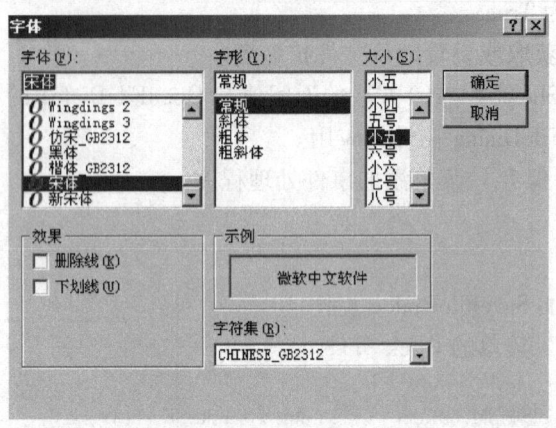

图 9-10 "字体"对话框

FontDialog 控件的用法与 OpenFileDialog 和 SaveFileDialog 控件相似，下面介绍 FontDialog 控件的常用属性：

（1）Font：获取或设置选定的字体。

（2）Color：设置字体的默认颜色。

（3）ShowColor：设置对话框是否显示颜色选择框。默认值为 False。

（4）ShowEffects：设置对话框是否显示下划线和删除线选项。默认值为 True。

（5）MaxSize：设置用户可以选择的最大字号。默认值为 0，表示不设置字号的最大限制。

（6）MinSize：设置用户可以选择的最小字号。默认值为 0，表示不设置字号的最小限制。

（7）ShowApply：设置是否显示应用按钮。默认值为 False。若取值为 True，则可以触发 FontDialog 的 Apply 事件，该事件适当用户单击"应用"按钮时触发。

FontDialog 的 ShowDialog()方法的返回值只有两个：DialogResult.OK 和 DialogResult.Cancel。当用户单击"确定"按钮时，返回值为 DialogResult.OK；用户单击"取消"按钮时，返回值为 DialogResult.Cancel。

【例 9-7】 FontDialog 控件的应用。

继续完善例 9-6，添加"格式"菜单，该菜单包含"字体"和"颜色"两个菜单项。单击"格式→字体"菜单时，打开如图 9-11 所示的"字体"对话框，为文本框中的文本设置字体、字形、大小和效果后，单击"确定"按钮，效果如图 9-12 所示。

开发步骤如下：

（1）打开例 9-6。

（2）为窗体添加"FontDialog"控件和"格式"菜单，为"格式"菜单添加两个子菜单"字体"和"颜色"。

（3）编写"字体"菜单项的 Click 事件。

第 9 章 文件与通用对话框

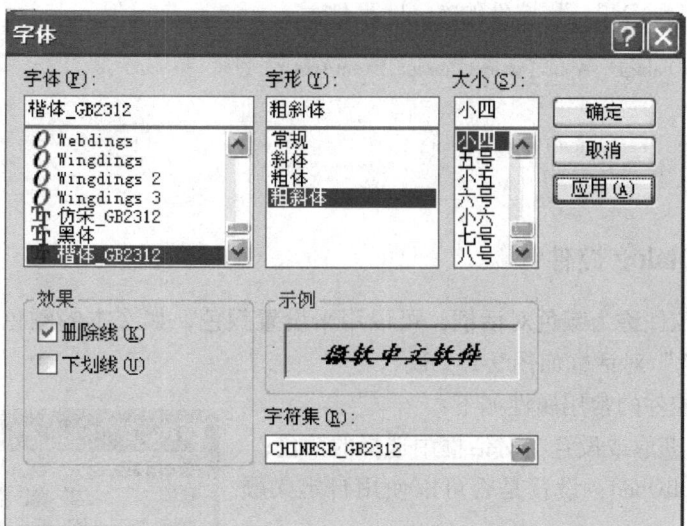

图 9-11 "字体"对话框

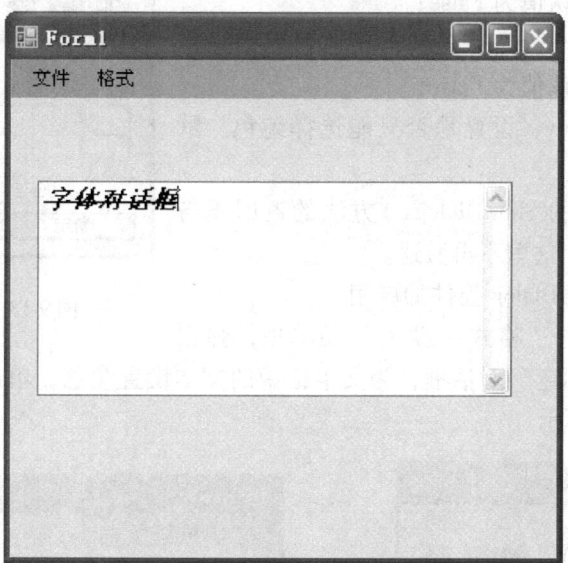

图 9-12 运行效果图

```
private void 字体ToolStripMenuItem_Click(object sender,EventArgs e)
    {
        fontDialog1. ShowApply = true;
        if(fontDialog1. ShowDialog( ) == DialogResult. OK)
        {
            textBox1. Font = fontDialog1. Font;
        }
    }
```

(4) 编写"FontDialog"控件的 Apply 事件。

```
private void fontDialog1 _ Apply(object sender,EventArgs e)
    {
        textBox1.Font = fontDialog1.Font;
    }
```

9.3.5 ColorDialog 控件

ColorDialog 控件称为颜色对话框,可以用来设置颜色,如文本的颜色,控件的背景色、前景色等。"颜色"对话框如图 9-13 所示。

ColorDialog 控件的常用属性如下:

(1) Color:获取或设置在对话框中选择的颜色;

(2) AllowFullOpen:设置是否可以使用自定义颜色。默认值为 True;

(3) FullOpen:设置对话框显示时是否自动打开自定义颜色部分。默认值为 False;

(4) AnyColor:设置是否在基本颜色列表中显示所有可用的颜色。默认值为 False;

(5) SolidColorOnly:设置是否只能选择纯色。默认值为 False。

ColorDialog 控件的 ShowDialog( )方法的返回值与 FontDialog 控件相同,这里不再赘述。

【例 9-8】 ColorDialog 控件的应用。

完善例 9-7,单击"格式→颜色"菜单项,弹出如图 9-14 所示的"颜色"对话框,为文本框中的文本设置颜色,单击"确定"按钮,程序运行效果如图 9-15 所示。

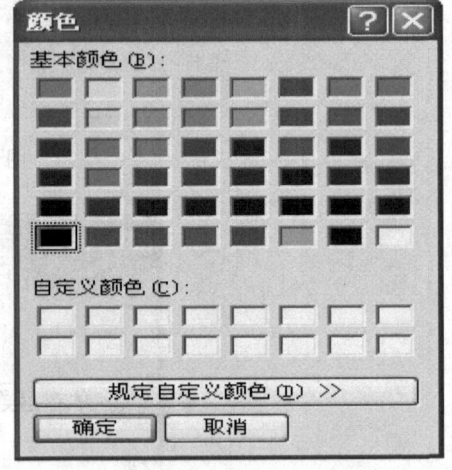

图 9-13 "颜色"对话框

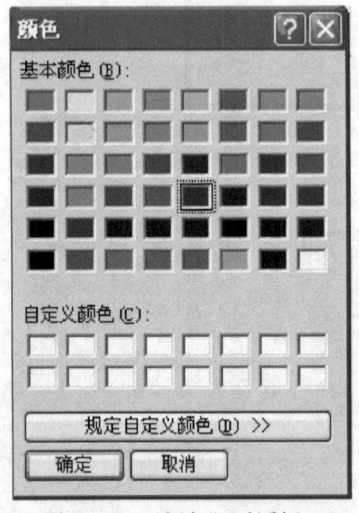

图 9-14 "颜色"对话框

图 9-15 运行效果图

开发步骤如下：
（1）打开例9-7。
（2）向窗体中添加"ColorDialog"控件。
（3）编写"颜色"菜单项的Click事件。

```
private void 颜色ToolStripMenuItem_Click(object sender,EventArgs e)
{
    colorDialog1.AllowFullOpen = true;
    if(colorDialog1.ShowDialog() == DialogResult.OK)
    {
        textBox1.ForeColor = colorDialog1.Color;
    }
}
```

习 题 9

一、选择题

1. 以下说法正确的是 _____。
A. File 类和 Directory 类提供的方法是静态方法，不需要实例化类就可以调用，FileInfo 和 DirectoryInfo 类提供的方法则是实例方法，需要实例化类之后才可以调用
B. StreamReader 类提供的 Read() 方法读取输入流中的下一个字符，到达文件的结尾时，返回值为 Null
C. StreamWriter 类提供的 Write() 方法只能将字符写入文件，不能将字符数组写入文件
D. StreamReader 类提供的 ReadLine() 方法读取输入流中的文本，到达文件的结尾时，返回值为 −1

2. 设置或获取打开文件对话框的标题的属性是 _____。
A. Caption　　　　B. Text　　　　　C. Name　　　　　D. Title

3. 设置或获取保存文件对话框的默认文件扩展名的属性是 _____。
A. Caption　　　　B. DefaultExt　　C. Extension　　　D. Title

4. 设置颜色对话框显示时是否自动打开自定义颜色部分的属性是 _____。
A. FullOpen　　　B. Color　　　　　C. AllowFullOpen　D. AnyColor

二、操作题

编写一个记事本编辑器，要求能打开、保存、另存为、设置字体颜色和大小。

三、简答题

1. 对文件进行读/写操作涉及到哪几个类？它们分别具有哪些重要的属性和方法？
2. 如何创建和使用通用对话框？

第 10 章　ADO.NET 访问数据库

数据库是当前管理数据的最新技术，任何商业应用程序的核心内容是数据。Windows 应用程序与数据库的访问是紧密相连的，绝大多数的 Windows 应用程序会以不同的方式来访问外部数据。微软在.NET 平台上推出了最新的访问技术 ADO.NET，通过在 System.Data 命名空间中提供相关类非常容易地实现了数据访问这一重要技术。

10.1　ADO.NET 简介

ADO.NET 是.NET 中的一个类库，提供了数据库访问的接口，允许程序员链接到数据库，对数据库进行检索、编辑、删除和插入等操作，并在程序中处理数据。

早期应用程序访问数据库是非常困难的。由于每种数据库的格式是不同的，程序开发人员需要对数据库底层的 API 有深入的了解，才能开发出访问数据库的应用程序。后来出现了适用于各种数据库的通用 API，即 Open Database Connectivity（ODBC），开发人员可以在任何数据库系统中使用这个 API，从而为开发程序提供了很大的方便。由于 ODBC 适用于访问传统数据库中的数据，不能访问其他类型的数据，于是 OLE DB 便应运而生。OLE DB 与 ODBC 的工作方式相似，在数据库和应用程序之间提供了一个抽象层，应用程序通过该抽象层与数据源进行通信，数据源无论是传统的数据库，还是其他形式的数据，最终都以表格的形式提供给应用程序，从而解决了 ODBC 的问题。ADO.NET 名称起源于 ADO，ADO 是早期访问数据的一种技术，位于 OLE DB 的顶部，通过使用它所提供的类集，应用程序可以非常方便地访问数据。ADO.NET 的作用与 ADO 相同，只不过功能方面得到增强，所提供的类库位于 System.Data 命名空间下。

ADO.NET 有两个重要的组成部分——数据集（DataSet）和数据提供者。数据集以表格的形式存放一组数据，不关心数据的具体来源；针对不同的数据源使用专用的数据提供者能获得最好的性能。ADO.NET 根据使用数据库的不同，将 System.Data 命名空间划分为 3 类：一是用于 SQL Server 的数据提供者，位于 System.Data.SqlClient；二是用于 OLE DB 的数据提供者，如 Access 和 Oracle 数据库，位于 System.Data.OleDb；三是用于 ODBC 的数据提供者，位于 System.Data.Odbc，大部分数据库都支持 ODBC，但处理速度要慢，所以只在没有相应的 OLE DB 的数据提供程序时才使用。

上述三类数据提供者均提供了用于连接数据库的 Connection 类、用于向数据库发送各种命令的 Command 类、用于从数据源提供数据流的 DataReader 类和用于将数据源和本地存储联系起来的 DataAdapter 类。由于程序对不同类型的数据提供者的操作略有不同，所以每个类都需要明确指明是针对何种数据提供者，方法是在类名字的前面加上 Sql、OleDb 或 Odbc 前缀即可。

10.2 访问数据库的步骤

开发访问数据库的 Windows 应用程序的过程大致分为以下几步:
(1) 引入命名空间。
(2) 创建应用程序与数据库的连接。
(3) 操作数据库的数据。
(4) 返回命令执行结果。
(5) 对返回结果并加以处理。
下面就针对每一步做详细讲述。

10.3 连接数据源

访问数据库第一步就要与待访问的数据建立连接。数据的来源有多种，可以是 Access、SQL Server 和 Oracle 等数据库，还可以是文本文件和 XML 文件等。本章介绍的是与数据库的连接，不做特别说明均指连接的是 SQL Server 2000 数据库。

10.3.1 连接字符串

连接数据库需要创建 SqlConnection 对象。创建 SqlConnection 对象的格式为：

```
SqlConnection 对象名称 = new SqlConnection( string connectionString);
```

其中，connectionString 为连接字符串，类型是 string 类型。连接字符串用于描述如何连接到一个指定的数据库，由一系列关键字和值对组成。连接字符串主要包含以下关键字：
(1) Provider：用于 OLE DB 数据库。
(2) Data Source 或 Server：指明数据库所在服务器名称，如果数据库服务器就在本机上，则取值为 localhost。
(3) Initial Catalog 或 Database：要连接的数据库名称。
(4) Integrated Security：是否使用集成安全配置，布尔类型。
(5) User id 或 uid：登陆数据库所使用的用户名，当使用集成安全配置时此项省略。
(6) Password 或 pwd：登陆数据库所使用的密码，当使用集成安全配置时此项省略。
有两种形式的连接字符串：
(1) 使用用户名和密码的方式登录数据库。

```
string strConn = " server = localhost; uid = sa; pwd = ; Database = Northwind";
```

(2) 使用 Windows 身份验证登录数据库。

```
string strConn = " server = localhost; Integrated Security = true; Database = Northwind";
```

如果连接的是 OLE DB 数据库，以连接 Access 数据库为例，连接字符串的形式为：

```
string strConn = "Provider = Microsoft. Jet. oledb. 4. 0;;data source = d:\student. mdb;";
```

如果数据库有密码,则可以增加 uid 和 pwd 两个键。

10.3.2 Connection 对象的常用属性及方法

1. Open( )方法

在创建了 SqlConnection 对象之后,紧接着需要打开数据库连接,才能访问数据库。这时需要调用 Connection 对象的 Open( )方法,格式为:

```
连接对象名.Open();
```

例如,conn.Open( );

2. Close( )方法

对数据库访问完毕后,需要调用该方法关闭与数据库的连接。格式为:

```
连接对象名.Close();
```

例如,conn.Close( );

3. ConnectionString 属性

该属性用来设置或获取连接对象的连接字符串。可以用以下两条语句来创建连接对象:

```
SqlConnection conn = new SqlConnection();
conn.ConnectionString = "server = localhost;Integrated Security = True;Database = Northwind";
```

上述两条语句等价于:

```
SqlConnection conn = new SqlConnection("server = localhost;Integrated Security = True;Database = Northwind");
```

也可以通过该属性来修改连接字符串,如:

```
conn.ConnectionString = "server = localhost;Integrated Security = True;Database = Teacher";
```

然后再打开连接,将连接到数据库 Teacher。

4. State 属性

获取连接的连接状态,为进一步操作提供依据。值类型为 ConnectionState 枚举成员,见表 10-1。

表 10-1 ConnectionState 枚举成员

值	说 明
Open	连接处于打开状态
Closed	连接处于关闭状态

【例 10-1】 连接 SQL Server 2000 中的 pubs 数据库。

```csharp
using System;
using System.Collections.Generic;
using System.Text;
using System.Data;
using System.Data.SqlClient;

namespace ConsoleApplication1
{
    class Program
    {
        static void Main(string[] args)
        {
            string connectionString = "server = localhost;Initial Catalog = pubs;Integrated Security = true";
            SqlConnection conn = new SqlConnection();
            conn.ConnectionString = connectionString;
            conn.Open();
            if(conn.State == ConnectionState.Open)
            {
                Console.WriteLine("连接已被打开,可以访问数据库!");
            }
            else if(conn.State == ConnectionState.Closed)
            {
                Console.WriteLine("连接已被关闭!");
            }
            conn.Close();
        }
    }
}
```

程序运行结果如图 10-1 所示。

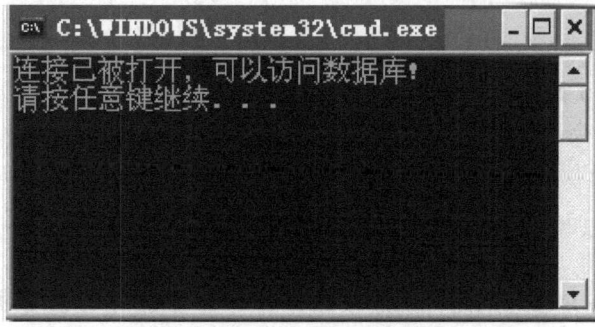

图 10-1　程序运行结果

10.4 操作数据库中的数据

与数据库建立了连接之后,接下来就可以对数据库中的数据进行操作了。操作数据库中的数据需要创建 Command 对象,该对象用于执行 SQL 语句或存储过程。创建的语法为:

SqlCommand 对象名称 = new SqlCommand(命令字符串,连接对象名);

其中,命令字符串为 SQL 语句或存储过程名,连接对象名为已经创建好的连接对象。

例如:

SqlCommand cmd = new SqlCommand("select * from Employees",conn);//conn 为已经创建好的连接对象

除了上述方法之外,还可以使用语法:

SqlCommand 对象名称 = new SqlCommand();

来创建 command 对象,之后通过 Command 对象的属性作进一步的设置。

10.4.1 Command 对象的常用属性

1. Connection 属性

该属性获取或设置命令对象的连接对象。命令对象必须确定连接对象,才知道命令要作用于哪个数据库。

例如,"cmd.Connection = conn;"即命令对象 cmd 的命令作用于 conn 连接对象所指定的数据库。

2. CommandType 属性

该属性设置要执行的命令类型。命令类型可以是 SQL 语句、存储过程或表名称。该属性值为 CommandType 枚举成员,见表 10-2。

表 10-2　CommandType 枚举成员

值	说　明
Text	该值为默认值,命令类型是 SQL 语句
StoredProcedure	命令类型是存储过程
TableDirect	命令类型是表名称

3. CommandText 属性

设置命令对象的命令。如果命令类型的取值为 CommandType.Text,则该属性为要执行的 SQL 语句;如果命令类型的取值为 CommandType.StoredProcedure,则该属性为要调用的存储过程的名称;如果命令类型的取值为 CommandType.TableDirect,则该属性为数据表的名称。

例如,假设 conn 是已经创建好的连接到 Northwind 数据库的连接对象,且该连接已被打开,则下述语句

```
SqlCommand cmd = new SqlCommand();
cmd.Connection = conn;
cmd.CommandType = CommandType.Text;
cmd.CommandText = "select * from Employees";
```

等价于：

```
SqlCommand cmd = new SqlCommand("select * from Employees", conn);
```

假设存在已经编写好的存储过程 SelectCommand，则有

```
SqlCommand cmd = new SqlCommand();
cmd.Connection = conn;
cmd.CommandType = CommandType.StoredProcedure;
cmd.CommandText = "SelectCommand";
```

4. Parameters 属性

该属性用于记录命令中的参数信息，是一个参数列表。该属性常用的方法是 Add() 方法，用于向参数列表中添加参数。

10.4.2 Command 对象的常用方法

1. ExecuteNonQuery() 方法

该方法执行命令，并返回受命令影响的行数。注意，此方法可以执行插入、更新、删除等命令，但不能执行查询命令。

【例 10-2】 ExecuteNonQuery() 方法的简单应用。

```
using System;
using System.Collections.Generic;
using System.Text;
using System.Data;
using System.Data.SqlClient;

namespace ConsoleApplication1
{
    class Program
    {
        static void Main(string[] args)
        {
            SqlConnection conn = new SqlConnection();
            conn.ConnectionString = "server = localhost;Initial Catalog = Northwind;Integrated Security = true";
            conn.Open();
            SqlCommand cmd = new SqlCommand();
            cmd.Connection = conn;
            cmd.CommandText = "update Employees set Region = 'WB' where City = 'London'";
```

```
                int i = cmd.ExecuteNonQuery();
                Console.WriteLine("已成功更新了{0}条记录",i);
                conn.Close();
            }
        }
}
```

程序运行结果如图 10-2 所示。

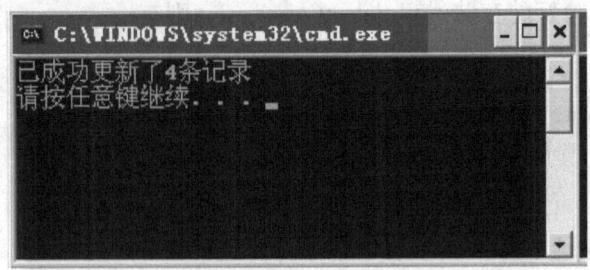

图 10-2　程序运行结果

2. ExecuteReader( )方法

该方法执行命令，并返回一个 DataReader 对象。注意，调用该方法时，命令对象的命令必须是 Select 语句或包含 Select 语句的存储过程。关于该方法的具体应用请参见 10.6 节。

3. ExecuteScalar( )方法

该方法执行 Select 语句，并返回查询所返回的结果集中的第一行的第一列，忽略其他行或列。

【例 10-3】　ExecuteScalar( )方法的简单应用。

```
using System;
using System.Collections.Generic;
using System.Text;
using System.Data;
using System.Data.SqlClient;
namespace ConsoleApplication1
{
    class Program
    {
        static void Main(string[] args)
        {
            SqlConnection conn = new SqlConnection();
            conn.ConnectionString = "server = localhost;initial catalog = Northwind;Integrated Security = true";
            conn.Open();
            SqlCommand cmd = new SqlCommand();
            cmd.Connection = conn;
```

```
        cmd.CommandText="select count(*)from Employees where city='London'";
        int i=Convert.ToInt32(cmd.ExecuteScalar().ToString());
        Console.WriteLine("共查询了{0}条记录",i);
        conn.Close();
    }
  }
}
```

程序运行结果如图 10-3 所示。

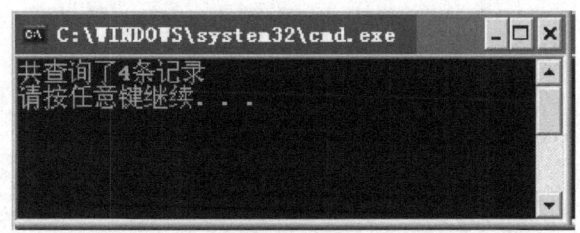

图 10-3　程序运行结果

10.5　带参数的 Command 对象

应用程序中常常需要使用参数来传递和检索数据,这就需要使用带参数的 Command 对象。

在 SQL 语句或存储过程中,参数的表现形式是"@变量名"。例如,对 EmployeeID 取某个值的记录更新其 FirstName 和 LastName 的值,其中 EmployeeID、FirstName 和 LastName 的值需要从外界输入,此时有带参数的 SQL 语句如下:

UPDATE Employees
SET FirstName=@FirstName,LastName=@LastName
WHERE EmployeeID=@EmployeeID

其中,@FirstName、@LastName 和@EmployeeID 为参数,执行该命令时,需要为这些参数提供值,这就要用到 Parameter 对象。

Parameter 对象的创建使用 Parameter 构造函数创建,然后使用 Command 对象的 Parameters 属性的 Add 方法添加到 Command 对象中,下面给出使用 Parameter 的构造函数来创建参数对象的例子。

```
//构造函数第一个参数为参数名,第二个参数为参数数据类型,第三个参数为长度
SqlParameter param=new SqlParameter("@Emp_id",SqlDbType.Char,20);
param.Direction=ParameterDirection.Input;//设置参数传入方向
cmd.Parameters.Add(param);//添加参数
param.Value=this.textBox1.Text;//设置输入参数的值
```

Parameter 类的主要属性如下：

（1）Direction：获取或设置一个值，该值表示参数是一个输入参数、输出参数或双向参数，其值为 ParameterDirection 枚举类型。

（2）ParameterName：获取或设置参数名。

（3）Size：获取或设置参数的最大值，以字节为单位。

（4）SqlDbType：获取或设置参数在 SQL Server 数据库中的类型。其值是 SqlDbType 枚举类型。

（5）Value：获取或设置参数的值。

【例 10-4】 带参数 Command 对象的简单应用。

```csharp
using System;
using System.Collections.Generic;
using System.Text;
using System.Data;
using System.Data.SqlClient;

namespace ConsoleApplication1
{
    class Program
    {
        static void Main(string[] args)
        {
            //创建 Connection 对象,并打开连接
            string connStr = "server = localhost;initial catalog = northwind;Integrated Security = true";
            SqlConnection conn = new SqlConnection(connStr);
            conn.Open();
            //创建带参数的 Command 对象
            SqlCommand cmd = new SqlCommand();
            cmd.Connection = conn;
            cmd.CommandText = "select count( * ) from Employees where City = @ City";
            //创建 Parameter 对象,并设参数的值为 London
            SqlParameter param = new SqlParameter("@ City","London");
            //将 param 添加到 Command 的 Parameters 集合中
            cmd.Parameters.Add(param);
            int i = Convert.ToInt16(cmd.ExecuteScalar().ToString());
            Console.WriteLine("城市为 London 的记录有{0}条",i);
        }
    }
}
```

程序运行结果如图 10-4 所示。

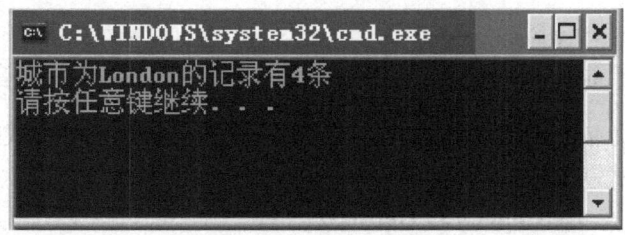

图 10-4　程序运行结果

上述程序中，SQL 语句中只有一个参数，所以只创建了一个 Parameter 对象，如果 SQL 语句中有多个参数，则有几个参数就需要创建几个对应的 Parameter 对象。上述程序中，语句 "SqlParameter param = new SqlParameter("@City","London");" 和 "cmd.Parameters.Add(param);" 可以合并为一条语句 "cmd.Parameters.Add(new SqlParameter("@City","London"));"。

10.6　DataReader 对象

DataReader 对象用于从数据源中简单、快速地读取数据。该对象是一种在线的访问方式，即必须在打开连接的状态下才能读取数据，并且是向前的只读的数据流，不能使用该对象来修改数据库中的数据。DataReader 对象不能实例化，一般是由命令对象的 ExecuteReader() 方法返回的。

10.6.1　DataReader 对象的常用属性

1. HasRows

该属性用于获取 DataReader 对象中是否包含一行或多行数据，类型为布尔类型。经常通过该属性来判断是否有符合条件的记录。

2. FieldCount

该属性用于获取当前行的列数。

3. IsClosed

该属性用于获取数据读取器是否关闭。使用 DataReader 对象时，关联的 Connection 对象只能为该对象服务，所以在不使用 DataReader 对象时，一定要关闭该对象。

10.6.2　DataReader 对象的常用方法

1. Read() 方法

该方法使记录指针前进到下一条记录，返回值为布尔类型。若没有数据，则返回值为 False。

2. Close() 方法

该方法用于关闭 DataReader 对象。由于使用 DataReader 对象时，关联的 Connection 对象只能为该对象服务，所以在不使用 DataReader 对象时，一定要关闭该对象，以释放资源。

3. GetValue()方法

该方法根据指定的列的名称或索引来返回当前行的指定字段的值。语法为：

```
DataReader 对象名.GetValue("字段名");
DataReader 对象名.GetValue(索引);
```

索引从 0 开始，依次递增。第二种访问方式比较直接，第一种方式效率不是很高，所以一般使用第二种方式获取字段的值。

4. GetString()、GetChar()和 GetInt32()等

这些方法使用列的索引号作为参数，返回当前行指定字段的值，返回值的类型由所调用的方法决定。如 GetString()方法返回字符串类型的数据。

【例 10-5】 使用 DataReader 对象读取记录。

```csharp
using System;
using System.Collections.Generic;
using System.Text;
using System.Data;
using System.Data.SqlClient;

namespace ConsoleApplication1
{
    class Program
    {
        static void Main(string[] args)
        {
            SqlConnection conn = new SqlConnection();
            conn.ConnectionString = "server = localhost;Initial catalog = Northwind;Integrated Security = true";
            conn.Open();
            SqlCommand cmd = new SqlCommand();
            cmd.Connection = conn;
            cmd.CommandText = "select LastName,FirstName from Employees where city = 'London'";
            SqlDataReader reader = cmd.ExecuteReader();
            while(reader.Read())
            {
                Console.WriteLine("{0}\t{1}",reader[0],reader[1]);
            }
            reader.Close();
            conn.Close();
        }
    }
}
```

程序运行结果如图 10-5 所示。

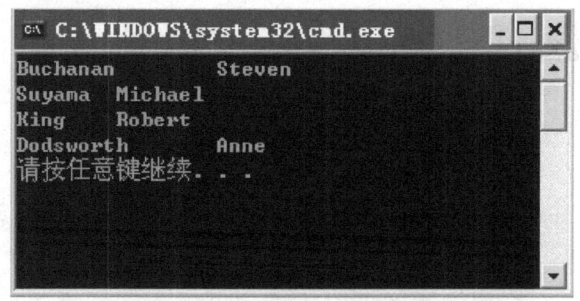

图 10-5　程序运行结果

上述程序中，通过 reader 对象的 Read( )方法逐条读取记录，获取记录中字段的值采用的是 reader[0]和 reader[1]的方法，数字 0 和 1 代表的是各个字段的索引，索引从 0 开始，依次递增。除了采用索引之外，还可以直接使用字段名称作为索引的方法，例如上述程序的输出语句可以替换为"Console. WriteLine("{0}\t{1}",reader["FirstName"],reader["LastName"]);"。

10.7　DataSet 对象

用户提出请求便从数据库中检索数据，然后显示结果。如果用户提出的请求包含多个表中的数据，则需要多次从数据库的相关表中检索数据，无疑增加了访问数据库服务器的次数。如果将检索得到的数据存储在临时存储区中，将大大减少访问服务器的次数，提高应用程序的性能。

DataSet 称为数据集，是一个用于存储从数据源检索到的数据对象。数据集可以理解为一个临时数据库，它是断开式的、存储于内存中的。数据集是由数据行、列、约束和有关表对象中数据关系的信息组成的零个或多个表对象的集合。

数据集不与数据库直接交互，它只是存放数据的容器，与数据库交互的作用是由数据适配器（DataAdapter）来完成的。数据适配器将检索出来的数据按照 DataSet 的数据结构填充到 DataSet 对象中。

概括地说，DataSet 对象具有以下特点：

（1）内存中的数据库：DataSet 对象是数据库中的数据在内存中的一个副本。

（2）数据源的独立性：DataSet 是一个数据容器，放置的是数据源的副本。

（3）断开式的连接：不需要占用 Connection 对象。

（4）使用 XML 格式。

DataSet 的结构如图 10-6 所示。

DataTable 是 DataSet 的重要对象之一，表示内存中的一个关系数据表。DataSet 的 Tables 集合中的每一项都是 DataTable 对象，每个 DataTable 对象的 Rows 集合是由 DataRow 对象组成的，每个 DataTable 对象的 Columns 集合是由 DataColumn 对象组成的。DataTable 是数据集中的一张独立的表，DataRow 代表表中的一行数据，DataColumn 代表表中的一列数据。

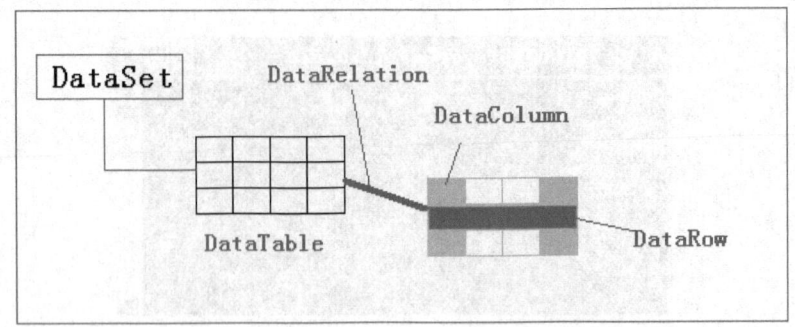

图 10-6　DataSet 结构图

10.7.1　DataSet 对象

DataSet 对象是一个数据集，是数据库中的数据在本地内存的副本。DataSet 对象的创建使用默认构造函数，语法为：

DataSet 对象名 = new DataSet( );

下面介绍 DataSet 的常用属性和方法。

（1）Tables 属性：获取 DataSet 中表的集合。一个数据集中可以包含多个 DataTable，访问其中某个表的语法如下：

DataSet 对象名.Tables[索引];//第一个表的索引为0,依次递增1
或
DataSet 对象名.Tables[表名];//参数表名指的是 DataSet 中的表的名称

例如，假设数据集 ds 中第一个表是 student，则可以通过以下两种方式之一来访问该表：

ds.Tables[0];
ds.Tables["student"];

（2）DataSetName 属性：获取或设置当前数据集的名称。
（3）Clear( )方法：清除数据集中的所有表。

10.7.2　DataTable 对象

DataTable 表示内存中一张数据表，创建 DataTable 对象可以使用以下两种方法：

1. 使用 DataTable 的构造函数创建

DataTable 对象名 = new DataTable(string tableName);

例如，语句"DataTable dt = new DataTable("student");"创建了 DataTable 对象 student，然后可以通过调用 DataSet 对象的 Tables 属性的 Add 方法将其添加到 DataSet 中。假设已经存在 DataSet 对象 ds，则语句"ds.Tables.Add（dt）;"将 dt 添加到了 DataSet 中。

2. 使用 DataSet 的 Tables 属性的 Add 方法

DataSet ds = new DataSet( );

DataTable 对象名 = ds. Tables. Add(string tableName);

这种方法创建了 DataTable 对象并将其直接添加到 DataSet 中。

创建了 DataTable 对象之后,该 DataTable 中没有任何结构,需要通过其 Columns 属性创建表中各个字段,然后通过 Rows 属性将数据添加到表中。下面介绍 DataTable 对象的常用属性和方法。

(1) Rows 属性:表的行的集合。访问表中某一行时的语法如下:

DataTable 对象名. Rows[索引];//第一行的索引为 0,依次递增 1

例如,访问 student 表的第二行,则可以如下访问:

student. Rows[1];

Rows 属性常用的属性和方法:

Count 属性:返回表的行数。

Clear( )方法:清空表中所有的行。

Add( )方法:向表中添加一行,语法为:

DataTables 对象名. Rows. Add(DataRow row);

Remove( )方法:从表中移去一行,语法为:

DataTables 对象名. Rows. Remove(DataRow row);

(2) Columns 属性:表的列的集合。访问表中某一列的语法如下:

DataTable 对象名. Columns[索引];//第一列的索引为 0,依次递增 1

例如,访问 student 表的第一列,则可以如下访问:

student. Columns[1];

Columns 属性也具有 Count 属性、Clear( )、Add( )、Remove( )等常用方法,其语法与 Rows 属性的相似,这里不再赘述。

如果对数据集中某个表定位到几行几列,语法如下:

DataTables 对象名. Rows[索引][索引|列名]. ToString( );//索引从 0 开始,依次递增 1

例如,假定 student 表的第一列的列名是"学号",要访问第一行第一列的数据可以如下操作:

student. Rows[0][0];

或

student. Rows[0]["学号"];

(3) TableName 属性:获取表的名称。

(4) NewRow( )方法:产生一个新行。例如,DataRow dr = student. NewRow( );//student 为一个 DataTable 对象。

【例 10-6】 DataSet 对象应用。

```csharp
using System;
using System.Collections.Generic;
using System.Text;
using System.Data;
using System.Data.SqlClient;

namespace ConsoleApplication1
{
    class Program
    {
        static void Main(string[] args)
        {
            DataSet ds = new DataSet();
            DataTable dt = new DataTable("student");
            //在表student中添加"学号"字段,该字段的类型为字符串类型
            dt.Columns.Add("学号", Type.GetType("System.String"));
            //在表student中添加"姓名"字段,该字段的类型为字符串类型
            dt.Columns.Add("姓名", Type.GetType("System.String"));
            //在表student中添加"年龄"字段,该字段的类型为整型
            dt.Columns.Add("年龄", Type.GetType("System.Int32"));
            //向表student中添加一个空白行
            DataRow row1 = dt.NewRow();
            //为空白行的各个字段赋值
            row1[0] = "101";
            row1[1] = "王凡";
            row1[2] = "18";
            dt.Rows.Add(row1);
            DataRow row2 = dt.NewRow();
            row2[0] = "102";
            row2[1] = "李英";
            row2[2] = "21";
            dt.Rows.Add(row2);
            ds.Tables.Add(dt);
            //输出各个字段的值
            for(int i = 0; i < dt.Rows.Count; i++)
            {
                for(int j = 0; j < dt.Columns.Count; j++)
                {
                    Console.Write(dt.Rows[i][j].ToString() + "\t");
                }
                Console.Write("\n");
            }
```

```
        //删除表的第一行,第一行索引为 0
        dt.Rows.RemoveAt(0);
        Console.WriteLine("删除一行数据后表中的数据");
        for(int i=0;i<dt.Rows.Count;i++)
        {
            for(int j=0;j<dt.Columns.Count;j++)
            {
                Console.Write(dt.Rows[i][j].ToString()+"\t");
            }
            Console.Write("\n");
        }
    }
}
```

程序运行结果如图 10-7 所示。

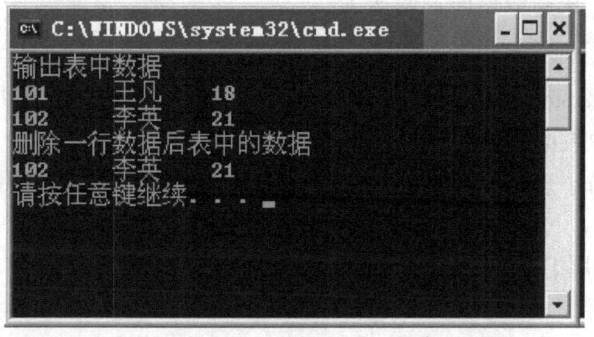

图 10-7　程序运行结果

10.8　DataAdapter 对象

DataAdapter 称为数据适配器，是将数据集和数据库联系起来的对象。DataAdapter 对象既可以从数据源中获取数据，将数据填充到数据集中，又可以把数据集的变化提交给数据源，所以 DataAdapter 对象负责数据源与数据集间数据的交互。

创建 DataAdapter 对象的语法为：

SqlDataAdapter adapter = new SqlDataAdapter(查询语句,连接对象名);

或

SqlDataAdapter adapter = new SqlDataAdapter();
adapter.SelectCommand = 查询语句;

10.8.1 常用属性

DataAdapter 的常用属性有：
(1) SelectCommand：设置或获取 SQL 语句或存储过程，用于查询数据。
(2) InsertCommand：设置或获取 SQL 语句或存储过程，用于插入数据。
(3) UpdateCommand：设置或获取 SQL 语句或存储过程，用于更新数据。
(4) DeleteCommand：设置或获取 SQL 语句或存储过程，用于删除数据。
以上 4 个属性都是 Command 类型。

10.8.2 常用方法

DataAdapter 的常用方法有：
(1) Fill()：填充数据集。语法为：

DataAdapter 对象名.Fill(数据集名,表名);

例如，语句"adapter.Fill(ds,"student");"表明从数据库中获取的数据填充到 DataSet 对象 ds 的表对象 student 中，获取的数据由数据适配器的 SelectCommand 属性决定。
(2) Update()：更新数据库。语法为：

DataAdapter 对象名.Update(数据集名,表名);

例如，语句"adapter.Updata(ds,"student");"表明将数据集 ds 中的变动同步映射给数据库，实现数据库中数据的更新。

以上两种方法的"表名"参数指的是数据集中的表名，该表名可以与数据库中表名相同，也可以不同。

【例 10-7】 使用 DataAdapter 与 DataSet 查询数据。

```
using System;
using System.Collections.Generic;
using System.Text;
using System.Data;
using System.Data.SqlClient;

namespace ConsoleApplication1
{
    class Program
    {
        static void Main(string[] args)
        {
            //第一步:创建 Connection 对象,并打开连接
            string connectionString = "server = localhost;initial catalog = Northwind;integrated security = true";
            SqlConnection conn = new SqlConnection(connectionString);
            conn.Open();
            //第二步:创建数据适配器,首先设置查询字符串
```

```csharp
string selectString = "select EmployeeID,LastName,FirstName,BirthDate from Employees";
//然后用查询字符串和连接对象来初始化数据适配器对象
SqlDataAdapter adapter = new SqlDataAdapter(selectString,conn);
//第三步:创建数据集
DataSet ds = new DataSet();
//第四步:填充数据集
adapter.Fill(ds,"employeeinfo");
//输出数据
Console.WriteLine("表中的数据");
for(int i = 0;i < ds.Tables[0].Rows.Count;i ++)
{
    for(int j = 0;j < ds.Tables[0].Columns.Count;j ++)
    {
        Console.Write(ds.Tables[0].Rows[i][j] + "\t");
    }
    Console.Write("\n");
}
}
}
```

程序运行结果如图 10-8 所示。

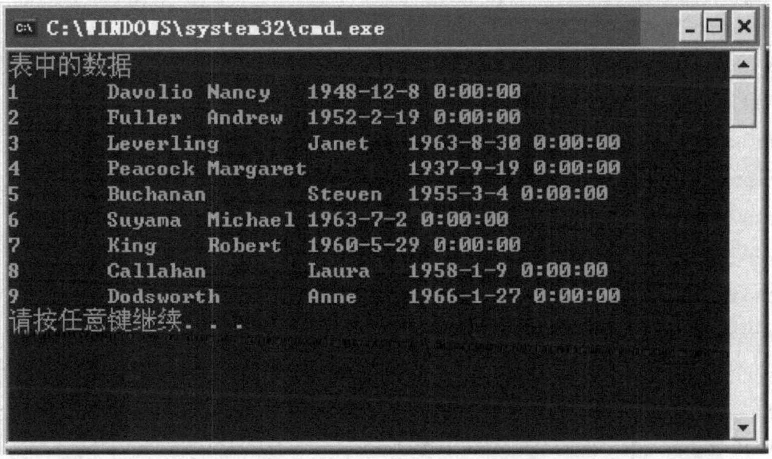

图 10-8　程序运行结果

概括地说，使用数据适配器和数据集读取数据分为以下几步：
(1) 创建 Connection 对象，并打开连接。
(2) 创建 DataAdapter 对象。
(3) 创建 DataSet 对象。
(4) 调用 DataAdapter 对象的 Fill 方法填充 DataSet。
(5) 访问 DataSet 中的数据。

【例10-8】 使用 DataAdapter 与 DataSet 添加数据。

```csharp
using System;
using System.Collections.Generic;
using System.Text;
using System.Data;
using System.Data.SqlClient;

namespace ConsoleApplication1
{
    class Program
    {
        static void Main(string[] args)
        {
            //第一步,创建 Connection 对象,并打开连接
            string connStr = "server = localhost;Initial catalog = Northwind;Integrated Security = true";
            SqlConnection conn = new SqlConnection(connStr);
            conn.Open();
            //第二步,创建数据适配器,首先定义 SelectCommand
            SqlCommand selectCmd = new SqlCommand("select LastName,FirstName from Employees",conn);
            //然后定义 InsertCommand
            SqlCommand insertCmd = new SqlCommand("insert into Employees(LastName,FirstName) values(@LastName,@FirstName)",conn);
            insertCmd.Parameters.Add("@LastName",SqlDbType.NVarChar,20,"LastName");
            insertCmd.Parameters.Add("@FirstName",SqlDbType.NVarChar,10,"FirstName");
            //最后创建并配置数据适配器
            SqlDataAdapter adapter = new SqlDataAdapter();
            adapter.SelectCommand = selectCmd;
            adapter.InsertCommand = insertCmd;
            //第三步,创建 DataSet
            DataSet ds = new DataSet();
            //第四步,填充数据集
            adapter.Fill(ds,"employeeinfo");
            //第五步,向数据集中添加一条记录
            DataRow row = ds.Tables[0].NewRow();
            row["LastName"] = "smith";
            row["FirstName"] = "woken";
            ds.Tables[0].Rows.Add(row);
            //第六步,更新数据库
            adapter.Update(ds,"employeeinfo");
        }
    }
}
```

概括地说，使用数据适配器和数据集添加数据分为以下几步：
(1) 创建 Connection 对象，并打开连接。
(2) 创建 DataAdapter 对象，定义并配置其 SelectCommand、InsertCommand 属性。
(3) 创建 DataSet 对象。
(4) 调用 DataAdapter 对象的 Fill 方法填充 DataSet。
(5) 向数据集中添加一条记录。
(6) 调用 DataAdapter 对象的 Update 方法更新数据库中的数据。

【例 10-9】 使用 DataAdapter 和 DataSet 修改数据。

```csharp
using System;
using System.Collections.Generic;
using System.Text;
using System.Data;
using System.Data.SqlClient;

namespace ConsoleApplication1
{
    class Program
    {
        static void Main(string[] args)
        {
            //第一步,创建 Connection 对象
            string strConn = "server = localhost;initial catalog = northwind;Integrated Security = true";
            SqlConnection conn = new SqlConnection(strConn);
            //第二步,创建 Adapter 对象,首先定义 SelectCommand
            SqlCommand selectCmd = new SqlCommand("select EmployeeID,FirstName,LastName from Employees",conn);
            //然后定义 UpdateCommand
            SqlCommand updateCmd = new SqlCommand("update Employees set FirstName = @FirstName,LastName = @LastName where EmployeeID = @EmployeeID",conn);
            updateCmd.Parameters.Add("@FirstName",SqlDbType.NVarChar,20,"FirstName");
            updateCmd.Parameters.Add("@LastName",SqlDbType.NVarChar,10,"LastName");
            updateCmd.Parameters.Add("@EmployeeID",SqlDbType.Int,4,"EmployeeID");
            //最后创建并配置数据适配器
            SqlDataAdapter adapter = new SqlDataAdapter();
            adapter.SelectCommand = selectCmd;
            adapter.UpdateCommand = updateCmd;
            //第三步,创建 DataSet
            DataSet ds = new DataSet();
            //第四步,填充数据集
            adapter.Fill(ds,"employeeinfo");
            Console.WriteLine("请输入要更新数据的 EmployeeID");
```

```
            int id = Convert.ToInt16(Console.ReadLine());
            DataRow newRow = null;
            //第五步,修改数据,首先获取待更新的记录
            foreach(DataRow row in ds.Tables[0].Rows)
                if(Convert.ToInt16(row["EmployeeID"].ToString()) == id)
                    newRow = row;
            //然后修改记录
            newRow["FirstName"] = "jack";
            newRow["LastName"] = "John";
            //第六步,更新数据源
            adapter.Update(ds,"employeeinfo");
        }
    }
}
```

概括地说,使用数据适配器和数据集添加数据分为以下几步:
(1) 创建 Connection 对象,并打开连接。
(2) 创建 DataAdapter 对象,定义并配置其 SelectCommand、UpdateCommand 属性。
(3) 创建 DataSet 对象。
(4) 调用 DataAdapter 对象的 Fill 方法填充 DataSet。
(5) 在数据集中修改记录。
(6) 调用 DataAdapter 对象的 Update 方法更新数据库中的数据。

【例 10-10】 使用 DataAdapter 和 DataSet 删除数据。

```
using System;
using System.Collections.Generic;
using System.Text;
using System.Data;
using System.Data.SqlClient;

namespace ConsoleApplication1
{
    class Program
    {
        static void Main(string[] args)
        {
            //第一步,创建 Connection 对象,并打开连接
            string connStr = "server=localhost;initial catalog=northwind;Integrated Security=true";
            SqlConnection conn = new SqlConnection(connStr);
            conn.Open();
            //第二步,创建 DataAdapter 对象,首先定义 SelectCommand
            SqlCommand selectCmd = new SqlCommand("select * from Employees",conn);
            //然后定义 DeleteCommand
```

```
            SqlCommand deleteCmd = new SqlCommand("delete from Employees where EmployeeID = @ Employ-
eeID",conn);
            deleteCmd. Parameters. Add("@ EmployeeID",SqlDbType. Int,4,"EmployeeID");
            //最后创建 DataAdapter
            SqlDataAdapter adapter = new SqlDataAdapter();
            adapter. SelectCommand = selectCmd;
            adapter. DeleteCommand = deleteCmd;
            //第三步,创建 DataSet
            DataSet ds = new DataSet();
            //第四步,填充数据集
            adapter. Fill(ds,"employeeinfo");
            Console. WriteLine("请输入要删除记录的 id 号");
            int id = Convert. ToInt16(Console. ReadLine());
            //第五步,查找要删除的记录,并删除
            foreach(DataRow row in ds. Tables[0]. Rows)
                if(Convert. ToInt16(row["EmployeeID"]. ToString()) == id)
                    row. Delete();
            //第六步,更新数据库
            adapter. Update(ds,"employeeinfo");
        }
    }
}
```

概括地说,使用数据适配器和数据集删除数据分为以下几步:
(1) 创建 Connection 对象,并打开连接。
(2) 创建 DataAdapter 对象,定义并配置其 SelectCommand、DeleteCommand 属性。
(3) 创建 DataSet 对象。
(4) 调用 DataAdapter 对象的 Fill 方法填充 DataSet。
(5) 在数据集中删除符合条件的记录。
(6) 调用 DataAdapter 对象的 Update 方法更新数据库中的数据。

从以上 4 个例子可以看出,使用数据适配器和数据集操作数据库中的数据时,从数据库查询数据并填充到 DataSet 时,使用的是 DataAdapter 的 SelectCommand 属性定义的查询语句,在 DataSet 中执行插入、更新、删除记录时,向数据源提交变化后的结果,即执行 DataAdapter 对象的 Update()方法时,分别执行 InsertCommand、UpdateCommand 和 DeleteCommand 属性定义的命令。

10.9 DataReader 与 DataSet 的区别

应用程序访问数据库中的数据时,既可以使用 DataReader 对象从数据库中读取数据,又可以使用 DataSet 对象将数据放在本地内存中,但两者存在一定的差异,主要表现在以下几个方面:

（1）DataReader 与具体的数据库管理系统有关；DataSet 是存放数据的容器，其数据可以来源于各种数据源，甚至可以是本地数据。

（2）DataReader 是在线处理方式，访问数据的过程中需要与数据库保持连接，关闭连接后就不能从数据库中读取数据；DataSet 是离线处理方式，是数据库在内存中的副本，数据填充到 DataSet 后，不需要与数据库建立连接，其他用户便可以使用数据库。

（3）DataReader 是只读的，只向前读取数据，不能对数据进行修改；DataSet 可以访问任意行，甚至可以对数据进行改动，然后将改动后的数据同步映射到数据库中。

（4）DataSet 中的数据是通过数据适配器（DataAdapter）的 Fill 方法填充的，DataReader 自身就是一个数据访问类，通过 Command 对象的 ExecuteReader( ) 方法来获取数据；从 DataReader 中读取数据要比 DataSet 要快。

总之，两者各有优缺点，具体使用哪种对象需要具体问题具体分析。当数据量较少，不需要缓存数据时，可以使用 DataReader；当数据来源于多个数据库，为减轻数据库服务器的负担，则可以考虑使用 DataSet。

10.10 CommandBuilder 对象

使用 DataAdapter 对象将数据集中数据的更新同步映射到数据库中是件非常繁琐的事情，需要设置 DataAdapter 对象的 InsertCommand、UpdateCommand、DeleteCommand 属性。使用 CommandBuilder 对象可以使该项工作简化，它会根据需要自动创建 InsertCommand、UpdateCommand 和 DeleteCommand 属性所需要的命令。

CommandBuilder 对象的创建需要用 DataAdapter 初始化，语法为：

SqlCommandBuilder 对象名 = new SqlCommandBuilder(DataAdapter 对象)；

参数 DataAdapter 对象用来指明 CommandBuilder 为哪个数据适配器自动产生 InsertCommand、UpdateCommand 和 DeleteCommand 属性所需要的命令。

【例 10-11】 CommandBuilder 对象的简单应用。

```
using System;
using System.Collections.Generic;
using System.Text;
using System.Data;
using System.Data.SqlClient;

namespace ConsoleApplication1
{
    class Program
    {
        static void Main(string[ ] args)
        {
            //创建 Connection 对象，并打开连接
            string connStr = " server = localhost;initial catalog = northwind;Integrated Security = true" ;
            SqlConnection conn = new SqlConnection(connStr);
```

```
            conn.Open();
            //创建 DataAdapter
            SqlCommand selectCmd = new SqlCommand("select * from Employees",conn);
            SqlDataAdapter adapter = new SqlDataAdapter();
            adapter.SelectCommand = selectCmd;
            //创建 CommandBuilder
            SqlCommandBuilder builder = new SqlCommandBuilder(adapter);
            //创建 DataSet
            DataSet ds = new DataSet();
            //填充数据集
            adapter.Fill(ds,"employeeinfo");
            Console.WriteLine("请输入要删除记录的 id 号");
            int id = Convert.ToInt16(Console.ReadLine());
            //查找要删除的记录,并删除
            foreach(DataRow row in ds.Tables[0].Rows)
            if(Convert.ToInt16(row["EmployeeID"].ToString()) == id)
            row.Delete();
            //第六步,更新数据库
            adapter.Update(ds,"employeeinfo");
        }
    }
}
```

上述程序中,并没有创建 adapter 对象的 DeleteCommand 属性所对应的命令文本,创建的 CommandBuilder 对象 builder 在执行"adapter.Update(ds,"employeeinfo");"语句时将自动创建命令文本。

使用 CommandBuilder 虽然可以简化一定的工作,但它也有其局限性:
(1) 仍然需要设置 DataAdapter 的 SelectCommand 属性。
(2) 执行效率较低。
(3) DataAdapter 的 SelectCommand 属性查询得到的结果中必须包含主键。

10.11 使用存储过程

存储过程是数据库的一个重要组成部分,具有安全高效的特点,是数据库访问中一项常用技术。ADO.NET 支持使用存储过程,提高应用程序的速度和效率。

根据存储过程是否带有参数可以分为以下两大类:
(1) 使用不带参数的存储过程。
(2) 使用带参数的存储过程。

10.11.1 使用不带参数的存储过程

【例 10-12】 调用不带参数的存储过程。

首先创建存储过程。在数据库 Northwind 中创建一存储过程 selectEmployeeInfo，查询表 Employees 的所有记录。

```sql
CREATE PROCEDURE selectEmployeeInfo
AS
    select EmployeeID,FirstName,LastName from Employees
GO
```

接下来开发应用程序，通过调用存储过程 selectEmployeeInfo 的方式来查询数据库中的记录，并显示出来。代码如下：

```csharp
using System;
using System.Collections.Generic;
using System.Text;
using System.Data;
using System.Data.SqlClient;
namespace ConsoleApplication1
{
    class Program
    {
        static void Main(string[] args)
        {
            //创建 Connection 对象,并打开连接
            string connectionString = "server = localhost;initial catalog = Northwind;integrated security = true";
            SqlConnection conn = new SqlConnection(connectionString);
            conn.Open();
            //创建 Command 对象
            SqlCommand cmd = new SqlCommand();
            cmd.Connection = conn;
            cmd.CommandType = CommandType.StoredProcedure;
            cmd.CommandText = "selectEmployeeInfo";
            SqlDataReader reader = cmd.ExecuteReader();
            while(reader.Read())
            {
                Console.WriteLine("{0}\t{1}\t{2}",reader[0],reader[1],reader[2]);
            }
            reader.Close();
            conn.Close();
        }
    }
}
```

程序运行结果如图 10-9 所示。

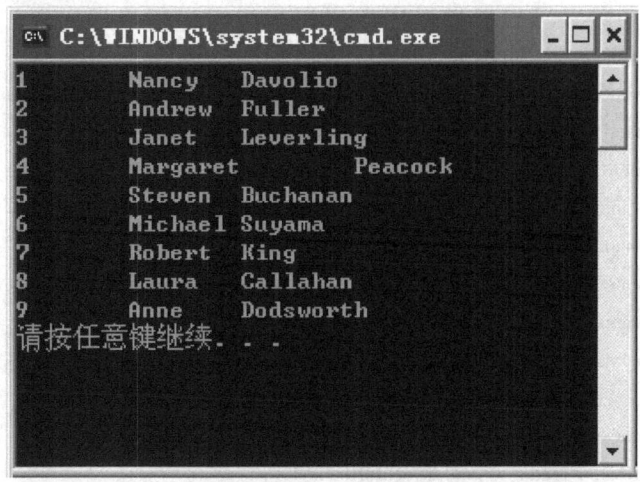

图 10-9　程序运行结果

10.11.2　使用带参数的存储过程

存储过程的参数分为输入参数和输出参数两种，输入参数是向存储过程传递数据，输出参数是从存储过程传出参数。下面分别通过两个例子介绍带有输入参数存储过程的调用和带有输出参数存储过程的调用。

【例 10-13】　调用带输入参数的存储过程。

首先创建存储过程。在 Northwind 数据库中创建一个存储过程如下所示：

```
CREATE PROCEDURE inParamProcedure
    @ City nvarchar(15)
AS
    select EmployeeID,FirstName,LastName
    from Employees
    where City = @ City
GO
```

接下来开发应用程序，代码如下：

```
using System;
using System.Collections.Generic;
using System.Text;
using System.Data;
using System.Data.SqlClient;
namespace ConsoleApplication1
{
    class Program
    {
```

```
static void Main(string[ ]args)
{
    //创建 Connection 对象,并打开连接
    string connectionString = "server = localhost;initial catalog = Northwind;integrated security = true";
    SqlConnection conn = new SqlConnection(connectionString);
    conn.Open();
    //创建 Command 对象
    SqlCommand cmd = new SqlCommand();
    cmd.Connection = conn;
    cmd.CommandType = CommandType.StoredProcedure;
    cmd.CommandText = "inParamProcedure";
    //创建参数对象,并为参数@City 赋值"London"
    cmd.Parameters.Add(new SqlParameter("@City","London"));
    SqlDataReader reader = cmd.ExecuteReader();
    while(reader.Read())
    {
        Console.WriteLine("{0}\t{1}\t{2}",reader[0],reader[1],reader[2]);
    }
    reader.Close();
    conn.Close();
}
```

程序运行结果如图 10-10 所示。

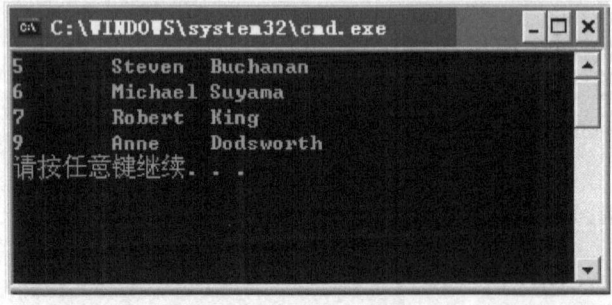

图 10-10　程序运行结果

创建参数对象时,如果不做特别说明,均指传输方向为"输入"的参数,即该参数的 Direction 属性的取值为 ParameterDirection.Input。

【例 10-14】　调用带输出参数的存储过程。

首先创建存储过程。在 Northwind 数据库中创建一个存储过程如下所示:

```sql
CREATE PROCEDURE outParamProcedure
    @FirstName nvarchar(10),
    @id int OUTPUT
AS
    select @id = EmployeeID
    from Employees
    where FirstName = @FirstName
RETURN
GO
```

接下来开发应用程序,代码如下:

```csharp
using System;
using System.Collections.Generic;
using System.Text;
using System.Data;
using System.Data.SqlClient;
namespace ConsoleApplication1
{
    class Program
    {
        static void Main(string[] args)
        {
            //创建 Connection 对象,并打开连接
            string connectionString = "server=localhost;initial catalog=Northwind;integrated security=true";
            SqlConnection conn = new SqlConnection(connectionString);
            conn.Open();
            //创建 Command 对象
            SqlCommand cmd = new SqlCommand();
            cmd.Connection = conn;
            cmd.CommandType = CommandType.StoredProcedure;
            cmd.CommandText = "outParamProcedure";
            //创建参数对象
            cmd.Parameters.Add("@FirstName", "Nancy");
            cmd.Parameters.Add("@id", SqlDbType.Int);
            //参数@id 是输出参数,定义其 Direction 属性值
            cmd.Parameters["@id"].Direction = ParameterDirection.Output;
            cmd.ExecuteNonQuery();
            Console.WriteLine("id 号为{0}", cmd.Parameters["@id"].Value.ToString());
            conn.Close();
        }
    }
}
```

程序运行结果如图 10-11 所示。

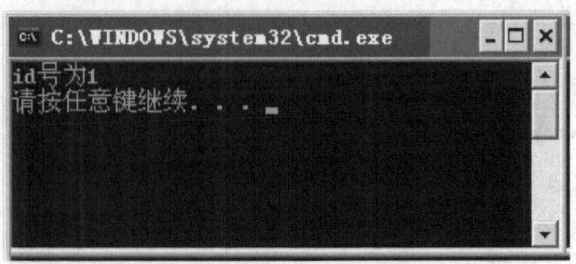

图 10-11 程序运行结果

10.12 Windows 应用程序访问数据库

前面所介绍的是在控制台应用程序中访问数据库。在实际开发中，Windows 应用程序因为其具有界面美观、交互性强的优点备受用户的欢迎。这节将简单介绍在 Windows 应用程序中如何访问数据库。

10.12.1 数据绑定

Windows 应用程序通常的做法是用户在前台界面执行操作，即发出命令，ADO.NET 对象根据用户发出的请求操作数据库，对数据库做出修改或从数据库中提取出来的数据显示到前台界面上。

Windows 应用程序中一般使用 Label、TextBox、ListBox、ComboBox 和 CheckedListBox 等控件与从数据源中获得的数据实现绑定。

【例 10-15】 Windows 应用程序简单地查询数据库。

程序运行界面如图 10-12 所示。

程序开发步骤如下：

（1）建立 Windows 应用程序，参照图 10-12，向窗体中拖放控件。

（2）编写窗体的 Load 事件。

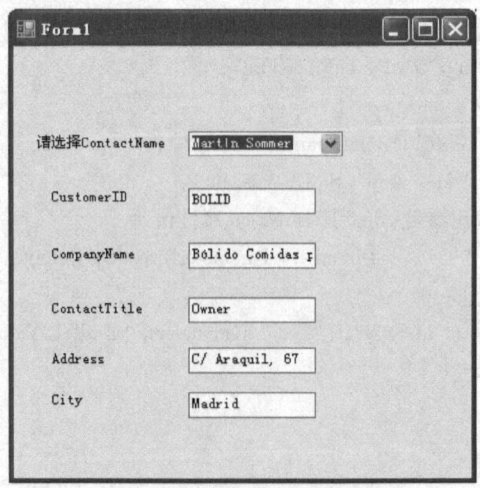

图 10-12 程序运行界面

```csharp
private void Form1_Load(object sender,EventArgs e)
    {
        SqlConnection thisConnection = new SqlConnection(@"server = localhost;Integrated Security = true;Database = Northwind");
        thisConnection.Open();
        SqlCommand thisCommand = thisConnection.CreateCommand();
        thisCommand.CommandText = "select ContactName from customers";
        SqlDataReader thisReader = thisCommand.ExecuteReader();
        while(thisReader.Read())
        {
            //将从数据库中读取的数据绑定到 ComboBox 控件
            comboBox1.Items.Add(thisReader["ContactName"]);
        }
        thisReader.Close();
        thisConnection.Close();
}
```

(3) 编写组合框控件的 SelectedIndexChanged 事件。

```csharp
private void comboBox1_SelectedIndexChanged(object sender,EventArgs e)
    {
        for(int i = 0;i < comboBox1.Items.Count;i ++ )
        {
            if(i == comboBox1.SelectedIndex)
            {
                SqlConnection thisConnection = new SqlConnection(@"server = localhost;Integrated Security = true;initial catalog = northwind");
                thisConnection.Open();
                SqlDataAdapter thisAdapter = new SqlDataAdapter("select customerid,companyname,contacttitle,address,city from customers",thisConnection);
                SqlCommandBuilder thisCommandBuilder = new SqlCommandBuilder(thisAdapter);
                DataSet thisDataSet = new DataSet();
                thisAdapter.Fill(thisDataSet,"customers");
                //将从数据集中读取的数据绑定到文本框中
                textBox1.Text = thisDataSet.Tables["customers"].Rows[i]["customerid"].ToString();
                textBox2.Text = thisDataSet.Tables["customers"].Rows[i]["companyname"].ToString();
                textBox3.Text = thisDataSet.Tables["customers"].Rows[i]["contacttitle"].ToString();
                textBox4.Text = thisDataSet.Tables["customers"].Rows[i]["address"].ToString();
                textBox5.Text = thisDataSet.Tables["customers"].Rows[i]["city"].ToString();
                thisConnection.Close();
            }
        }
}
```

10.12.2 DataGridView 控件

例 10-15 程序在查询数据库之后,将得到的结果通过绑定到文本框控件中显示出来,这在某些场合下不是很方便,比如,当查询得到的结果包含多条记录时,上述方法就无法完成所有数据的显示,这时需使用数据显示控件。DataGridView 控件就是一种常用的数据显示控件,它是以表格的形式来显示数据的。

1. DataGridView 控件的结构

DataGridView 控件由单元格(DataGridViewCell)、行(DataGridViewRow)和列(DataGridViewColumn)组成。其中,单元格(DataGridViewCell)通过使用 DataGridView 的 Cells 集合来访问,而其 SelectedCells 集合则访问的是选定的单元格;行(DataGridViewRow)通过使用 DataGridView 的 Rows 集合来访问,而其 SelectedRows 集合则访问的是选定的行;列(DataGridViewColumn)通过使用 DataGridView 的 Columns 集合来访问,而其 SelectedColumns 集合则访问的是选定的列。

2. DataGridView 控件的常用属性

(1) DataSource:设置或获取与 DataGridView 控件绑定的数据源。绑定后,数据源的列的名称将自动作为 DataGridView 控件的列的标题,并用数据源的数据填充 DataGridView。

(2) DataMember:设置或获取数据源中所要绑定到 DataGridView 控件的表的名称。

(3) Columns:获取控件中所有列的集合。

(4) CurrentCell 属性:设置或获取当前活动的单元格。

(5) Rows:获取控件中所有行的集合。

(6) CurrentRow:获取包含当前单元格的行。

3. DataGridView 控件的常用方法

(1) Sort()方法:对控件的内容进行排序。

(2) BeginEdit()方法:使当前单元格处于可编辑的状态。

(3) EndEdit()方法:结束当前单元格的可编辑状态。

4. DataGridView 控件的常用事件

(1) DataError 事件:将数据提交至数据源失败时发生。

(2) UserAddedRow 事件:用户完成添加行操作时发生。

(3) UserDeletedRow 事件:用户完成删除行操作时发生。

【例 10-16】 DataGridView 控件的简单应用。

程序运行效果如图 10-13 所示。从组合框中选择某个城市时,下方的数据一览区域就会显示数据库 Northwind 中 Employees 表 City 字段为符合条件的数据。

程序的开发步骤如下:

(1) 创建 Windows 应用程序。

(2) 向窗体拖放 Label 控件,设置其 Text 值为"选择要查找的城市";拖放 ComboBox、DataGridView 控件;拖放 GroupBox 控件,设置其 Text 值为"数据一览区域"。

(3) 在窗体设计视图中,选中 DataGridView 控件,单击其右上角的黑色箭头图标,如图 10-14 所示。

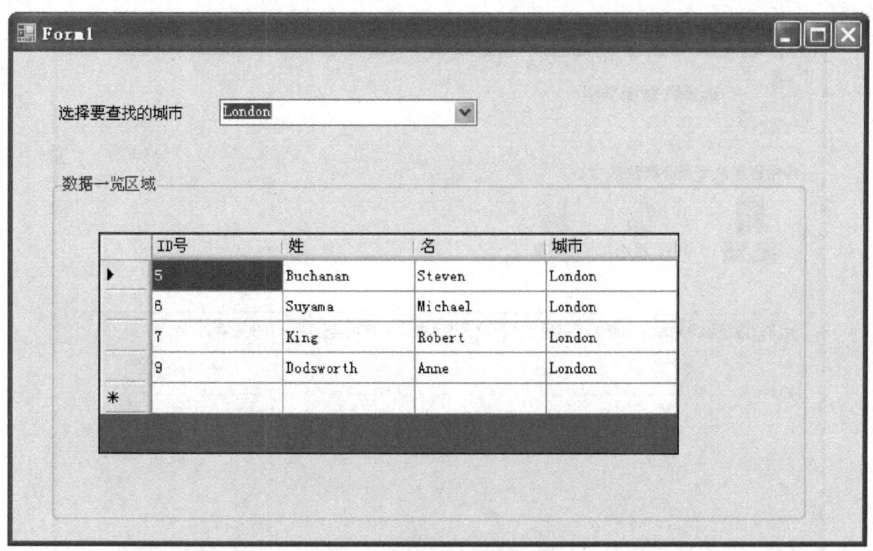

图 10-13　程序运行结果

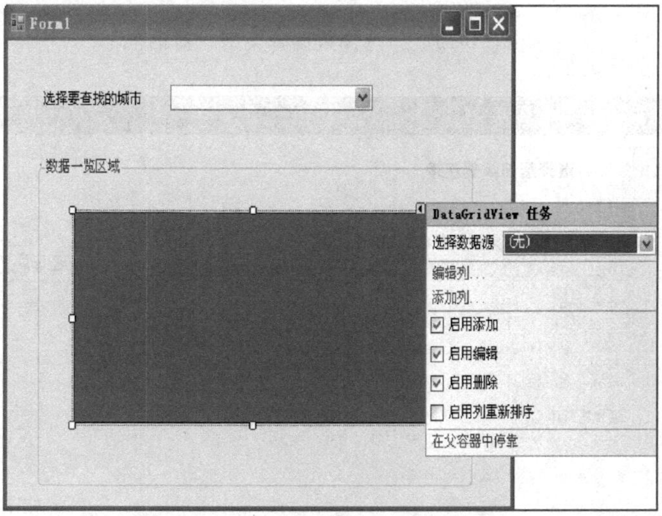

图 10-14　DataGridView 任务对话框

首先配置 DataGridView 要绑定到的数据源。单击"选择数据源"右侧的下拉箭头，在弹出的窗口中单击"添加项目数据源"，将弹出如图 10-15 所示的"选择数据源类型"对话框。

如果数据源是数据库，则在图 10-15 所示的对话框中"应用程序获取数据列表"中选择"数据库"，然后单击"下一步"按钮，弹出如图 10-16 所示的对话框。

在图 10-16 所示的对话框中，选择应用程序连接数据库所使用的数据连接。如果没有合适的数据连接，则可以单击"新建连接"，弹出如图 10-17 所示的"添加连接"对话框。

在图 10-17 所示的对话框中，如果是 SQL Server 数据库，"数据源"可以取默认值，否则可以单击"更改"按钮对数据源或提供程序进行选择。选择好数据源之后，接下来便要

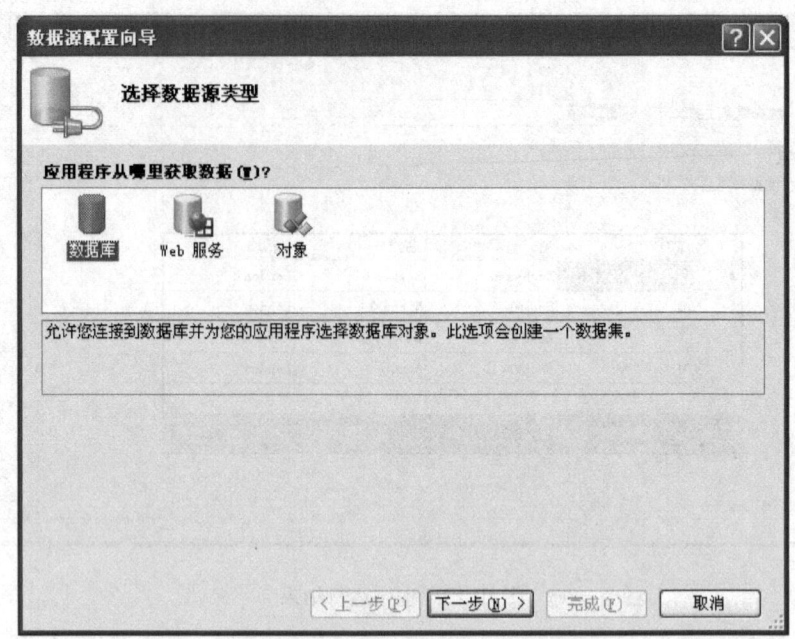

图 10-15 "选择数据源类型"对话框

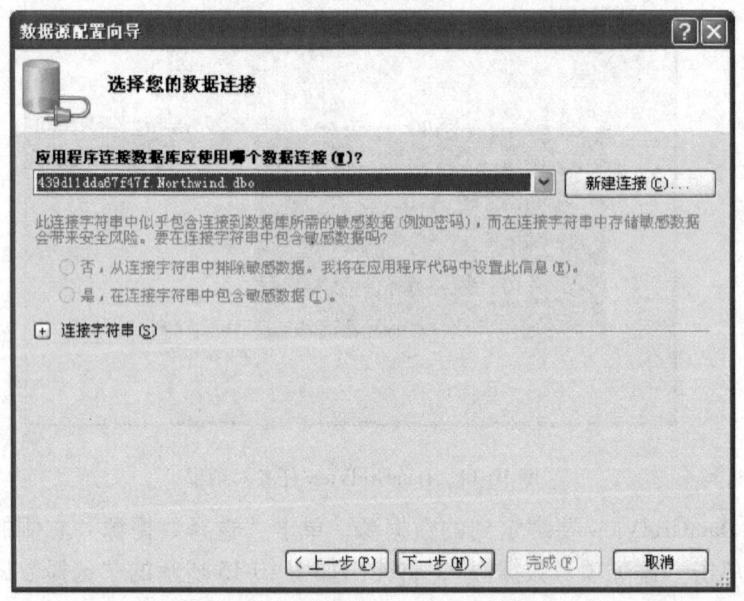

图 10-16 "选择您的数据连接"对话框

选择数据库所在的服务器名称,单击服务器名下拉列表框的下拉按钮,选择服务器,如果服务器在本地机器上,则可以直接输入"localhost";然后根据登陆到数据库服务器的不同方式,选择"使用 Windows 身份验证"或"使用 SQL Server 身份验证",如果使用后者,则需用输入登陆数据库的"用户名"和"密码",在本程序中选择第一种方式;最后选择要连接的数据库的名称"Northwind"。设置完毕之后,单击"测试连接",如果成功,将弹出"测

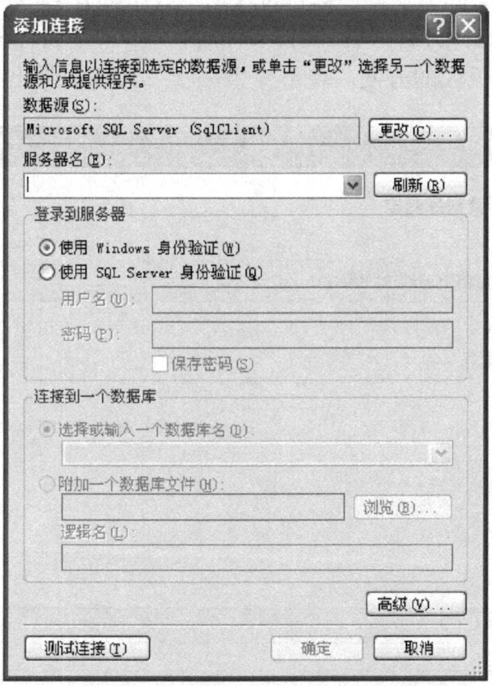

图 10-17 "添加连接"对话框

试连接成功"信息提示框,单击"确定"按钮;否则,返回到图 10-17 中重新配置。测试连接成功后,在图 10-17 中单击"确定"按钮,返回到图 10-16。

此时,在图 10-16 所示的对话框中选择数据连接的下拉列表框中便显示的是配置好的数据连接,单击"连接字符串"旁的"+"号,便会显示出来该连接所使用的连接字符串。在图 10-16 所示的对话框中中单击"下一步"按钮,弹出如图 10-18 所示的对话框。

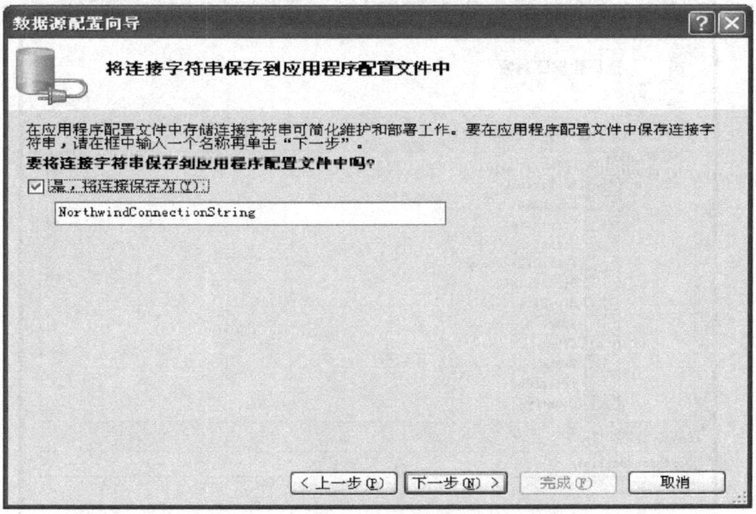

图 10-18 "将连接字符串保存到应用程序配置文件中"对话框

在图 10-18 所示的对话框中，选择是否将连接字符串保存到应用程序配置文件中，这里选择"是，将连接保存为"复选框，则在配置文件 app.config 中会保存连接字符串，这将会对程序的维护和部署工作带来极大的方便。单击"下一步"按钮，弹出如图 10-19 所示的对话框。

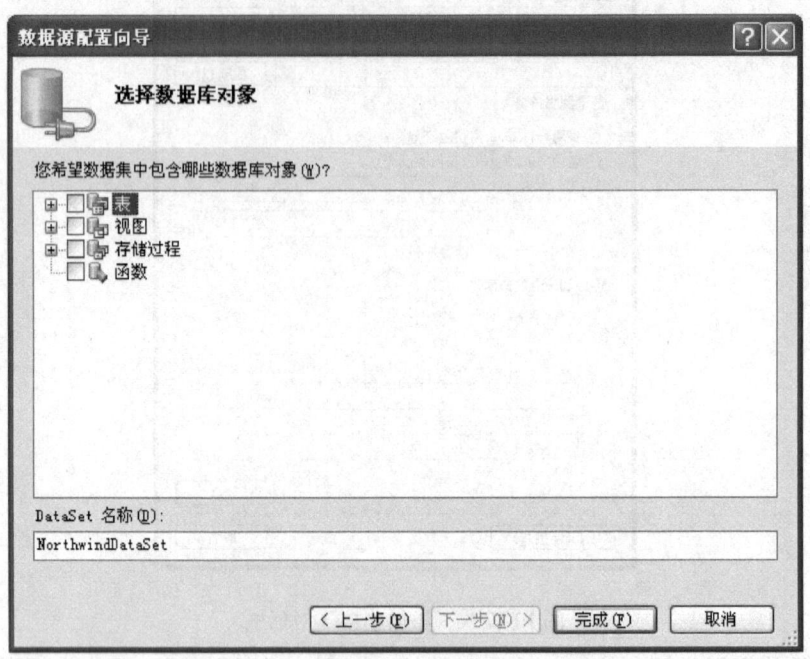

图 10-19 "选择数据库对象"对话框

在图 10-19 所示的对话框中，单击"表"左侧的"+"号，将"Employees 表"左侧的"+"号展开，选择"EmployeeID"、"LastName"、"FirstName"和"City"字段，如图 10-20 所示。

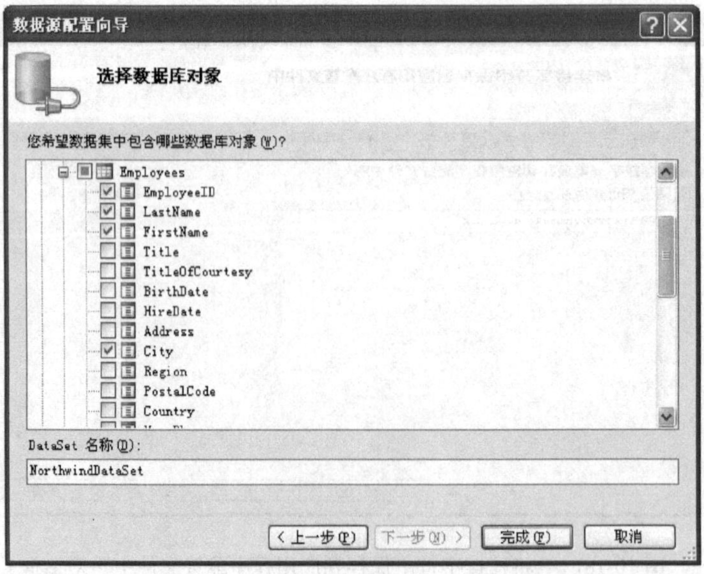

图 10-20 "已选择好数据库对象"对话框

单击"完成"按钮,返回到窗体设计界面。此时在 DataGridView 控件中就会显示在图 10-20 中选择的字段,且列名是以数据库中表的相应字段名命名的。

在窗体设计视图中,选中 DataGridView,单击其右上角的黑色箭头,单击"编辑列"命令,弹出如图 10-21 所示的对话框。

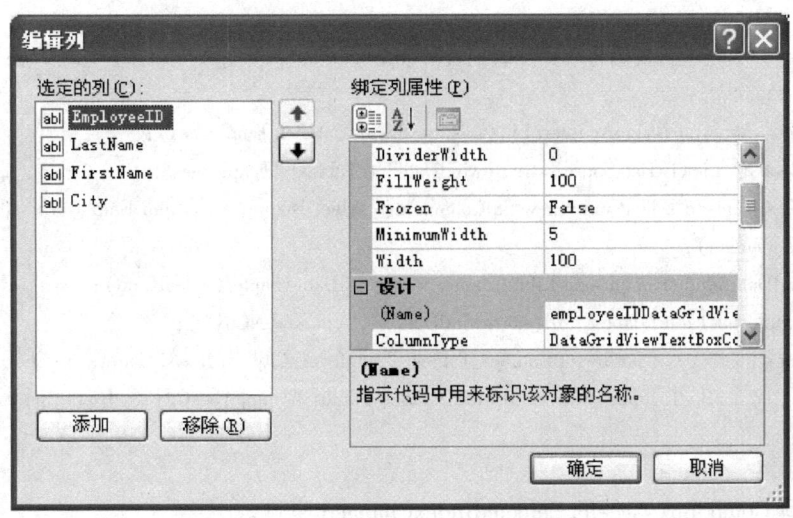

图 10-21 "编辑列"对话框

在图 10-21 所示的"编辑列"对话框中,可以修改列的相关属性。选中"EmployeeID",在右侧的绑定列属性中,修改其 Text 属性值为"ID 号"。重复此过程,依次设"LastName"、"FirstName"和"City"的 Text 属性分别为"姓"、"名"和"城市"。

(4)编写 Form 的 Load 事件。

完成步骤(3)以后,在 Form 的 Load 事件中存在一行代码如下:

```
// TODO:这行代码将数据加载到表"northwindDataSet.Employees"中。您可以根据需要移动或移除它。
this.employeesTableAdapter.Fill(this.northwindDataSet.Employees);
```

这说明在步骤(3)的操作过程中,数据源配置向导自动创建了数据适配器(employeesTableAdapter)和数据集(northwindDataSet),并且在数据集 northwindDataSet 中创建了一张数据表 Employees,因此可以在程序中使用这些对象进行数据库的相关操作。

为了在 DataGridView 中显示数据,需要将 DataGridView 与数据源进行绑定,为此在 Form 的 Load 事件中添加以下代码:

```
private void Form1_Load(object sender,EventArgs e)
{
    // TODO:这行代码将数据加载到表"northwindDataSet.Employees"中。您可以根据需要移动或移除它。
    this.employeesTableAdapter.Fill(this.northwindDataSet.Employees);
    dataGridView1.DataSource = northwindDataSet.Tables["Employees"];
}
```

窗体加载时，不仅需要在 DataGridView 中显示数据库表中所有数据，还需要在组合框 ComboBox 中绑定 Employees 表中 City 字段，所以需要在 Form 的 Load 事件中继续编写代码如下：

```
private void Form1_Load(object sender,EventArgs e)
{
    // TODO:这行代码将数据加载到表"northwindDataSet.Employees"中。您可以根据需要移动或
    //移除它。
    this.employeesTableAdapter.Fill(this.northwindDataSet.Employees);
    dataGridView1.DataSource = northwindDataSet.Tables["Employees"];
    SqlCommand selectCmd = new SqlCommand("select Distinct City from Employees",this.employees-TableAdapter.Connection);
    SqlDataAdapter employeesTableAdapter = new SqlDataAdapter(selectCmd);
    employeesTableAdapter.Fill(northwindDataSet,"employeesCity");
    for(int i=0;i<northwindDataSet.Tables["employeesCity"].Rows.Count;i++)
        comboBox1.Items.Add(northwindDataSet.Tables["employeesCity"].Rows[i][0]);
}
```

（5）编写 ComboBox 控件的 SelectedIndexChanged 事件。

```
private void comboBox1_SelectedIndexChanged(object sender,EventArgs e)
{
        if(northwindDataSet.Tables["employeesResult"]! = null)
        {
            northwindDataSet.Tables["employeesResult"].Clear();
        }
        SqlCommand selectCmd = new SqlCommand(" select EmployeeID,LastName,FirstName,City from Employees where City = '" + comboBox1.Text + "'",this.employeesTableAdapter.Connection);
        SqlDataAdapter employeesTableAdapter = new SqlDataAdapter(selectCmd);
        employeesTableAdapter.Fill(northwindDataSet,"employeesResult");
        dataGridView1.DataSource = northwindDataSet.Tables["employeesResult"];
}
```

第一次选择一个城市，DataGridView 中显示该城市的员工的信息，第二次再选择某个城市时，要显示该城市的员工，则首先需要把上一次 DataGridView 中已显示的内容清除，这里采用的是将与 DataGridView 控件绑定的数据集表 employeesResult 清空，然后再查询新的数据绑定到 DataGridView 控件上。

说明：

在开发过程中，步骤（3）采取的是可视化配置数据源的方法，这种方法具有操作方便、简单易用的特点。在实际进行 Windows 应用程序设计中，既可以使用以前介绍的编代码方式创建各个 ADO.NET 对象访问数据库，也可以使用本程序中的方法。app.config 文件代

码如下：

```xml
<?xml version = "1.0" encoding = "utf-8" ?>
<configuration>
    <configSections>
    </configSections>
    <connectionStrings>
        <add name = "WindowsApplication1.Properties.Settings.NorthwindConnectionString"
            connectionString = "Data Source = localhost;Initial Catalog = Northwind;Integrated Security = True"
            providerName = "System.Data.SqlClient" />
    </connectionStrings>
</configuration>
```

在程序中常常需要获取该文件中的连接字符串，可以采用以下两种方式：

（1）通过数据适配器的 Connection 属性获得与其关联的 Connection 对象，然后再访问该对象的 ConnectionString 属性来获得连接字符串。以本程序为例，可以这样写：

```
string connectionString = employeesTableAdapter.Connection.ConnectionString
```

（2）向程序中引入 System.Configuration 命名空间，同时引入 System.Configuration.dll，然后通过下述语句获取连接字符串。

```
string connectionString = ConfigurationManager.ConnectionStrings[connectionName].ConnectionString.ToString();
```

【例 10-17】 在 DataGridView 控件中添加、修改、删除数据。

程序运行效果如图 10-22 所示。

图 10-22　程序运行效果图

在 DataGridView 中选中一行，单击"删除"按钮，则删除该行数据，同时更新数据库中的数据；在 DataGridView 最下方的空白行中输入一行数据，单击"增加"按钮，则在 DataGridView 中添加一条记录，同时添加到数据库中；在 DataGridView 中修改某个单元格的值，单击"更新"按钮，则向数据库保存修改后的结果。

程序的开发步骤如下：

（1）建立 Windows 应用程序。

（2）参照图 10-22，向窗体中拖放相应的控件。

（3）为了允许用户选中整行数据，需设置 DataGridView 控件的 SelectionMode 属性为 RowHeaderSelect 或 FullRowSelect。

（4）编写事件处理程序。

1）在 Form1 类中定义 4 个私有类型的变量，如下所示：

```
string connStr;
SqlConnection conn;
SqlDataAdapter adapter;
DataSet ds;
```

2）编写 Form 的 Load 事件。

```
private void Form1_Load(object sender, EventArgs e)
{
    connStr = "server=localhost;Initial Catalog=Northwind;Integrated Security=true";
    conn = new SqlConnection(connStr);
    conn.Open();
    adapter = new SqlDataAdapter("select EmployeeID,FirstName,LastName from Employees",conn);
    ds = new DataSet();
    adapter.Fill(ds,"employeeinfo");
    dataGridView1.DataSource = ds.Tables["employeeinfo"];
    conn.Close();
}
```

3）编写"删除"按钮的 Click 事件。

```
private void button1_Click(object sender, EventArgs e)
{
    foreach(DataGridViewRow row in dataGridView1.SelectedRows)
    {
        if(!row.IsNewRow)
            dataGridView1.Rows.Remove(row);
    }
    SqlCommandBuilder cmdBuilder = new SqlCommandBuilder(adapter);
    adapter.Update(ds.Tables["employeeinfo"]);
}
```

通过 DataGridView 控件的 SelectedRows 属性来获取选中的行的集合，然后通过其 Rows 属性的 Remove()方法来删除某行。

4）编写"增加"按钮的 Click 事件。

在 DataGridView 的空白行中增加一条新记录后，单击"增加"按钮，只需更新数据库，向数据库中添加该记录即可，所以代码如下：

```
private void button2_Click(object sender,EventArgs e)
{
    SqlCommandBuilder cmdBuilder = new SqlCommandBuilder(adapter);
    adapter.Update(ds.Tables["employeeinfo"]);
}
```

5）编写"更新"按钮的 Click 事件。

```
private void button3_Click(object sender,EventArgs e)
{
    SqlCommandBuilder cmdBuilder = new SqlCommandBuilder(adapter);
    adapter.Update(ds.Tables["employeeinfo"]);
}
```

说明：

（1）本程序中，单击"删除"按钮时，通过 DataGridView 的 Rows 属性的 Remove（DataGridViewRow row）方法将选中的行删除掉。除此方法之外，还可以通过触发 DataGridView 的 UserDeletingRow 事件来实现。代码如下：

```
if(MessageBox.Show("确认要删除该行数据吗?","删除确认",
MessageBoxButtons.OKCancel,MessageBoxIcon.Question)! = DialogResult.OK)
        {
            e.Cancel = true;
        }
SqlCommandBuilder cmdBuilder = new SqlCommandBuilder(adapter);
adapter.Update(ds.Tables["employeeinfo"]);
```

使用这种方式删除数据时，需设置 DataGridView 的 AllowUserToDeleteRows 属性为 True。

（2）删除行时，使用的是 DataGridView 的 Rows 属性的 Remove（DataGridViewRow row）方法，还可以利用 Rows 属性的 Remove（int index）方法加以实现，其中该方法的参数是要删除行的索引号。DataGridView 的 Columns 属性也具有相同方法来删除选中的列。使用上述方法进行行或列的删除时，无论 AllowUserToDeleteRows 或 AllowUserToDeleteColumns 属性为真或假，都可以删除行或列。

【例 10-18】 DataGridView 控件其他常用功能的实现。

程序运行结果如图 10-23 所示。本程序检索 Northwind 数据库中 Employees 表 EmployeeID、FirstName、LastName、City、Address 和 BirthDate 字段，其中，EmployeeID 列不允许显示；DataGridView 中不允许在最下方显示空白行。单击"下移一行"或"上移一行"按钮

时，选中行下移或上移一行；单击"获取选中行隐藏列（EmployeeID）的值"按钮时，将弹出如图 10-24 所示的信息提示对话框，给出选中行的 EmployeeID 值。

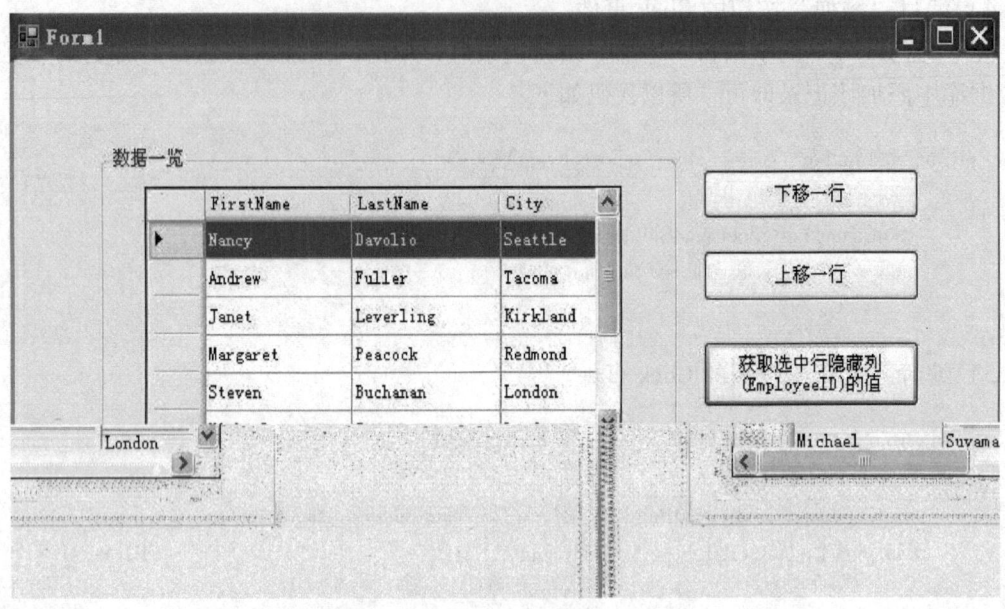

图 10-23　程序运行结果

图 10-24　信息提示对话框

程序的开发步骤如下：

（1）创建 Windows 应用程序。

（2）参照图 10-23，向窗体中拖放相应控件。

（3）DataGridView 最下方不显示用于添加数据的空白行，设置其 AllowUserToAddRows 属性为 False。

（4）为了允许在 DataGridView 控件中整行选取数据，设置 SelectionMode 属性值为 RowHeaderSelect 或 FullRowSelect。

（5）在 Form1 类中定义 4 个私有类型的变量，如下所示：

```
string strConn;
SqlConnection conn;
SqlDataAdapter adapter;
DataSet ds;
```

(6) 编写事件处理程序。

1) 编写窗体 Form 的 Load 事件。

```csharp
private void Form1_Load(object sender, EventArgs e)
{
    strConn = "server=localhost;initial Catalog=Northwind;integrated security=true";
    conn = new SqlConnection(strConn);
    conn.Open();
    adapter = new SqlDataAdapter("select EmployeeID,FirstName,LastName,City,Address,BirthDate from Employees",conn);
    ds = new DataSet();
    adapter.Fill(ds,"employeeinfo");
    dataGridView1.DataSource = ds.Tables["employeeinfo"];
    dataGridView1.Columns["EmployeeID"].Visible = false;
    dataGridView1.Columns["EmployeeID"].ReadOnly = true;
}
```

2) 编写"下移一行"按钮的 Click 事件。

```csharp
private void button1_Click(object sender, EventArgs e)
{
    int row = dataGridView1.CurrentRow.Index + 1;
    if(row > dataGridView1.RowCount - 1)
        row = 0;
    dataGridView1.CurrentCell = dataGridView1[1,row];
}
```

3) 编写"上移一行"按钮的 Click 事件。

```csharp
private void button2_Click(object sender, EventArgs e)
{
    int row = this.dataGridView1.CurrentRow.Index - 1;
    if(row < 0)
        row = this.dataGridView1.RowCount - 1;
    dataGridView1.CurrentCell = dataGridView1[1,row];
}
```

语句"dataGridView1.CurrentCell = dataGridView1[1,row];"通过使用 DataGridView 控件的 CurrentCell 属性来设定选定行。注意，这里 dataGridView 索引器的参数是 columnIndex, rowIndex 或 columnName, rowIndex，这与习惯不同。因为 EmployeeID 列被隐藏，所以 dataGridView 列索引的参数是从 1 开始，而不是从 0 开始。

4) 编写"获取选中行隐藏列（EmployeeID）的值"按钮的 Click 事件。

```
private void button4_Click(object sender,EventArgs e)
{
    MessageBox.Show("选中行的 EmployeeID 的值是:" + dataGridView1.Rows[dataGridView1.CurrentCell.RowIndex].Cells["EmployeeID"].Value);
}
```

这里通过使用 dataGridView1.CurrentCell.RowIndex 来获取选中行的索引。

习 题 10

一、选择题

1. 以下说法中正确的是 _____。
A. DataSet 对象相当于一个内存数据库，其中可以包含一张或多张表，表之间不能建立关系
B. DataSet 对象中的表的名称可以和数据库中的表名相同，也可以不同
C. DataReader 对象可以在连接关闭时使用
D. DataReader 对象可以修改数据库中的数据

2. 用于在数据库和数据集之间传递数据的对象是 _____。
A. Connection　　　B. Command　　　C. DataAdapter　　　D. DataSet

3. 用于连接数据库的对象是 _____。
A. Connection　　　B. Command　　　C. DataAdapter　　　D. DataSet

4. 删除表中一条记录需使用的语句是 _____。
A. Insert　　　B. Select　　　C. Update　　　D. Delete

二、操作题

1. 设计一个用户登录窗体，用户输入用户名和密码，若与表中的数据一致，则给出"欢迎使用本系统"的信息，否则，给出"用户名与密码不一致"的信息。

2. 设计一个学生信息管理窗体，DataGridView 控件用来显示所有学生的基本信息，其下方有"添加"、"修改"和"删除"三个按钮，分别用来添加一条记录、修改选中记录和删除选中的记录，添加信息和修改信息分别要求在"添加信息"窗体和"修改信息"窗体中完成。

三、简答题

1. 开发访问数据库的 Windows 应用程序的过程大致分为哪几步？
2. DataReader 与 DataSet 有什么区别？
3. 如何使用带参数的 Command 对象？
4. 如何使用存储过程访问数据库？

第 11 章 学生信息管理系统开发

11.1 系统分析

11.1.1 需求分析

随着学校规模不断扩大,学生数量也在急剧增加,为此,需要借助软件技术开发一个学生信息管理系统来提高学生管理工作的效率。本章使用 C#开发学生信息管理系统。本系统分为学生、教师和管理员三种角色,各个角色具有的功能如下:

(1) 学生功能模块有以下几项:

1) 学生登录:输入学生姓名,填写正确的密码,选择学生身份进行登录。

2) 个人信息模块:学生可以查看及更改个人信息。

3) 课程管理模块:学生可以查看、添加、删除选修课程的信息。

4) 成绩查询模块:学生可以按照年度名和课程名对课程成绩进行查询。

5) 登录密码修改模块:学生可以修改个人密码。

(2) 教师功能模块有以下几项:

1) 教师登录:输入教师名和密码,选择教师身份进行登录。

2) 成绩管理模块:教师可以录入、查询并更改所教课程的所有学生的成绩。

3) 课程管理模块:教师可以查询、添加、删除、修改所开设课程的信息。

4) 登录密码修改模块:教师可以修改个人密码。

(3) 管理员功能模块有以下几项:

1) 管理员登录:输入管理员名称,填写正确的密码,选择管理员身份进行登录。

2) 班级管理模块:班级信息的浏览、查询、编辑、增加和删除。

3) 成绩管理模块:按照课程号、课程名称、班级、教师号、学生学号,并结合年度进行某门课的成绩查询;可以对现实的成绩进行修改;可以按照学号、课程、年度和学期录入新的学生成绩。

4) 学生管理模块:可以按照学号、姓名查询学生信息,对学生信息进行编辑、添加和删除。

5) 教师管理模块:可以按照教师号、姓名查询教师信息,或对教师进行编辑、添加和删除操作。

6) 管理员管理模块:可以提升教师成为管理员,并对已有管理员信息进行编辑、添加和删除。

11.1.2 系统总体设计

系统的功能模块图如图 11-1 所示。

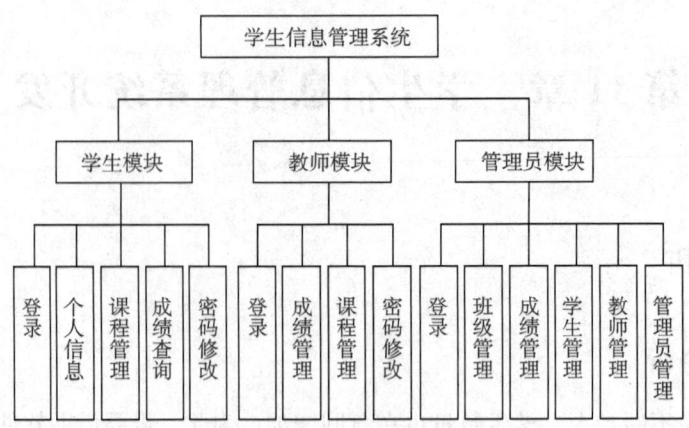

图 11-1　系统功能模块图

11.1.3　数据库设计

本系统共包含 6 张表，见表 11-1～表 11-6。

表 11-1　学生表（student）

字　段　名	字 段 类 型	字 段 说 明
S_no	Char(10)	学生学号（主键）
S_name	Char(20)	学生姓名
S_sex	Char(2)	学生性别
S_birthday	datetime	学生生日
S_department	Char(10)	学生系别
grade	Char(10)	学生年级

表 11-2　教师表（teacher）

字　段　名	字 段 类 型	字 段 说 明
T_no	Char(10)	教师号（主键）
T_name	Char(20)	教师姓名
T_sex	Char(2)	教师性别
T_duty	Char(10)	教师职称

表 11-3　课程表（course）

字　段　名	字 段 类 型	字 段 说 明
C_no	Char(10)	课程号（主键）
C_name	Char(20)	课程名
C_type	Char(10)	课程类型
C_score	Int	学分
T_no	Char(10)	教师号
grade	Char(20)	学生年级

表 11-4 选课表 (choice)

字 段 名	字 段 类 型	字 段 说 明
S_no	Char(10)	学生学号（主键，外键）
C_no	Char(10)	课程号（主键，外键）
score	Int	所选课程的分数

表 11-5 用户信息 (userinfo)

字 段 名	字 段 类 型	字 段 说 明
Userid	Char(10)	用户登录号（主键）
Username	Char(20)	用户名
passwd	Char(20)	用户密码
role	Char(30)	角色

表 11-6 班级表 (class)

字 段 名	字 段 类 型	字 段 说 明
grade	Char(20)	年级
class	Char(10)	班级

11.1.4 文件列表

表 11-7 列出了本系统中的文件及其所对应的模块功能描述。

表 11-7 文件列表

模 块 名	文 件 名	模块功能描述
登录模块	LoginForm.cs	选择不同身份进行登录
学生模块	MainForm.cs	学生模块的父窗体，可在菜单下选择打开相应的功能窗体
查看学生信息	MDIecs.cs	当窗体加载时在 DataGridView 中显示登录学生本人的信息
修改学生信息	MDIa.cs	学生可以修改自己除学号外的所有信息
个人选课信息	MDIb.cs	查看、添加、删除选修课程的信息
个人成绩查询	MDIc.cs	学生可以按年度名和课程名对课程成绩进行查询
修改个人密码	MDId.cs	学生登录后可修改自己的密码
教师模块	Formteacher.cs	教师模块的父窗体，可在菜单下选择打开相应的功能窗体
成绩查询	MDIx1.cs	教师可以查询所教课的所有学生的成绩
成绩录入及更改	MDIx.cs	教师可以录入、更改所教课的所有学生的成绩
课程查询	MDIy1.cs	教师可以查询所开设课程的信息
添加删除修改	MDIy.cs	教师可以查询、添加、删除、修改所开设课程的信息
管理员模块	Form1.cs	管理员模块的父窗体，可在菜单下选择打开相应的功能窗体
浏览班级信息	MDI9.cs	班级信息的浏览
班级管理其他功能	MDI91.cs	班级信息的查询、编辑、增加和删除
成绩查询	MDI10.cs	可按照课程号、课程名称等查询成绩
成绩修改	MDI11.cs	可以对成绩进行修改，可以按照学号等录入新的学生成绩

(续)

模 块 名	文 件 名	模块功能描述
查询学生信息	MDI1.cs	可以按照学号、姓名查询学生信息
学生管理其他功能	MDI5.cs	可以对学生信息进行编辑、添加和删除
教师信息查询	MDI13.cs	可以按照教师号、姓名查询教师信息
教师信息修改	MDI14.cs	可以对教师进行编辑、添加和删除
提升管理员	MDI4.cs	现在的管理员提升新的管理员
关于开发人员信息	Designer.cs	开发人员信息介绍

11.2 详细设计

11.2.1 三层结构

在软件体系结构中，分层结构是最重要的一种结构。一个良好的应用程序模式，不仅可以方便软件的开发与维护，而且可以保证系统的性能。下面就微软推荐的三层结构给以简要介绍。

在中小型应用程序开发中，备受推崇的是三层结构模式。三层结构模式是指将应用程序的体系结构划分为表示层、业务层和数据层。

（1）表示层：显示数据和接受用户输入的数据，仅仅提供应用程序与用户进行交互的界面。

（2）业务层：实现应用程序的业务功能，通过封装好的方法对数据层提供的数据进行业务处理，并将处理好的结果传送给表示层。业务层是表示层和数据层的桥梁，表示层调用业务层的方法，而业务层接受数据层返回的结果。

（3）数据层：与数据库直接进行操作，实现数据的保存和读取操作。

在三层模式中，表示层和业务层均不包含任何对数据库直接操作的代码，客户端必须通过业务层才能访问数据层，从而避免用户直接操作数据层，保证了数据的安全性。另外，由于表示层、业务层和数据层完全分离，当用户界面或数据库发生变化时，不需要对系统进行重新开发，只需要在现有系统的基础上做简单调整即可，降低了开发和维护的成本。

表示层、业务层和数据层之间的关系如图 11-2 所示。

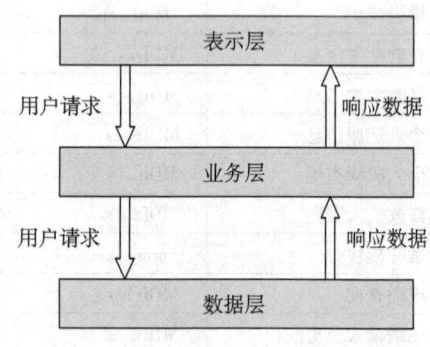

图 11-2 表示层、业务层和数据层之间的关系图

11.2.2 三层结构的搭建

1. 搭建表示层

打开 Visual Studio 2005，选择"文件→新建→项目"命令，弹出如图 11-3 所示的"新

建项目"对话框。

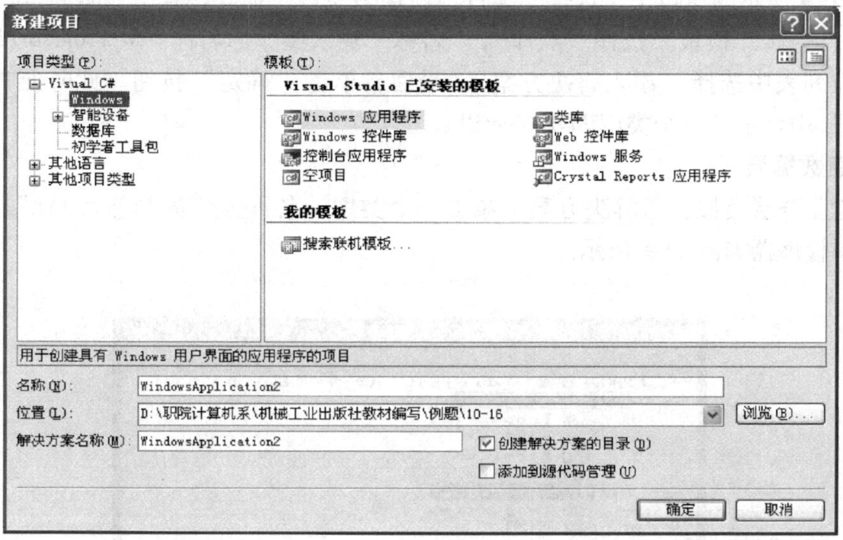

图 11-3 "新建项目"对话框

在"新建项目"对话框中,"模板"选择"Windows 应用程序";在"名称"一栏中输入项目名,这里输入"MyProject";"位置"列表框中选择项目生成的路径;"解决方案名称"中输入解决方案名,这里输入"MyProject";设置完毕后,单击"确定"按钮。此时便在 Visual Studio 2005 中创建了一个解决方案 MyProject,如图 11-4 所示。

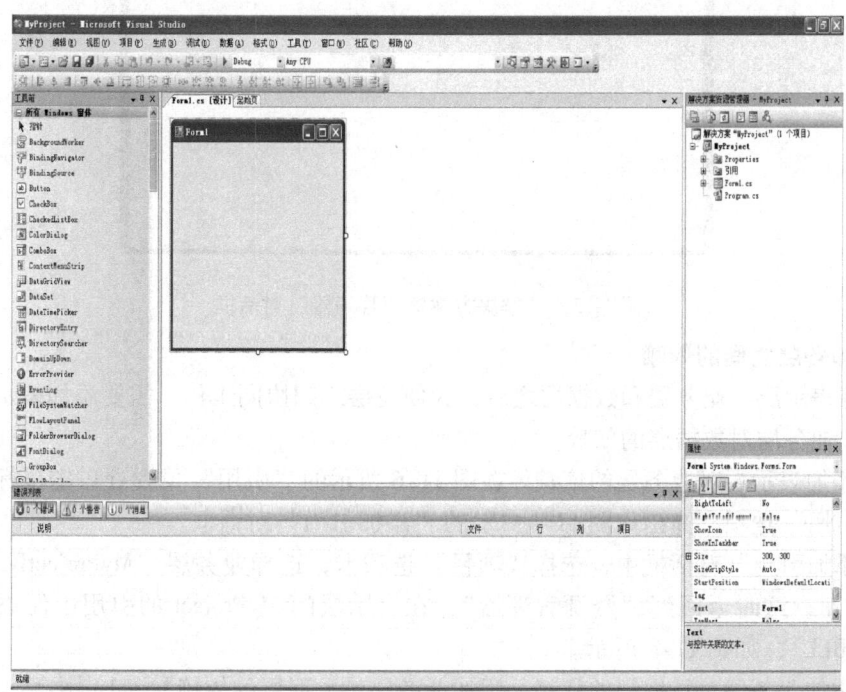

图 11-4 设计界面

2. 搭建业务层

在图 11-4 所示的窗口中,选择"文件→新建→项目"命令,弹出如图 11-3 所示的"新建项目"对话框,"模板"选择"类库","名称"输入类库的名称"MyProjectBLL","解决方案"下拉列表中选择"添入解决方案";最后,单击"确定"按钮。此时便在解决方案"MyProject"中增加了一个类库 MyProjectBLL。

3. 搭建数据层

与搭建业务层类似,向解决方案中添加一个类库,名称为"MyProjectDAL"。至此,解决方案资源管理器如图 11-5 所示。

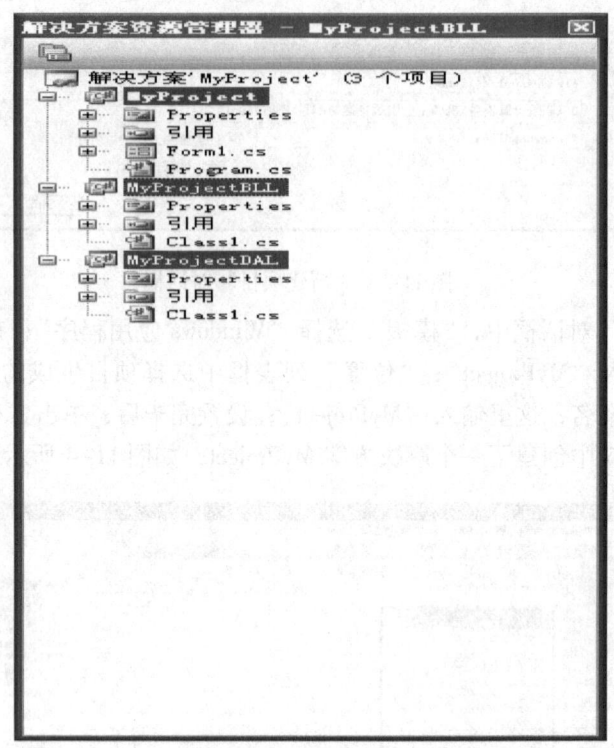

图 11-5 "解决方案资源管理器"对话框

4. 添加各层之间的依赖

创建好表示层、业务层和数据层之后,为使三层之间协同工作,需要添加表示层对业务层的依赖、业务层对数据层的依赖。

(1) 添加表示层对业务层的依赖。在图 11-6 所示的"引用"位置处单击鼠标右键,选择"添加引用"选项,弹出如图 11-7 所示的"添加引用"对话框。

在"添加引用"对话框中,选择"项目"选项卡,选择业务层"MyProjectBLL",单击"确定"按钮。这时返回到"资源管理器",在表示层的 MyProject 的引用中便添加了一项"MyProjectBLL",如图 11-8 所示。

(2) 添加业务层对数据层的依赖。添加业务层对数据层的依赖与(1)中添加表示层对业务层的依赖相似,读者可仿照上述过程进行添加,这里不再赘述。

第 11 章 学生信息管理系统开发

图 11-6 "解决方案资源管理器"

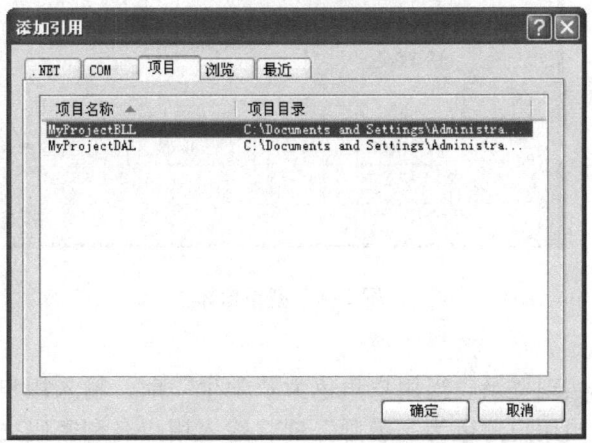

图 11-7 "添加引用"对话框

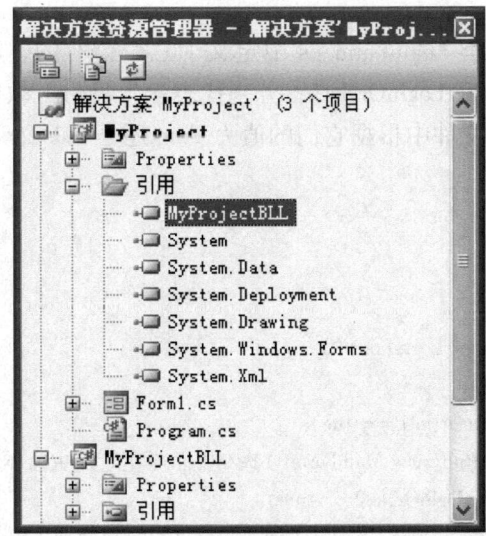

图 11-8 添加表示层对业务层依赖的"解决方案资源管理器"

11.3 系统实现

11.3.1 登录窗体

1. 界面设计

登录窗体运行后的效果如图 11-9 所示。

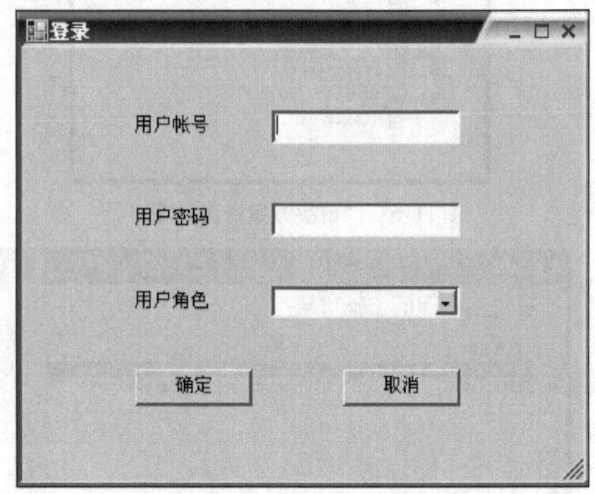

图 11-9 登录窗体

2. 功能说明

用户通过该窗体实现登录。当用户角色为"学生"时，输入用户名和密码之后登录到学生管理的主界面；当用户角色为"教师"时，输入用户名和密码之后登录到教师管理的主界面；当用户角色为"管理员"时，输入用户名和密码之后登录到管理员管理的主界面。

3. 代码说明

在登录窗体所对应的类 LoginForm.cs 中定义了三个公有的、静态的、布尔类型的变量 LoginOrNot1、LoginOrNot2 和 LoginOrNot3，分别代表学生身份、教师身份和管理员身份登录是否成功。在 Program.cs 文件中根据它们的值为 True 还是 False，决定显示哪个主窗体。

```
static class Program
{
    static void Main()
    {
        LoginForm log = new LoginForm();
        log.ShowDialog();
        if(LoginForm.loginOrNot1 == true)
            Application.Run(new MainForm());//显示学生管理主窗体
        else if(LoginForm.loginOrNot2 == true)
            Application.Run(new Formteacher());//显示教师管理主窗体
```

```
            else if(LoginForm.loginOrNot3 == true)
                Application.Run(new Form1());//显示管理员管理主窗体
        }
    }
```

"登录"窗体中"确定"按钮的 Click 事件关键代码如下:

```
private void button1_Click(object sender,EventArgs e)
        {
            if(this.textBox1.Text.Trim() == "")
            {
                MessageBox.Show("请输入用户号:","信息",MessageBoxButtons.OK,MessageBoxIcon.Warning);
            }
            else if(this.textBox2.Text.Trim() == "")
            {
                MessageBox.Show("请输入密码:","信息",MessageBoxButtons.OK,MessageBoxIcon.Warning);
            }
            else
            {
                //业务层调用数据层访问数据库中某用户名的密码,结果以字符串 str 返回
                //此处代码省略
                ……
                if(textBox2.Text.Trim() == str.Trim())
                {
                    if(comboBox1.SelectedIndex != -1)
                    {
                        if(comboBox1.SelectedItem.ToString() == "学生")
                        {
                            StudentInfo stu = new StudentInfo();
                            string stuID = stu.Login(textBox1.Text.Trim(),textBox2.Text.Trim());
                            if(stuID != string.Empty)
                            {
                                GlobalInfo.StuID = stuID;
                                loginOrNot1 = true;
                                this.Close();
                            }
                            else
                            {
                                MessageBox.Show("用户号或密码错误,请重新输入","信息",MessageBoxButtons.OK,MessageBoxIcon.Error);
                            }
```

```csharp
                }
                else if(comboBox1.SelectedItem.ToString() == "教师")
                {
                    StudentInfo stu1 = new StudentInfo();
                    string teacherID = stu1.Login(textBox1.Text.Trim(),textBox2.Text.Trim());
                    if(teacherID != string.Empty)
                    {
                        GlobalInfo.TeacherID = teacherID;
                        loginOrNot2 = true;
                        this.Close();
                    }
                    else
                    {
                        MessageBox.Show("用户号或密码错误,请重新输入",
"信息",MessageBoxButtons.OK,MessageBoxIcon.Error);
                    }
                }
                else
                {
                    StudentInfo stu3 = new StudentInfo();
                    string adminID = stu3.Login(textBox1.Text.Trim(),textBox2.Text.Trim());
                    if(adminID != string.Empty)
                    {
                        GlobalInfo.AdminID = adminID;
                        loginOrNot3 = true;
                        this.Close();
                    }
                    else
                    {
                        MessageBox.Show("用户号或密码错误,请重新输入",
"信息",MessageBoxButtons.OK,MessageBoxIcon.Error);
                    }
                }
            }
            else
                MessageBox.Show("请选择用户角色","询问",
MessageBoxButtons.OK,MessageBoxIcon.Information);
        }
        else
        {
            MessageBox.Show("密码错误,请重新输入","询问",
MessageBoxButtons.OK,MessageBoxIcon.Error);
```

```
            textBox2.Text = " " ;
        }
    }
}
```

11.3.2　学生个人信息模块

1. 界面设计

学生个人信息窗体运行效果如图 11-10 所示。

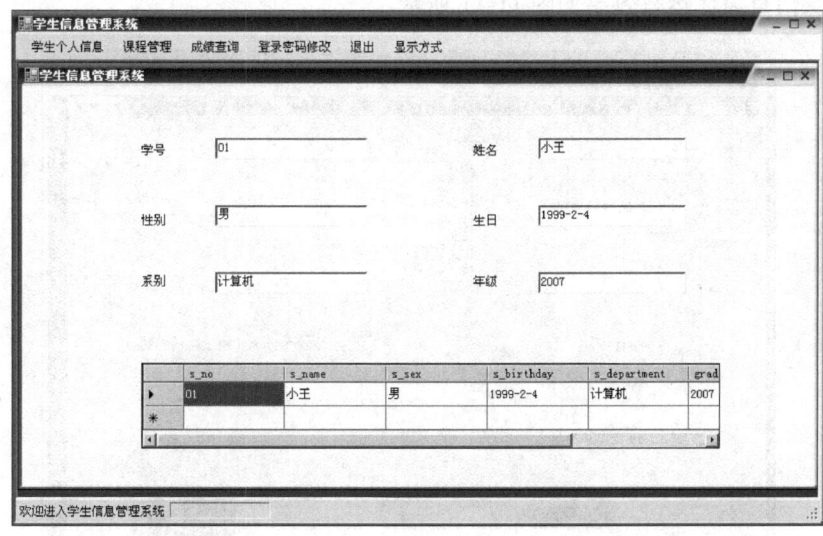

图 11-10　学生个人信息窗体运行效果

2. 功能说明

选择"学生"身份成功登录之后，选择"学生个人信息→查看信息"菜单项，可以在图 11-10 所示的窗体中显示登录者本人的信息。

3. 代码说明

本窗体主要用来显示信息，所以代码比较简单，仅涉及将从数据库中读取出来的数据显示到控件上。这里需要说明的是，用户在进行登录之后，需要保存登录用户的 ID 号，所以在程序中建立了一个类 GlobalInfo，用来保存用户 ID 号。在该类中，分别定义了三个静态的公有的字符串类型的属性 StuID、TeacherID 和 AdminID，分别保存登录的学生、教师、管理员的 ID 号。本模块对应的数据层中，主要根据登录的学生的 ID 来查询学生的信息，其关键代码如下：

```
SqlConnection conn = new SqlConnection(Constants.Con);
conn.Open();
SqlCommand cmd = new SqlCommand("select * from student where s_no = @sno", conn);
SqlDataAdapter sda = new SqlDataAdapter();
sda.SelectCommand = cmd;
```

```
//通过 GlobalInfo 类的 StuID 属性来获得登陆的学生 ID
SqlParameter par = new SqlParameter("@sno",MyProject.Student.GlobalInfo.StuID);
cmd.Parameters.Add(par);
DataSet ds = new DataSet();
sda.Fill(ds);
```

11.3.3 个人选课模块

1. 界面设计

个人选课信息窗体运行效果如图 11-11 所示。

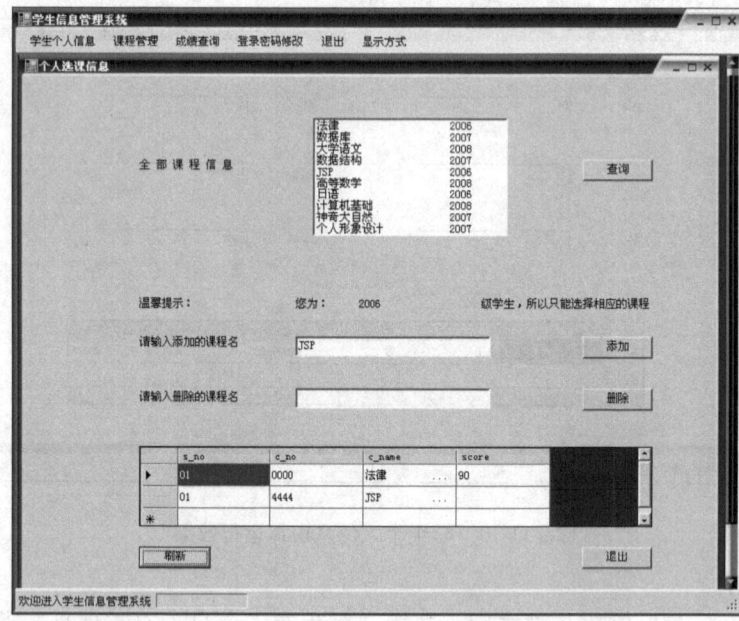

图 11-11 个人选课信息窗体运行效果

2. 功能说明

在本模块中,既可以查看本人已选修的全部课程,还可以添加新的选修课,或删除某门已经选修的课程。

3. 代码说明

添加某门选修课,首先需要依据添加的课程名到课程表中查找其所对应的课程号,然后向选课表中插入一条记录。其关键代码如下:

```
SqlConnection con = new SqlConnection(Constants.Con);
con.Open();
SqlCommand cmd = new SqlCommand("declare @cno char(10) set @cno = (select c_no from course where c_name = @name) insert into choice values(@no,@cno,null)",con);
SqlDataAdapter da = new SqlDataAdapter();
da.SelectCommand = cmd;
```

```
            SqlParameter para1 = new SqlParameter("@no",MyProject.Student.GlobalInfo.StuID);
            SqlParameter para2 = new SqlParameter("@name",textBox2.Text);
            cmd.Parameters.Add(para1);
            cmd.Parameters.Add(para2);
            DataSet dst = new DataSet();
            da.Fill(dst,"choice");
            MessageBox.Show("添加成功!","信息",MessageBoxButtons.OK,MessageBoxIcon.Information);
            con.Close();
```

11.3.4 密码修改模块

1. 界面设计

密码修改窗体运行效果如图 11-12 所示。

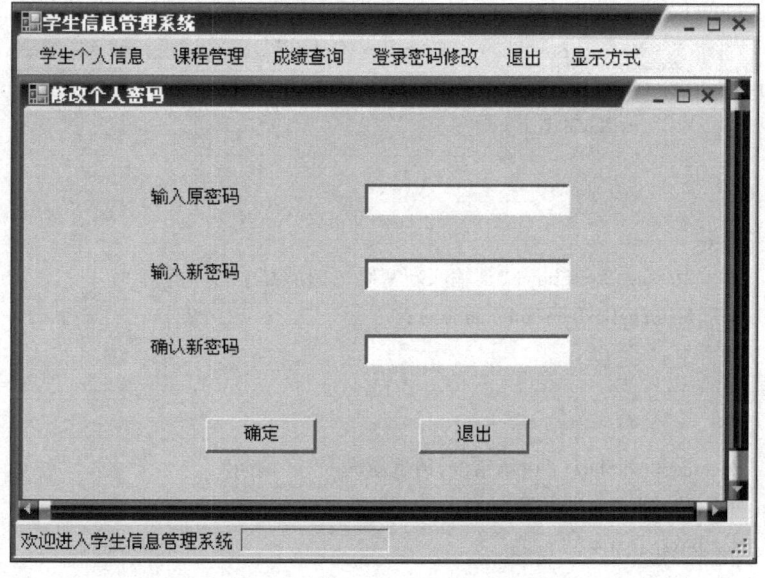

图 11-12　密码修改窗体运行效果

2. 功能说明

本模块可以完成密码的修改，输入原密码之后会进行验证，只有原密码正确才可输入新密码。

3. 代码说明

单击"确定"按钮，首先查询数据库原密码是否正确，如果正确，则更新数据库。关键代码如下：

```
private void button1_Click(object sender,EventArgs e)
        {
            if(textBox1.Text! = "")
            {
                //查询用户表中登录者的密码,返回结果放在字符串 str 中
```

```csharp
            ……//此处代码省略
            if(textBox1.Text.Trim() == str.Trim())
            {
                if(textBox2.Text!="")
                {
                    if(textBox3.Text == textBox2.Text)
                    {
                        //更新用户表,密码为新输入的密码
                        ……//此处代码省略
                        MessageBox.Show("修改成功!","信息",MessageBoxButtons.OK,MessageBoxIcon.Information);
                    }
                    else
                    {
                        MessageBox.Show("新密码与确认密码不符,请重新输入","询问",MessageBoxButtons.OK,MessageBoxIcon.Error);
                        textBox3.Text = "";
                    }
                }
                else
                    MessageBox.Show("请输入新密码","信息",MessageBoxButtons.OK,MessageBoxIcon.Information);
            }
            else
            {
                MessageBox.Show("密码错误,请重新输入","询问",MessageBoxButtons.OK,MessageBoxIcon.Error);
                textBox1.Text = "";
            }
        }
        else
            MessageBox.Show("密码不能为空","提示",MessageBoxButtons.OK,MessageBoxIcon.Error);
    }
}
```

学生管理的主要模块就介绍到这里,关于教师管理和管理员管理模块不做详细介绍。

11.4 部署应用程序

创建好应用程序之后,需要将应用程序发布给其他用户。下面就以本章学生信息管理系统为例,简单介绍如何部署应用程序。

（1）创建安装部署项目。打开学生信息管理系统，在"解决方案资源管理器"中选择解决方案"MyProject"并单击鼠标右键，选择"添加→新建项目"命令，弹出如图 11-13 所示的对话框。

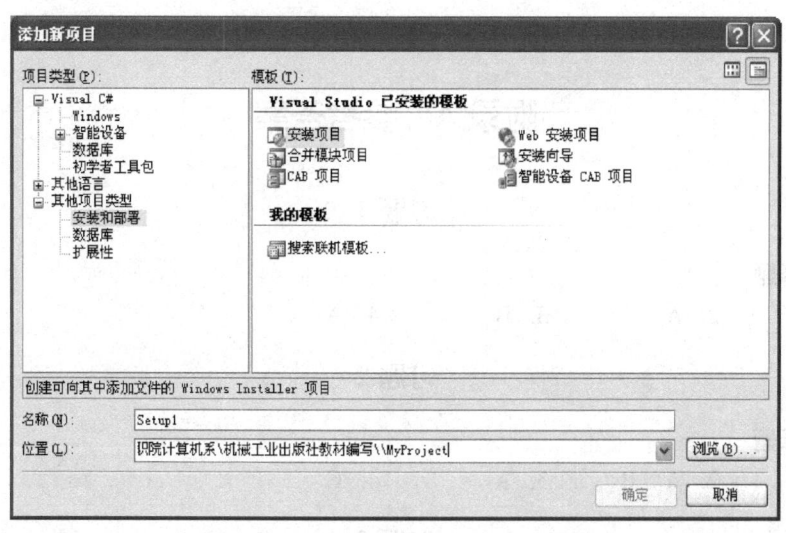

图 11-13 "添加新项目"对话框

在"添加新项目"对话框中，"项目类型"选择"其他项目类型→安装和部署"，"模板"选择"安装项目"，设置安装文件的名称和位置后单击"确定"铵钮。

（2）在"解决方案资源管理器"中，选择刚添加的安装项目——Setup1，单击鼠标右键，选择"添加→项目输出"命令，弹出如图 11-14 所示的对话框。

在图 11-14 所示的对话框中，选择"主输出"，单击"确定"按钮。

（3）选择菜单中的"生成→生成 Setup"命令编译项目，则在项目 Setup 的 Debug 文件夹下会自动生成安装程序。

通过以上步骤为应用程序学生信息管理系统创建了一个简单的安装项目，运行安装程序，便可以将应用程序安装在本地机器上，这就完成了部署应用程序的任务。

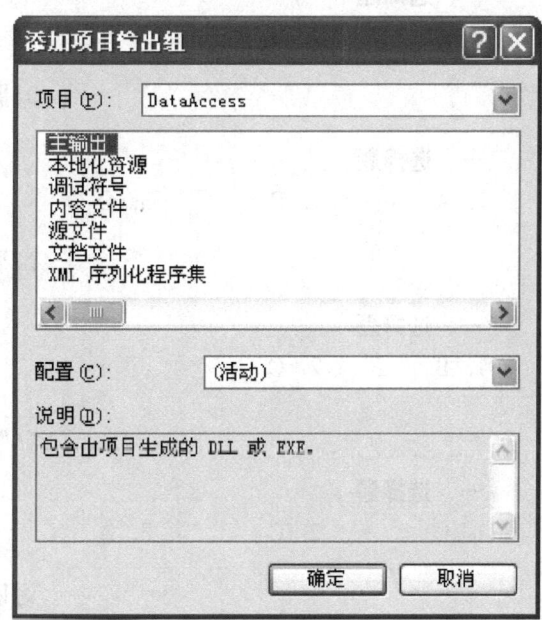

图 11-14 "添加项目输出组"对话框

习　题　11

将本章中未给出代码的功能模块上机编程实现。

附 录

附录 A 参考答案

习题 1

一、选择题
1. C 2. A 3. B 4. A

习题 2

一、选择题
1. B 2. A B 3. A 4. C

习题 3

一、选择题
1. D 2. B 3. B

习题 4

一、选择题
1. A 2. B 3. D 4. C

习题 5

一、选择题
1. B 2. C 3. A 4. D 5. A

习题 6

一、选择题
1. C 2. C 3. A

习题 7

一、选择题
1. A 2. C 3. D 4. B 5. A 6. B 7. A

习题 8

一、选择题
1. B 2. A 3. C 4. A

习题 9

一、选择题

1. A 2. D 3. B 4. C

习题 10

一、选择题

1. B 2. C 3. A 4. D

附录 B C#关键字

abstract	event	new	struct
as	explicit	null	switch
base	extern	object	this
bool	false	operator	throw
break	finally	out	true
byte	fixed	override	try
case	float	params	typeof
catch	for	private	uint
char	foreach	protected	ulong
checked	goto	public	unchecked
class	if	readonly	unsafe
const	implicit	ref	ushort
continue	in	return	using
decimal	int	sbyte	virtual
default	interface	sealed	volatile
delegate	internal	short	void
do	is	sizeof	while
double	lock	stackalloc	
else	long	static	
enum	namespace	string	

参 考 文 献

［1］Karli Watson，等．C#入门经典［M］．3版．北京：清华大学出版社，2008.
［2］刘甫迎，等．C#程序设计教程［M］．北京：电子工业出版社，2006.
［3］杨学全．C#技术基础［M］．北京：高等教育出版社，2008.
［4］Harvey M Deitel，等．C#大学教程［M］．须德，等译．北京：电子工业出版社，2004.
［5］李德奇．Windows程序设计案例教程（C#）［M］．大连：大连理工大学出版社，2008.
［6］刘培林，等．C#可视化程序设计案例教程［M］．北京：机械工业出版社，2009.